—中国少数民族经济前沿丛书—

西部民族地区经济发展质量研究：“五大发展理念”与民族地区经济发展

Research on the Quality of Economic Development in Western Ethnic Areas: Based on "Five Development Concepts" and Regional Economic Development Theory

向　琳◎著

中国经济出版社
CHINA ECONOMIC PUBLISHING HOUSE
北　京

图书在版编目（CIP）数据

西部民族地区经济发展质量研究：“五大发展理念”与民族地区经济发展／向琳著.
—北京：中国经济出版社，2019.5
ISBN 978-7-5136-4782-3

Ⅰ.①西… Ⅱ.向… Ⅲ.①民族地区—区域经济发展—研究—西北地区
②民族地区—区域经济发展—西南地区 Ⅳ.①F127.8

中国版本图书馆 CIP 数据核字（2017）第 174917 号

责任编辑　王　帅
责任印制　巢新强

出版发行　中国经济出版社
印 刷 者　北京艾普海德印刷有限公司
经 销 者　各地新华书店
开　　本　710mm×1000mm　1/16
印　　张　13.75
字　　数　200 千字
版　　次　2019 年 5 月第 1 版
印　　次　2019 年 5 月第 1 次
定　　价　58.00 元
广告经营许可证　京西工商广字第 8179 号

中国经济出版社 **网址** www.economyph.com **社址** 北京市西城区百万庄北街 3 号 **邮编** 100037
本版图书如存在印装质量问题，请与本社发行中心联系调换（联系电话：010-68330607）

总 序

一

1949年以来，民族地区经历了几次大规模的跨越式发展，取得了世所瞩目的发展成绩，经济发展进入了新的更高的发展阶段。

从发展的外部环境看，中国是位于亚洲大陆东部的陆海国家，邻国众多，包括俄罗斯、日本、印度等强国，一些国家之间历史与现实矛盾交织，近年来出现诸多领土、海洋权益争端。民族八省区主要位于边疆地区，既有漫长的陆路边境线，又有海上口岸。例如新疆就与8个国家接壤，边境线长达5600公里，地缘政治复杂。同时中国位于欧盟、北约及美国主导的跨太平洋伙伴关系协议（Trans-Pacific Partnership Agreement，TPP）等国际政治军事组织的中间区域，欧盟东扩、东欧向北约靠拢、国际上错综复杂的大国关系、美俄欧盟对中国的态度及对华政策等都对中国国家安全影响很大，特别是日本军国主义死灰复燃，对我国东海南海的压力加大，对我国西部民族地区的渗透加深，民族地区经济社会发展会受到一定程度的地缘政治因素影响。此外，近年来，在国际恐怖活动呈反弹之势的大背景下，中国境内的恐怖势力活动升级，一些民族分裂势力企图通过制造暴力恐怖活动破坏民族团结，可能影响“十三五”时期民族地区的社会稳定与发展。

从发展的国内民族关系来看，65年来的总体和谐局面在新阶段也出现了不和谐因素，“3·14事件”“7·5事件”以及近年来连续出现的暴恐事件表明，三股势力对我西部边疆的图谋已经从舆论宣传转变为实际行动。为避免东西两面掣肘，海防与塞防关系这一历史课题再次浮现。尽管与晚清同光年间相比，我国国情和当今世情已经发生了根本性变化，但如何确保塞防稳定以发力于海防，却具有共同性。

各民族的发展也表现出了许多新的特点，正如王正伟同志所概括的，"改革开放特别是进入21世纪以来，我国民族工作的大环境发生了重要变化。形象一点说，民族工作'进城'了，工作重点从边疆和农村牧区延伸到城市和东部；民族工作'下海'了，体制环境从计划经济变为市场经济；民族工作'入世'了，国际因素与国内因素密切交织在一起；民族工作'上网'了，网络世界对现实生活的影响日益增大"。此外，少数民族人口老龄化程度也在加速，少数民族人口结构的这些变化必然带来民族经济方面的新特征。

（1）2010年人口普查表明，少数民族人口的城镇化水平为32.84%，比2000年23.36%提高了9.48个百分点，其中有12个少数民族人口城镇化水平超过50%（表0-1）。而且，少数民族人口城镇化进程正处于加速阶段。

（2）2010年少数民族在业人口中第一产业占比为69.42%，第二产业占比12.15%，第三产业占比18.43%。虽然总体上第一产业比重还很高，但非农就业与2000年的21.15%比较，2010年提高到30.58%，提高了近10个百分点（表0-2）。

（3）2014年7月21日，中国互联网络信息中心（CNNIC）在京发布的第34次《中国互联网络发展状况统计报告》显示，截至2014年6月，中国网民规模达6.32亿，其中，手机网民规模5.27亿，互联网普及率达到46.9%。若按人口比例计算，少数民族网民规模在5000万人左右①。

（4）中国各少数民族人口随全国人口一起进入持续老龄化的状态，且表现出老年人口占总人口的比例增长快、75岁以上的高龄老年人增速快、老年人口规模大、老年负担系数大、老龄化族际差异大的"两快三大"的

① 资料来源：《中国互联网络发展状况统计报告》。

特征。各少数民族进入老龄化社会比预期早，与经济发展水平比较，呈现出典型的“未富先老”的特征（表0-3）。

（5）少数民族人口的国际化程度有了大幅度提高。

表0-1 中国各民族人口城镇化的变化（1990—2010年）

	1990年			2000年			2010年		
	全国	汉族	少数民族	全国	汉族	少数民族	全国	汉族	少数民族
城市（%）	18.68	19.47	9.70	23.55	24.64	11.81	30.29	31.62	15.84
镇（%）	7.51	7.59	6.65	13.37	13.54	11.55	19.98	20.25	17
乡村（%）	73.80	72.94	83.64	63.08	61.83	76.64	49.73	48.13	67.16
城镇化率（%）	26.2	27.06	16.36	36.92	38.17	23.36	50.27	52.87	32.84

资料来源：作者根据《中国1990年人口普查资料》《中国2000年人口普查资料》《中国2010年人口普查资料》计算得到。

表0-2 中国人口产业结构的变化

	1990年			2000年			2010年		
	第一产业	第二产业	第三产业	第一产业	第二产业	第三产业	第一产业	第二产业	第三产业
全国（%）	72.24	15.3	12.46	64.38	16.81	18.81	48.36	24.15	27.49
汉族（%）	71.34	15.99	12.67	62.99	17.70	19.31	46.42	25.26	28.32
少数民族（%）	83.36	6.83	9.81	78.85	7.57	13.58	69.42	12.15	18.43

表0-3 中国人口年龄结构（%）

	总人口			汉族人口			少数民族人口		
	1990年	2000年	2010年	1990年	2000年	2010年	1990年	2000年	2010年
0~14岁	27.69	22.9	16.61	27.13	22.46	16.07	34.03	27.66	22.43
15~64岁	66.74	70	74.47	67.2	70.3	74.83	61.54	66.77	70.58
65岁以上	5.57	7.1	8.92	5.67	7.25	9.1	4.44	5.58	6.99
老化指数	20.12	31.00	53.70	20.90	32.28	56.63	13.05	20.17	31.16
年龄中位数	25.26	30.77	34.93	25.54	31.08	36.36	21.92	26.94	30.87

资料来源：作者根据《中国1990年人口普查资料》《中国2000年人口普查资料》《中国2010年人口普查资料》计算。

从全国经济发展态势看，改革开放30余年来，中国经济持续高速增长，创造了世界瞩目的增长奇迹。近年来中国经济增速放缓，逐步从高速增长期转入中速增长期，进入增长新常态。在各级政府的大力支持和各族人民的努力下，民族地区“十二五”时期经济增速超过全国，但在“十三五”时期可能存在一定程度的经济下行压力。根据刘世锦等（2011）对世界成功追赶型经济体的历史经验的总结和理论研究，中国经济潜在增长率在2015年前后很有可能下一个台阶，时间窗口的分布是2013—2017年，增速下降的幅度大约为30%，如由10%降低到7%左右①。他们还对每个省级行政区下台阶时间进行了测算，对民族八省区的测算结果见表0-4。可以看出，大多数民族省区将在2015年前后进入增长减速期，出现增长新常态，这种增长率变动趋势为民族地区的后发赶超和转型带来严峻挑战。民族地区要维持过去30年的高速增长，必须主动转型，着力推进改革，实现发展方式的转变②。

表0-4　民族八省区增长下台阶的时间窗口

	下台阶时间							
	内蒙古	广西	贵州	云南	西藏	青海	宁夏	新疆
	2013年	2019年	2020*年	2015年	2015年	2012年	2018年	2017年
人均GDP（1990年国际元）	14646	10279	5469	5884	6092	6281	10440	10638
1978—2008年平均增长率（%）	8.61	11.10	8.43	8.07	8.34	8.43	7.00	7.67
减速后的增长率（%）	6.03	7.77	5.90	5.65	5.84	5.90	4.90	5.37
综合评价	0.61	0.48	0.44	0.44	0.26	0.46	0.54	0.53

注：①下台阶年份为t，表示从t+1年开始经济增速明显下降。②*表示到2020年之前经济增速仍然按照过去30年的平均水平增长。③综合评价指标值是基于人均生产总值、产业结构、城市化水平、分工的专业化程度、资源禀赋以及外向型程度等因素计算得到。上海的综合评价指标值为1。④1978—2008年平均增长率和减速后的增长率为笔者计算。其中，减速后的增长率按1978—2008年30年平均增长率下降幅度为30%计算。

① 刘世锦，等．陷阱还是高墙？中国经济面临的真实挑战和战略选择[M]．北京：中信出版社，2011：19.

② 郑长德，罗布江村．中国少数民族地区经济发展方式转变研究[M]．北京：民族出版社，2010：283-290.

二

新实践呼唤新理论。民族地区经济发展新的阶段性特征和民族工作新任务，为中国少数民族经济研究提出了一系列新课题，主要有：

第一，文化多样性与规模报酬递增。2014 年中央民族工作会议指出："多民族是我国的一大特色，也是我国发展的一大有利因素。"会议着重从中华民族和各民族关系的角度进行分析，指出中华民族和各民族的关系是一个大家庭和家庭成员的关系；各民族的关系是一个大家庭里不同成员的关系。从经济发展角度看，多民族不仅意味着文化的多样性，也意味着偏好的多样性和需求的多样性。而经济理论研究表明，正是这种偏好和文化的多样性带来了规模报酬递增，而经济持续发展的一个动力之一①，就是"规模报酬递增"。关于文化多样性与经济发展的关系是民族经济研究的一项重要课题。

第二，经济一体化与"多元一体"。中央民族工作会议提出"四个认同"，即"让各族人民增强对伟大祖国的认同、对中华民族的认同、对中华文化的认同、对中国特色社会主义道路的认同"，把国家统一作为各民族最高利益。从区域经济视角看，"四个认同"的基础是实现经济一体化。过去几十年，我们特别注重区际一体化，通过大规模的交通骨干通道（高速公路、高速铁路）的建设，全国各省、区、市间的经济联系得到加强，区际一体化程度迅速提高；但区内各县、县域内通乡、通村组的道路建设滞后，区域内部的一体化程度提高程度甚微，个别地区甚至出现了区域内部的破碎化。为此，此次会议提出："民族地区交通建设，既要打通对内对外联系的'大通道'，也要畅通与'大通道'联系的'静脉''毛细血管'。"如何把大通道的活力与民族地区旗县、乡镇、村寨嘎查（内蒙古行政村）和农户、牧户精准对接，为民族地区跨越式发展提供切实的带动作用，加强对区内一体化与区际一体化的关系，经济一体化与文化一体化、

① 从经济发展角度看，驱动现代经济持续发展的三大动力机制是技术进步、制度创新和规模报酬递增。

政治一体化的关系等问题的研究，加强对大家庭与家庭成员经济关系的研究，加强各民族交往、交流、交融，"坚决反对大汉族主义和狭隘民族主义，让各民族在中华民族大家庭中手足相亲、守望相助"，是今后中国少数民族经济和民族地区经济发展研究的重要问题。

第三，增长新常态下民族地区经济发展问题。研究表明，中国经济在经过30多年持续高增长后进入了新阶段，称"增长新常态"。此时驱动经济增长的主要是结构的调整与升级、制度的变革、技术的创新。民族地区长期依靠要素（主要是资源和物质资本）高投入驱动实现的经济发展，不仅增长方式粗放，而且包容性程度低，对环境的影响大。在全国进入增速下降的"新常态"下，民族地区必须要加大发展方式的转变力度，提高发展质量和发展的包容性，需要深入研究的是在"增长新常态"下，民族地区经济发展的动力机制、持续性、发展的包容性等问题。

第四，差别化区域政策。2014年中央民族工作会议指出，"充分考虑民族地区的特殊性，在土地使用、金融服务、资本市场建设等方面给予差别化支持"，要"对边疆地区、贫困地区、生态保护区实行差别化的区域政策"。中国地域辽阔，各地区发展差异和差距大，但长期以来，中央根据全国平均水平制定政策，包括财政政策、货币政策及区域规划方面的政策，制定时基本一刀切，执行时更是一刀切，不考虑偏离全国平均水平地区的具体情况，既降低了政策的效率，同时也阻碍了地区的发展。因此，实行差别化的区域政策，不仅必要，而且符合实际。但是对民族地区实施差别化的区域政策，不是区域发展政策的"矮化""低端化"和"施舍"，而是要真正能够推进民族地区的跨越式发展。如何制定差别化的区域政策，如何有效实施这些政策，就是一个重大的问题。例如，在中国和世界各国实施的促进地区跨越式发展成效显著的特区政策、自由贸易区政策等，可否在民族地区、边疆地区实施？

第五，"三个积极性"的内在联系与体制机制。少数民族和民族地区建设全面小康社会，必须发挥中央、发达地区和民族地区三个积极性。长期以来，在中央与地方关系的框架下，民族地区经济发展研究注重发挥中央和民族自治地方两个积极性，特别关注如何加强中央对民族地区发展的转移支付、投资力度、项目建设和金融政策扶持等方面，关注发挥民族自治地方积极性方面。在对发达地区的对口支援，协调各发达地区省份的支援、协调中央和发达地区支援的关系，统筹外部支援与民族地区内生发展的关系等方面，虽有一些研究成果，但不仅理论研究有待深入，而且实证研究也需要进一步加强。在理论研究层面上，如发挥三个积极性内在联系的体制和机制问题，对口支援与合作共赢发展问题，等等。目前国家实施的对口支援确实有重要的积极意义，但如何更好地发挥转移支付和对口支援的效应、“优化转移支付和对口支援体制机制”、提高自我发展能力、释放发展潜力等均是需要深入研究的课题。

第六，资源开发与惠及当地问题。民族地区是我国重要（战略）资源的富集地，不仅石油、天然气、煤炭、有色金属等重要矿产资源丰裕，而且草原、森林、湿地、河流等重要生态资源及太阳能、生物能和风能等新型能源资源更是储量大、开发条件优越。长期以来，由于对自然资源的经济金融属性认识不足①，加之在资源产权体制的问题上，片面强调全国一盘棋，忽视了资源开发对所在地的惠及，结果出现西气东输、当地少数民族群众却用不到天然气，煤电并入全国电网、当地牧民却只能依靠风光互补的现象，资源所在地居民无法分享资源开发的红利。2014 年中央民族工作会议提出，民族地区发挥资源优势的重点是惠及当地，由此也带来了央企与当地关系以及资源开发如何惠及广大农牧户的新课题。

第七，精准扶贫与区域发展的关系问题。民族地区“群众困难多，困难群众多”，打好扶贫攻坚战，民族地区是主战场。“搞好扶贫开发，重点抓好特困地区和特困群体脱贫”，“要创新思路和机制，把整体推进与精准到户结合起来，加快推进集中连片特殊困难地区区域发展与扶贫攻坚，提高扶贫效能”。虽然精准扶贫已提出一段时间了，也写进了相关的扶贫规划，但在实践中，对于什么是精准扶贫以及如何处理好精准扶贫与区域发展的关系，尚有许多问题需要研究。

① 据郑长德(2014)的研究，从经济金融角度看，自然资源具有以下属性：生态上的整体性；产权综合体；经济—生态及私人—公共属性的复合型资产；短期缺乏弹性，长期有弹性；短期缺乏弹性，长期有弹性—内生的价格波动；产地—加工地—消费地分离还是合一。

第八，民族地区城镇化问题。相较于全国和发达地区，民族地区城镇化水平较低，工业化滞后。不过从发展阶段看，民族地区进入了城镇化快速推进的阶段。要加强民族地区的城镇化，“民族地区推进城镇化，要与我国经济支撑带、重要交通干线规划建设紧密结合，与推进农业现代化紧密结合，规划建设一批具有民族风情的特色村镇”。在民族地区城镇化过程中，有许多问题需要研究，如城镇化的动力机制、城镇化的路径选择、城乡发展一体化等。

《全国主体功能区规划》从建设富强民主文明和谐的社会主义现代化国家、确保中华民族永续发展出发，推进形成主体功能区，着力构建我国国土空间的“三大战略格局”。其中的城市化战略格局是：

构建以“两横三纵”为主体的城市化战略格局。构建以陆桥通道①、沿长江通道为两条横轴，以沿海、京哈京广、包昆通道为三条纵轴，以国家优化开发和重点开发的城市化地区为主要支撑，以轴线上其他城市化地区为重要组成的城市化战略格局。推进环渤海、长江三角洲、珠江三角洲地区的优化开发，形成3个特大城市群；推进哈长、江淮、海峡西岸、中原、长江中游、北部湾、成渝、关中—天水等地区的重点开发，形成若干新的大城市群和区域性的城市群。

其中涉及民族地区的经济支撑带和重要交通干线建设有：长江经济带、丝绸之路经济带、包昆通道、北部湾等。确立的民族地区的城市群有：呼包鄂榆地区、北部湾地区、黔中地区、滇中地区、藏中南地区、兰州—西宁地区、宁夏沿黄地区、天山北坡地区，这些都是民族地区推进城镇化的重点地区。同时，《国家新型城镇化规划》提出要“加快发展中小城市”，要“把加快发展中小城市作为优化城镇规模结构的主攻方向，加强产业和公共服务资源布局引导，提升质量，增加数量”，“培育壮大陆路边境口岸城镇，完善边境贸易、金融服务、交通枢纽等功能，建设国际贸易物流节点和加工基地”，并拟定了重点建设的陆路边境口岸城镇：

① 陆桥通道为东起连云港、西至阿拉山口的运输大通道，是亚欧大陆桥的组成部分。

面向东北亚：丹东、集安、临江、长白、和龙、图们、珲春、黑河、绥芬河、抚远、同江、东宁、满洲里、二连浩特、甘其毛都、策克；

面向中亚西亚：喀什、霍尔果斯、伊宁、博乐、阿拉山口、塔城；

面向东南亚：东兴、凭祥、宁明、龙州、大新、靖西、那坡、瑞丽、磨憨、畹町、河口；

面向南亚：樟木、吉隆、亚东、普兰、日屋。

第九，民族地区产业结构升级问题。民族地区城镇化的推进，传统产业的改造，都需要加大民族地区产业结构的升级。“要大力发展民族地区特色优势产业，推动产业结构上水平，加快发展服务业。”民族地区的产业大多是资源型产业，即使是特色优势产业，也主要建基于民族地区的自然禀赋特点，而资源型产业的发展面临陷入“资源诅咒”的可能，因此，如何实现民族地区产业结构的合理化和高级化（产业结构升级），既是一个重要的实践问题，又具有重要的理论价值。

第十，城市民族经济问题。改革开放以来，我国进入了各民族跨区域大流动的活跃期，各民族城镇化水平有了很大提高，少数民族的城镇化有本地城镇化，也有跨区域的城镇化。少数民族的跨区域大流动和城镇化提出了城市民族经济新课题。对少数民族流动人口，既不能采取“关门主义”的态度，又不能采取放任自流的态度，关键是要抓住流入地和流出地的两头对接，把着力点放在社区，推动建立相互嵌入的社会结构和社区环境，注重保障各民族合法权益，坚决纠正和杜绝歧视或变相歧视少数民族群众、伤害民族感情的言行，让城市更好地接纳少数民族群众，让少数民族群众更好地融入城市。这些论述不仅抓住了城市民族经济研究的重点，也指明了处理城市民族经济关系的原则和方向。

第十一，民族文化与经济关系的研究。民族文化研究的重点是中华民族的文化认同和中华民族共同体意识的培养。经济发展是民族文化繁荣的基础，民族文化繁荣为民族经济发展提供动力支持和方向保证。中央民族工作会议在繁荣民族文化上，高度重视中华民族共同体的认同，提出了两个极为重要的命题：一是“国家统一是各民族的最高利益”，二是“民族团结是各族人民的生命线”。会议提出加强中华民族大团结，长远和根本的做法是增强文化认同，建设各民族共有的精神家园，积极培养中华民族共同体意识。要把建设各民族共有精神家园作为战略任务来抓，抓好爱国主义教育这一课，把爱我中华的种子埋在每个孩子的心灵深处，让社会主义核心价值观在祖国下一代的心田生根发芽。在如何弘扬和保护各民族传统文化方面，中央民族工作会议提出要"努力实现创造性转化和创新性发展"，这些都需要在中华民族文化认同和中华民族共同体意识基础上才能实现。

第十二，民族地区的政府与市场的关系问题。民族地区加快发展，最终还是要向改革要动力、要活力。民族地区与全国一样，都要深化投资体制改革，搞好和周边地区的互联互通，通过市场机制与沿海地区连接，实现优势互补、合作共赢、共同发展。考虑到民族地区具体的发展阶段，既面临着发达市场经济都有的市场失灵，还面临着市场不完善、市场缺失，全面深化改革的关键是正确处理好政府与市场的关系，十八届三中全会明确指出，要"使市场在资源配置中起决定性作用，更好地发挥政府作用"。在民族地区，政府和市场的关系要比发达地区复杂，有许多问题需要深入研究。

第十三，包容性绿色发展视域下的绩效考核问题。民族地区集资源富集区、水系源头区、生态屏障区、文化特色区、边疆地区、贫困地区于一身，这既凸显民族工作在全局中的地位作用，也显示出民族地区经济发展的复杂性。2014 年中央民族工作会议指出，民族地区要发展，而且要跨越式发展，在发展方式上要"紧扣民生抓发展"，"把生态保护放在重要位置"，即要求实现"包容性绿色发展"，这对民族地区地方政府的考核标准提出了新的更高的要求。我们曾提出要用地区国民收入标准逐渐取代地区生产总值标准，今后如能利用生态 GDP 进行考核，把地方生态环境的改进折算成 GDP，进一步把民生改善也折算成 GDP，将对民族地区转变发展方式、实现经济－社会－生态的"三赢"，有战略性的重要意义。

第十四，发展援助政策的指派问题。支持民族地区加快经济社会发展是中央的一项基本方针。要通过各种形式的发展援助，促进民族地区发展。这些援助政策，既有短期的政策，又有长期政策，不同的政策着力点不同。

在支持民族地区加快经济社会发展的过程中，如何进行有效的政策指派、提高援助的效率，是一个被长期忽略的问题，需要进一步加强研究。

第十五，“一带一路”与民族地区的开发开放问题。目前正在规划建设的由沿海向内陆、向民族地区延伸的几个经济支撑带，包括与21世纪海上丝绸之路相联系的西南中南经济支撑带、以亚欧大陆桥为依托的涉及西北东北的丝绸之路经济带和以长江黄金水道为依托的长江经济带（“两带一路”），给民族地区的跨越式发展带来新的重大历史机遇。这些经济带的建设，对民族地区的开发开放、经济活动的集聚、发展的包容性等的影响，需要认真研究。

总之，民族地区发展的新阶段、民族工作的新形势，给民族工作者包括从事民族地区经济发展研究的学者，提出了许多新的课题，如何把握民族地区经济发展新阶段的特征，提炼和探索新课题，是当前和今后一个时期民族经济研究者的主要任务。

三

西南民族大学经济学科和中国少数民族经济学科充分体现学校“为少数民族服务，为民族地区服务，为国家发展战略服务”的办学宗旨和“一体两翼”的发展战略，把民族地区的经济社会发展问题作为核心研究领域，以马克思主义和科学发展观为指导，把普通的发展理论和少数民族地区的特殊区情结合起来，从综合、宏观的角度和战略的高度，综合运用多学科的理论与方法，对民族地区的经济社会发展面临的突出问题、矛盾和热点展开研究。近年来，我们更加强调对中国少数民族地区发展中的重大现实问题的探索和研究，先后承担了国家社会科学基金重大招标项目、国家社会科学基金项目、国家自然科学基金项目和国家软科学项目20余项，教育部、国家民委、四川省等省部级科研项目60余项，各级地方政府横向项目60多项。“中国少数民族经济前沿丛书”是在“中国民族地区发展丛书”的基础上，以我主持的四川省教育厅创新团队项目“民族地区经济发展问题研究”（项目编号：14TD0048）和西南民族大学应用经济学和中国少数民族经济学位点建设项目为依托，瞄准中国少数民族和民族地区经济社会发展中的重大现实问题和前沿问题，组织西南民族大学的相关专家学者编写的，丛书反映了西南民族大学应用经济学和中国少数民族经济学科的最新研究成果。

这套丛书得到了中国经济出版社的大力支持，特别是李煜萍编审为丛书的顺利出版付出了很大努力。同时创新团队项目的展开得到了四川省教育厅、西南民族大学校领导、科技处、研究生部的大力支持，以及国内外学界同仁的鼎力支持，在此我代表丛书编辑委员会表示衷心的感谢。

郑长德

2014年12月

内容摘要

经济发展质量问题一直受到国内外学者的高度关注。在改革开放以后，我国国民经济取得了快速发展，但这种增长是建立在粗放型经济增长模式之上的，是不协调、不可持续的发展，这已成为学界不争的事实。只有树立全面、协调、可持续的发展观，在保持经济发展速度较快的基础上，稳步提升经济发展质量，才能实现经济的健康、可持续发展。

我国作为国土辽阔的发展中大国，区域间经济发展条件存在显著差异，这势必造成区域经济发展质量不均衡。经济发展质量高低是国民经济整体结构的重要组成部分，区域间差距悬殊，难免会对我国经济社会协调稳定发展造成威胁。其中，区域经济发展差距最主要矛盾体现在西部民族地区这块“短板”上。“十三五”时期是我国全面建成小康社会的最后规划期，意味着在此期间国家将会大力扶持西部民族地区经济发展，而西部民族地区提高自身经济发展质量，实现持续、快速发展则尤为重要。

因此，有必要对西部民族地区经济发展质量进行系统研究，让全国各族人民共享经济发展成果。基于以上思考，本书依据“十三五”期间“创新、协调、绿色、开放和共享”的发展理念，构建西部民族地区经济发展质量指数，综合运用基于非参数估计 DEA 方法的 Malmquist – DEA、VRS – DEA、SBM – Undesirable – DEA、Cost – DEA 模型和参数估计 SFA 模型、审查回归 Tobit 计量模型等数理、统计和计量方法，系统测度西部民族地区经济发展质量，并针对性地提出优化建议。

本书分四个部分对该问题进行分析：第一部分介绍文章的内容与结

构，对相关问题进行综述。其中：第 1 章是绪论，包括问题提出、背景与方法介绍、概念界定、研究内容和思路等；第 2 章对国内外研究现状及趋势进行综述。第二部分对经济发展质量分析框架进行介绍，并构建相关指标和分析技术，该部分主要在第 3 章体现。第三部分对西部民族地区经济发展质量进行分析。第 4—8 章分别分析了经济发展质量中创新、协调、绿色、开放和共享五个维度。第四部分（即第 9 章）是结论部分，在第三部分分析的基础上，测度了经济发展质量总指数，并对前面的研究进行总结，梳理实现优化经济发展质量的路径，以期为西部民族地区经济高效、可持续发展提供有益借鉴。最后指出了本书的不足和对未来研究的展望。

本书的主要结论包括：随着资源投入增加，如果没有提高经济发展效率，更多的投入将会造成资源更多的浪费，经济发展质量的核心问题是效率问题；西部民族地区经济发展质量区域间存在较大差异，要充分考虑各影响因素的作用边界；西部民族地区经济发展质量五个维度分别表现为创新发展亟待优化、投资和消费是协调发展的重点、节能减排任重道远、开放差异化问题突出、贫困仍是共享发展的主要瓶颈。

关键词：发展质量；西部民族地区；区域发展；经济发展

Abstract

The quality of economic development has been highly concerned by scholars both domestic and foreign. Since the reform and opening up, whole national economy has made rapid development, but this growth is based on extensive economic growth. It is uncoordinated and unsustainable development, which has become the academic indisputable facts. Only by establishing a coordinated, comprehensive and sustainable economic growth concept, to maintain the speed of economic development, and steadily improve the quality of economic development, in order to achieve the healthy and sustainable development of economy.

As a developing country with vast territory, there are significant differences in the conditions of regional economic development in China, which is bound to lack of balance of regional economic development quality. The regional economic development quality distance and the corresponding future policy choice are the important part of the national economy's structure, if the regional economic development distance is too wide, inevitably affect the stability and harmonious development of economy and society development in China. Among them, the main contradiction of regional economic development distance is reflected in the Western Minority Areas. 13th Five – Year Plan is the end of the planning period of a moderately prosperous society, it means that during this nation will vigorously support the economic development of the Western Minority Areas of China. In summary, improved the quality of economic development in the Western Minority Areas, to achieve sustained and rapid development is especially important in the current economic circumstances.

Therefore, it is necessary to study the quality of economic development in the Western Minority Areas of China, to let the people of all minority areas share the harvest of a moderately prosperous society. Based on the above considerations, this paper build the economic development quality index according to the " Innovation, Coordinated, Green, Open, Sharing " theories, using Malmquist – DEA, VRS – DEA, SBM – Undesirable – DEA, Cost – DEA model, parameter estimation SFA model and review regression Tobit model to measure the quality of economic development in the Western Minority Areas, and Put forward some corresponding countermeasures and suggestions.

This paper is divided into four parts to analyze the issue: The first part introduces the content and structure of the paper, and summarizes the related issues. Chapter 1 is the introduction, including the question proposed, the background and the method introduction. Chapter 2 is the analysis of the domestic and foreign research present and tendency of the quality of economic development and the theory & analysis framework of the quality of regional economic development. The third part analyzes the economic development quality in the Western Minority Areas. This part includes 4 – 8 chapters: innovation, coordination, green, open and sharing. The fourth part is the conclusion part. In Chapter 9, on the basis of the third part analysis, conclusion summarizes the related research and development of economic quality in the Western Minority Areas, and propose economy development quality optimization path in the Western Minority Areas systematically, in order to improve the useful reference of the sustained development in the Western Minority Areas. Finally pointed out the shortcomings of this thesis and the prospects for future research.

The main conclusions of this paper as follows: With the increased investment of resources, if there is no development to improve economic efficiency, more investment will result in more waste of resources, the core issue of the economic development quality is efficiency; there is a big difference of economic development quality between the Western Minority Areas, it is necessary to give full consideration to the factors affecting the role of boundary. The five dimensions of economic development quality as follows: Optimization innovation; Investment and consumption is the focus of coordinated development; Increase energy conservation efforts; Low degree of openness; Highlight the problem of poverty.

Key words: Development Quality; Regional Disparity; Western Minority Areas; Regional Development

CONTENS

目录

第1章　绪论

1.1　研究背景和研究意义 …… 1

1.1.1　研究背景 …… 1

1.1.2　研究意义 …… 1

1.2　基本概念与研究范围的界定 …… 2

1.2.1　经济发展质量界定 …… 2

1.2.2　研究范围界定 …… 2

1.3　基本框架与研究方法 …… 4

1.3.1　研究框架 …… 4

1.3.2　主要研究方法 …… 4

1.4　本书可能的创新与不足 …… 5

1.4.1　可能的创新点 …… 5

1.4.2　本书研究的不足 …… 6

第2章　关于西部民族地区经济发展质量研究进展

2.1　发展质量的理论渊源 …… 7

2.2　国外相关研究综述 …… 8

2.3　国内相关研究综述 …… 10

2.4　民族地区经济发展质量研究综述 …… 17

第3章　区域经济发展质量分析框架

3.1　经济发展质量的内涵与测度 …………………… 19
3.2　经济发展质量与创新 …………………… 22
3.3　经济发展质量与协调 …………………… 23
3.4　经济发展质量与绿色 …………………… 24
3.5　经济发展质量与开放 …………………… 25
3.6　经济发展质量与共享 …………………… 25

第4章　经济发展质量:创新

4.1　西部民族地区创新推动经济发展 …………………… 27
4.1.1　经济效率传导机制与测度 …………………… 28
4.1.2　经济效率分析框架 …………………… 30
4.1.3　经济效率结果评价 …………………… 33
4.2　西部民族地区经济创新发展 …………………… 39
4.2.1　创新效率测度原理 …………………… 39
4.2.2　创新效率分析框架 …………………… 42
4.2.3　创新效率评价 …………………… 46

第5章　经济发展质量:协调

5.1　西部民族地区经济协调发展现状 …………………… 49
5.1.1　三次产业比较劳动生产率差异大 …………………… 49
5.1.2　投资率和消费率低 …………………… 50
5.1.3　二元对比系数与反差系数差异大 …………………… 51
5.1.4　城镇化率和工业化率水平低 …………………… 53
5.2　经济协调发展测度原理 …………………… 54
5.3　协调发展影响因素选择 …………………… 56
5.4　经济协调发展效果评价 …………………… 57
5.4.1　效果测度实证分析 …………………… 57
5.4.2　经济协调发展效果评价 …………………… 58

第 6 章 经济发展质量:绿色

6.1 经济可持续发展影响因素 …… 63

6.1.1 单位产值能耗偏高 …… 64

6.1.2 单位产出环境代价较大 …… 65

6.2 经济可持续发展实证原理 …… 67

6.3 经济持续发展指标数据选择 …… 69

6.4 经济可持续发展评价 …… 71

第 7 章 经济发展质量:开放

7.1 外商投资企业引进效率实证分析 …… 77

7.1.1 外商投资企业现状 …… 78

7.1.2 外商企业引进效率评价 …… 80

7.2 地方进出口与国际旅游收入分析 …… 83

7.2.1 经营单位所在地进出口评价 …… 83

7.2.2 国际旅游产出弹性评价 …… 84

第 8 章 经济发展质量:共享

8.1 经济共享发展相关指数构建 …… 86

8.1.1 健康长寿的生活 …… 87

8.1.2 教育获得的程度 …… 89

8.1.3 人类发展指数 …… 91

8.2 经济共享发展优化路径 …… 92

8.2.1 HDI 影响因素分析 …… 92

8.2.2 HDI 成本因素实证分析 …… 95

8.3 西部民族地区扶贫路径选择 …… 97

8.3.1 贫困测度与影响因素分析 …… 98

8.3.2 贫困实证结果评价 …… 99

8.3.3 扶贫路径建议 …… 101

8.4 社会公平与效率路径选择 …… 101
8.4.1 效率与公平的测度 …… 101
8.4.2 公平和效率关系分析 …… 103
8.4.3 公平与效率路径选择 …… 103

第9章 结论与研究展望
9.1 西部民族地区经济发展质量综合评估 …… 104
9.2 本书研究的主要结论 …… 105
9.2.1 经济创新效率亟待优化 …… 105
9.2.2 投资和消费是经济协调发展的重点 …… 108
9.2.3 经济发展中节能减排任重道远 …… 109
9.2.4 经济开放强调省际均衡互补发展 …… 111
9.2.5 贫困仍是经济共享发展的制约因素 …… 112
9.3 本书的不足与进一步研究方向 …… 115

参考文献 …… 117
附 录 …… 134
附 表 …… 134
附 图 …… 181
附程序 …… 182
致 谢 …… 184

图表目录

图 3.1 西部民族地区经济发展质量各项目 …………………………… 21
Figure 3.1 The various subprojects of quality of economic development in the Western Minority Areas
图 4.1 1995—2014 年西部民族地区各省区综合效率值 ……………………… 37
Figure 4.1 The comprehensive efficiency value of the provinces in the Western Minority Areas during 1995 - 2014
图 4.2 1995—2014 年西部民族地区各省区技术进步 ……………………… 38
Figure 4.2 The technological progress value of the provinces in the Western Minority Areas during 1995 - 2014
图 4.3 1995—2014 年西部民族地区各省区 TFP ……………………… 38
Figure 4.3 The TFP of the provinces in the Western Minority Areas during 1995 - 2014
图 4.4 2008—2014 年西部民族地区各省区 R&D 经费投入占 GDP 比重 … 43
Figure 4.4 The R&D funds accounted for GDP of the Western Minority Areas during 2008 - 2014
图 4.5 2008—2014 年西部民族地区各省区教育经费投入占 GDP 比重 …… 44
Figure 4.5 The education funding investment accounted for GDP of the Western Minority Areas during 2008 - 2014

图4.6 2008—2014年西部民族地区各省区科技活动人员占总人口比重 … 44
Figure 4.6 The science and technology personnel activities accounted for the proportion of the total population of the Western Minority Areas during 2008 - 2014
图4.7 2008—2014年西部民族地区各省区专利申请率 ………………… 45
Figure 4.7 The patent application rate of the Western Minority Areas during 2008 - 2014
图5.1 西部民族地区三次比较劳动生产率 ……………………………… 50
Figure 5.1 The three comparison of labor productivity in the Western Minority Areas
图5.2 2008—2014年西部民族地区各省区经济协调发展效率值……… 60
Figure 5.2 The spider diagram of the efficiency of economic coordination development in the Western Minority Areas during 2008 - 2014
图6.1 2004—2014年西部民族地区各省区单位产值电力消费量……… 64
Figure 6.1 The provinces electricity consumption per unit output value in the Western Minority Areas during 2004 - 2014
图6.2 2004—2014年西部民族地区各省区单位产值废水排放………… 66
Figure 6.2 The provinces waste water discharge in the Western Minority Areas during 2004 - 2014
图6.3 2004—2014年西部民族地区各省区单位产值二氧化硫排放…… 67
Figure 6.3 The provinces SO_2 discharge in the Western Minority Areas during 2004 - 2014
图6.4 西部民族地区经济持续发展雷达图 ……………………………… 72
Figure 6.4 The economic sustainable development radar map of the Western Minority Areas
图6.5 西部民族地区经济持续发展能源消耗松弛(1) ………………… 74
Figure 6.5 The energy consumption slack of economic sustainable development in the Western Minority Areas(1)
图6.6 西部民族地区经济持续发展能源消耗松弛(2) ………………… 75

Figure 6.6 The energy discharge slack of economic sustainable development in the Western Minority Areas(2)

图7.1 西部民族地区各省区外商投资企业进出口总额 …………………… 78

Figure 7.1 The total amount of imports and exports of foreign invested enterprises in the Western Minority Areas

图7.2 西部民族地区各省区外商投资企业数 ………………………………… 79

Figure 7.2 The number of foreign invested enterprises in the Western Minority Areas

图7.3 西部民族地区各省区投资企业投资总额和注册资本 …………… 80

Figure 7.3 The total investment and the registered capital of the provinces in the Western Minority Areas

图7.4 西部民族地区各省区1995—2014年经营单位所在地进出口总额和境内目的地和货源地进出口总额 …………………………………… 84

Figure 7.4 The total amount of imports and exports and total imports and exports of domestic destinations and source of goods of each province in the Western Minority Areas where the business unit is located during 1995 - 2014

图8.1 西部民族地区成人识字率 ………………………………………………… 90

Figure 8.1 The adult literacy rate in the Western Minority Areas

图8.2 西部民族地区综合入学率 ………………………………………………… 91

Figure 8.2 The integrated enrollment rate in the Western Minority Areas

图8.3 西部民族地区 HDI ………………………………………………………… 91

Figure 8.3 The HDI of the Western Minority Areas

表3.1 创新发展及其指标 ………………………………………………………… 22

Table 3.1 The index of economic innovation and development

表3.2 协调发展及其指标 ………………………………………………………… 23

Table 3.2 The index of economic coordinated development

表3.3 绿色发展及其指标 ………………………………………………………… 24

Table 3.3 The index of sustainable economic development

表3.4 开放发展及其指标 ………………………………………………………… 25

Table 3.4　The index of economic opening and development
表3.5　共享发展及其指标 …………………………………………………… 26
Table 3.5　The index of economic sharing development
表4.1　1995—2014年西部民族地区各年份TFP ……………………… 33
Table 4.1　The TFP in each year of the Western Minority Areas during 1995 - 2014
表4.2　1995—2014年西部民族地区各年份TFP统计特征 …………… 35
Table 4.2　The statistical characteristics of TFP in different years in the Western Minority Areas during 1995 - 2014
表4.3　1995—2014年西部民族地区各省区TFP ……………………… 36
Table 4.3　The TFP of the provinces in the Western Minority Areas during 1995 - 2014
表4.4　创新投入产出指标 …………………………………………………… 45
Table 4.4　The innovation input and output index
表4.5　2008—2014年西部民族地区各省区创新投入产出效率………… 46
Table 4.5　The innovation input and output efficiency of each province in the Western Minority Areas during 2008 - 2014
表4.6　2008—2014年西部民族地区创新投入产出松弛目标值比……… 47
Table 4.6　The ratio of the target value of the input output relaxation in the Western Minority Areas during 2008 - 2014
表4.7　创新投入产出效率未达有效前沿省区的发展借鉴 ……………… 48
Table 4.7　The development of innovation input and output efficiency is not up to the effective frontier provinces
表5.1　西部民族地区二元对比系数 ………………………………………… 52
Table 5.1　The binary contrast coefficient in the Western Minority Areas
表5.2　西部民族地区二元反差系数 ………………………………………… 53
Table 5.2　The two element contrast coefficient in the Western Minority Areas
表5.3　西部民族地区经济发展结构实证结果 ……………………………… 57
Table 5.3　The empirical results of economic development in the Western Minority Areas

表5.4　西部民族地区经济协调发展效果值 …………………………… 58
Table 5.4　The effect of economic development in the Western Minority Areas
表5.5　西部民族地区经济协调发展效率统计指标 ……………………… 60
Table 5.5　The statistical indicators of the efficiency of economic coordination development in the Western Minority Areas
表5.6　西部民族地区各省区经济协调发展效率统计指标 ……………… 61
Table 5.6　The statistical indicators of economic coordinated development efficiency of the provinces in the Western Minority Areas
表6.1　西部民族地区经济持续发展指标选择 …………………………… 70
Table 6.1　The indicators of economic sustainable development in the Western Minority Areas
表6.2　西部民族地区经济持续发展有效省区的引用频率 ……………… 72
Table 6.2　The reference frequency of the sustainable development of the economy in the Western Minority Areas
表6.3　2014年西部民族地区经济持续发展未达到有效前沿省区松弛 …… 73
Table 6.3　The economic development in the Western Minority Areas has not reached the effective frontier of relaxation in 2014
表7.1　"一带一路"倡议下西部民族地区各省区开放发展定位………… 77
Table 7.1　The open development orientation of the Western Minority Areas under "The Belt and Road" initiative
表7.2　西部民族地区外商投资引进效率 ……………………………… 81
Table 7.2　The efficiency of foreign investment in the Western Minority Areas
表7.3　西部民族地区外商投资引入松弛性 …………………………… 82
Table 7.3　The slack of foreign investment in the Western Minority Areas
表7.4　西部民族地区外商投资参考标准 ……………………………… 83
Table 7.4　The reference standards for foreign investment in the Western Minority Areas
表7.5　西部民族地区各省区接待外国旅游人次对旅游外汇收入的影响 … 85

Table 7.5　The influence of foreign tourists on Tourism Foreign Exchange Income in the Western Minority Areas
表 8.1　西部民族地区预期寿命 …………………………………………… 87
Table 8.1　The life expectancy in the Western Minority Areas
表 8.2　西部民族地区预期寿命排序 ……………………………………… 89
Table 8.2　The expected life order in the Western Minority Areas
表 8.3　西部民族地区 2010 年 HDI 投入 ………………………………… 93
Table 8.3　The HDI input of the Western Minority Areas in 2010
表 8.4　西部民族地区各省区 2010 年 HDI 成本效率 …………………… 95
Table 8.4　The HDI cost efficiency of the provinces in the Western Minority Areas in 2010
表 8.5　西部民族地区 HDI 成本效率未达到有效前沿省区的内部参照 …… 96
Table 8.5　The HDI cost efficiency of the Western Minority Areas has not reached the internal reference of the effective frontier provinces
表 8.6　西部民族地区 HDI 成本效率松弛……………………………………… 96
Table 8.6　The cost efficiency relaxation of HDI in the Western Minority Areas
表 8.7　西部民族地区 HDI 成本效率分解……………………………………… 97
Table 8.7　The decomposition of HDI cost efficiency in the Western Minority Areas
表 8.8　西部民族地区贫困相关指数预测结果 ……………………………… 99
Table 8.8　The forecast results of poverty related indexes in the Western Minority Areas
表 8.9　民族地区经济发展的公平与效率实证结果 ………………………… 102
Table 8.9　The empirical results of the fairness and efficiency of economic development in the Western Minority Areas
表 9.1　西部民族地区经济发展质量综合指数 ……………………………… 104
Table 9.1　The comprehensive index of the quality of economic development in the Western Minority Areas

附表目录

CONTENS

附 表

附表 1　2002—2013 年西部民族地区劳动生产率 …………………………… 134
附表 2　2002—2013 年西部民族地区劳动生产率统计特征 ……………… 134
附表 3　1996—2014 年西部民族地区资本生产率 …………………………… 134
附表 4　1996—2014 年西部民族地区各省区资本生产率统计指标 …… 135
附表 5　1995—2014 年西部民族地区 GDP 统计指标 ………………………… 135
附表 6　1995—2014 年西部民族地区 GDP 指数统计指标 ………………… 137
附表 7　1995—2014 年西部民族地区人均 GDP 指数统计指标 ………… 139
附表 8　1995—2014 年西部民族地区各省区综合效率值 ………………… 140
附表 9　1995—2014 年西部民族地区各省区技术进步 …………………… 141
附表 10　1995—2014 年西部民族地区各省区 TFP ………………………… 142
附表 11　2012 年和 2014 年西部民族地区教育经费投入(估算) ……… 143
附表 12　西部民族地区创新投入产出松弛数据 ……………………………… 143
附表 13　西部民族地区创新投入产出目标值 ………………………………… 144
附表 14　第一产业比较劳动生产率 …………………………………………… 144
附表 15　第二产业比较劳动生产率 …………………………………………… 144
附表 16　第三产业比较劳动生产率 …………………………………………… 145
附表 17　西部民族地区三次比较劳动生产率均值 …………………………… 145
附表 18　西部民族地区投资率 ………………………………………………… 145

附表 19　西部民族地区消费率 …… 146
附表 20　西部民族地区城镇化率 …… 146
附表 21　西部民族地区二元对比系数 …… 146
附表 22　西部民族地区二元反差系数 …… 147
附表 23　西部民族地区各省区经济协调发展效率值 …… 147
附表 24　2004—2014 年西部民族地区各省区电力消费量 …… 147
附表 25　2004—2014 年西部民族地区各省区单位产值电力消费量 …… 148
附表 26　2004—2014 年西部民族地区各省区废水排放量 …… 149
附表 27　2004—2014 年西部民族地区各省区单位产值废水排放量 …… 150
附表 28　2004—2014 年西部民族地区各省区二氧化硫排放量 …… 150
附表 29　2004—2014 年西部民族地区各省区单位产值二氧化硫排放量 …… 151
附表 30　西部民族地区经济持续发展投入产出指标统计特征 …… 152
附表 31　2004—2014 年西部民族地区经济持续发展值 …… 152
附表 32　2004—2014 年西部民族地区经济持续发展排名 …… 153
附表 33　西部民族地区经济持续发展未达到有效前沿省区的发展引用 …… 154
附表 34　西部民族地区各省区各年份经济持续发展目标值和松弛量 …… 157
附表 35　2002—2014 年西部民族地区成人识字率 …… 177
附表 36　2002—2014 年西部民族地区各省区成人识字率 …… 178
附表 37　2002—2014 年西部民族地区综合入学率 …… 178
附表 38　2002—2014 年西部民族地区各省区综合入学率 …… 179
附表 39　西部民族地区各省区 HDI …… 179
附表 40　西部民族地区各省区 HDI 成本效率目标值与松弛性 …… 180

附　图

附图 1　西部民族地区各省区 1995—2014 年接待国际游客 …… 181

附程序

附程序 1　西部民族地区经济发展结构实证分析 …… 182
附程序 2　西部民族地区经济开放发展中国际旅游与外汇收入关系分析 …… 183

第1章 绪论

1.1 研究背景和研究意义

1.1.1 研究背景

自改革开放以来,我国经济发展取得了举世瞩目的成就,经济总量稳步增长,但同时引起政府和学界高度关注的是,我国经济增长主要是依靠传统的高投入、高能耗和高污染的发展模式,经济增长速度建立在牺牲经济发展质量的基础之上已成为不争的事实。目前这种增长方式已经导致了一系列经济和社会问题,如果处理不好经济发展质量问题,将会对国民经济持续稳定增长造成巨大威胁。“十三五”期间,我国经济社会贯彻“创新、协调、绿色、开放、共享”的发展理念,经济发展质量问题成为社会各界研究的重要课题。西部民族地区作为经济发展质量问题最为突出的地区,是全面建成小康社会的关键地区,也是我国经济持续发展的重要组成部分,其经济发展的质量将直接影响全国经济发展结果。

1.1.2 研究意义

近年来虽有不少涉及经济发展质量的研究成果,但对特定区域经济发展质量进行系统性研究的文献较少,涉及西部民族地区经济发展质量的文献更少,几乎没有系统的关于西部民族地区发展质量的实证研究。本书有关内容已成为当今最富有时代感和挑战性的研究内容之一。对西部民族地区经济发展质量进行多层次、多组合测算和分解,针对性地指出未来切实可行的提高经济发展质量的发展道路,逐步缩小区域经济发展差距,并实现可持续的跨越式发展,具有较为重要的现实研究意义。从长远上看,本书研究内容对“十三五”期间西部民族地区经济发展质量后期研究具有基础性价值。同时,本书所提出的研究框架以及资料,能够为西部民族地区各级政府和有关部门提供科学合理的决策依据,对未来的同类研究也有参考价值。

1.2 基本概念与研究范围的界定

1.2.1 经济发展质量界定

本书研究的焦点内容为经济发展质量,讲质量问题必须明白质量在什么地方。经济发展质量问题通常与经济增长质量相关联,经济增长质量包括广义和狭义两种定义:狭义的经济增长质量指经济增长的效率,一般用全要素生产率等指标衡量;广义的经济增长质量包括环境与可持续发展、区域和产业的协调发展、经济发展的公平正义、生活水平提高等方面。此后,随着经济社会的不断发展,人们对发展质量有了新的系统性认识,“十三五”期间“创新、协调、绿色、开放、共享”的经济发展理念是现存对经济发展质量最好的解释。所以,本书认为经济发展质量是在保证经济发展速度的基础上,更加注重经济发展的创新性、协调性、可持续性、开放性和共享性,从而构成一个经济系统发展的有机综合体。经济增长速度是经济发展质量提升的基础,经济发展质量是经济增长的根本,经济发展质量离不开经济增长的数量,经济数量有效增长离不开经济质量的提高,两者相互促进。本书就是基于经济增长数据实证研究西部民族地区经济发展质量问题。

1.2.2 研究范围界定

共同区域是民族的主要特征之一,在民族形成和发展初期,地域是空间的基础①。民族经济存在一定的地理空间,研究西部民族地区经济发展质量问题不能脱离其空间形式而独立存在。一般来讲,研究民族地区经济发展质量问题应该是在民族自治地方进行研究,在行政区划上涉及5个自治区,30个自治州和120个自治县(旗)。考虑到研究范围的一致性和经济增长质量各要素的作用边界,本书研究的民族自治地方仅包括5个自治区。同时考

① 黄健英.论少数民族经济与少数民族地区经济[J].学术探索,2009(2):38-43.

虑到云南省、贵州省和青海省的非自治地方，在经济社会发展方面享有和自治地方相同的民族政策[①][②]，也是我国民族地区的典型代表。且在做定量分析时，由于现有的经济统计数据获得大多以行政区划为单位进行逐级统计汇总而得，充分考虑研究过程中所涉及数据的科学性、重要程度、可获得性和实证研究的便利性，本书界定研究区域对象为内蒙古自治区、西藏自治区、广西壮族自治区、宁夏回族自治区与新疆维吾尔自治区5个自治区和云南省、贵州省与青海省3个多民族省份，共8个省、自治区（较多文献称为"民族八省区"），为了表述简洁，后文用通用简称，如"内蒙古自治区"简称为"内蒙古"。"民族八省区"是我国少数民族最为主要的集中区域，且均位于我国西部地区。从理论上讲，该区域应该可以作为本书研究西部民族地区经济发展质量的代表。

虽然在我国西部地区中，重庆、四川和甘肃3个省市少数民族人口占有一定比例，其中重庆为6.72%，四川为6.10%，甘肃为9.42%[③]，且其民族自治地方面积所占比例较高，重庆17.75%，四川62.64%，甘肃37.33%，但考虑到本书研究的是经济发展质量问题，相比5个自治区和云南、贵州、青海3个多民族省份，这3个省市的经济发展质量问题的影响程度较小，不具备充分的代表性，用民族自治地方经济发展质量估计3个省市的整体经济发展质量问题，会存在严重的偏差和不一致，产生不充分甚至错误的结论，误导相关决策。同时经济发展质量最优路径的选择也会偏离有效前沿，主要涉及两个方面：一是系统考察西部民族地区经济发展质量时，可能会提高经济发展质量可能性前沿，生产可能性边界外扩；二是西部民族地区内部各省区间经济发展质量参照系选择存在偏差，参照省区和考察省区之间不存在对比性。

所以，本书涉及的西部民族地区为内蒙古、广西、西藏、宁夏、新疆、云南、贵州和青海8个省区。研究区域陆地面积占全国陆地面积的58.7%；人

① 郑长德. 新经济地理学与中国少数民族地区的经济发展[J]. 黑龙江民族丛刊,2009(3):60.

② 如中央财政1980年开始对"民族八省区"执行定额财政补足等政策制度。

③ 经第六次人口普查数据整理而得。

口为 19342 万人,占全国总人口 14.14%[①]。可以看出,西部民族地区是我国经济发展质量重要组成部分,也是全面建成小康社会的重要力量。

1.3 基本框架与研究方法

1.3.1 研究框架

根据提出、分析和解决问题的基本思路,本书构建了 9 章内容:第 1 章为绪论,首先对研究目的、方法进行描述,并对相关概念进行界定,其次对本书的研究内容和研究思路进行说明,最后阐释本书的基本观点和创新点;第 2 章综述本研究所涉及的国内外研究现状和相关理论;第 3 章梳理经济发展质量理论与分析框架,为实证研究部分打下理论基础;第 4—8 章对西部民族地区经济发展质量进行系统分析,其中第 4 章分析西部民族地区经济发展的创新性,第 5 章分析西部民族地区经济发展的协调性,第 6 章分析西部民族地区经济发展的持续性,第 7 章分析西部民族地区经济发展的开放性,第 8 章分析西部民族地区经济发展的共享性;第 9 章对西部民族地区经济发展质量的结论进行总结,并对文章研究的不足进行说明,指出该书所涉内容在未来进一步的研究方向。

1.3.2 主要研究方法

(1)理论方法上,本书运用定性与定量分析相结合的方法,从创新、协调、绿色、开放和共享 5 个方面,对西部民族区经济发展质量进行交叉式综合分析,力图从理论上找出优化西部民族地区经济发展质量的路径。

(2)具体方法上,系统分析和个性分析相结合。分析对象包括整个西部民族地区及其内部各省区,前者从宏观把握趋势,后者从微观把握各省区发展实际。

(3)跨学科研究。本书利用民族学、宏观经济学、数学、计算机科学、统计学、计量经济学、生态学等学科进行交叉研究。

---

① 面积是根据西部民族地区八省区面积加总与全国面积比较而得,人口是根据《中国统计年鉴》(2015)年末常住人口数据整理而得。

(4)在做实证研究时,基于DEA的Malmquist模型对西部民族地区内部各省区全要素生产率(Total Factor Productivity,TFP)进行测算,能有效排除服从正态分布的误差项,仅保留偏态分布的残差值,作为经济发展质量中创新生产效率的近似替代,并可分解成技术效率和技术进步,从而科学地测度西部民族地区创新推动经济发展效率。

(5)在分析三次产业比较劳动生产率时,由于统计数据并未直接给出三次产业的相关数据,本书对19个行业进行聚类汇总分析,其中第二产业包括4类,第三产业包括14类。

(6)采用非规范审查回归模型(左审查点为0,右审查点为1)对西部民族地区经济发展协调性进行计量分析,找出影响西部民族地区经济协调发展的因素。并在此基础上利用基于参数估计的随机前沿SFA方法,对西部民族地区经济协调发展效率进行科学分析。

(7)利用松弛测度方法对西部民族地区经济持续发展进行分析,其中西部民族地区各省区GDP为期望产出(Good - Output)指标,废水和废气排放量为非期望产出(Bad - Output)指标。考虑非期望产出对经济持续稳定发展有着重要的作用。

(8)本书利用调和平均数和加权平均数构建人类发展指数(Human Development Index,HDI)影响因素,考虑到HDI受到各个构成要素投入成本的制约,本书加入价格因素,运用Cost - DEA方法对西部民族地区各省区HDI进行综合分析,找出提升HDI的路径。

1.4 本书可能的创新与不足

1.4.1 可能的创新点

(1)选题创新。对西部民族地区经济发展质量进行系统性研究的文献较少,本书选题本身就是一种创新。

(2)研究视角创新。根据"十三五"期间我国"创新、协调、绿色、开放、共享"发展理念,分析所涉及的五大经济发展理论,分别构建相关指数对西部民族地区经济发展质量进行科学测度,并针对性地提出优化建议。

(3)研究方法创新。本书采取系统分析和个性分析相结合,全篇基于DEA方法,根据经济发展质量的不同方面构建相应的模型,全书计算基础一致,具有较强的可比性,既能进行系统分析,又能进行个性分析,还能进行对比分析。

(4)分析技术创新。经济创新采用 Malmquist - DEA,VRS - DEA;经济协调性采用 Tobit,SFA;经济持续性采用 SBM - Undesirable - DEA;经济共享性采用 Cost - DEA。

(5)分析结果创新。本书各章结论中多次找出了西部民族地区各省区经济发展质量的参照标准,为各省区地方经济发展职能部门的决策提供详细参考。

1.4.2 本书研究的不足

(1)在用数量指标分析质量问题时,传统观点认为质量和数量是对立的。本书通过实证方法,用数量指标衡量质量,总体上能把握微观实际和宏观趋势,但在本质上并不能完全等同经济发展质量本身。

(2)本书考察西部民族地区经济发展质量,数量分析均是省际层面,微观调查论证分析相对缺乏,后期研究中可更多从田野调查中验证宏观发展趋势的作用边界。

(3)本书考察西部民族地区经济发展质量,并未与外部进行比较。西部民族地区经济发展质量差距是客观存在的,差距本身并不具有研究价值,可以深入研究差距的波动。本书考虑到文章的聚焦,并未做相关分析。

(4)在具体计算方法选取上,考虑到全篇研究的一致性,构建基于 DEA方法的多个模型对各维度进行分析,或许存在更准确测度某个维度的方法,考虑到总指标构建的准确度,并未进行大胆尝试。具体指标选取也采用谨慎原则,避免结果对相关政策产生误导。

第2章　关于西部民族地区经济发展质量研究进展

2.1　发展质量的理论渊源

“质量”一词出现在较多领域中，并表现出不同的含义。在现有文献中，最早出现在社会学领域的“质量”是三国刘劭提出的，最初为资质器量之意。新华字典中关于“质量”的解释是：事物、产品或工作的优劣程度，如商品质量、教学质量、建筑质量等；其中：“质”为本体、本性、本质、品质、性质，“量”为能容纳、禁受的限度，数的多少。

从质量的分类上看，经济发展质量属于宏观质量，是相对于微观（产品）质量而言的。对宏观质量的研究是近些年来学者高度关注的热点课题，但经济发展质量的相关概念在学术界并未达成一致。本书认为，经济发展质量就是在保持经济发展速度的基础上，更加注重经济发展的协调性、可持续性、创新性、开放性和共享性。

历史上关于经济发展质量的认识发生过较大的变化。从古典经济学一直到第二次世界大战前后，经济学界均认为经济增长等同于经济发展，研究的内容也主要集中在经济增长方式上，并得到不同的经济增长路径，其中以亚当·斯密、大卫·李嘉图、西斯蒙第等古典经济学家为代表。亚当·斯密认为经济增长和国民财富的增加主要依靠增加资本和劳动力，并通过恰当分工提高劳动效率，市场能实现福利最大化，政府应采取自由放任的政策。大卫·李嘉图的经济增长观点与斯密类似，认为在自由竞争的市场环境下，价格能反映市场信息，在价格机制的引导下，高效率的企业获得高利润，最终实现经济增长。而西斯蒙第的经济增长观点则有所不同，他认为国家应该限制竞争和干预经济,实行公平赋税,控制人口生育等,以保障人们的生活和幸福。二战以后,亚、非、拉众多殖民地附属国纷纷独立,各自选择适合自身发展模式的道路发展经济,从此世界上出现了众多的发展中国家。传统的经济学家在资产阶级经济理论体系和框架中研究分析发展中国家的经济增长与经济发展,已经不能有效分析经济的现状和前景,为了适应当时的经济社会发展需要,经济学体系中衍生了以研究发展中国家工业化、贫困等问题为主要内容的发展经济学,从此,经济增长与经济发展从根本上区分开了。

从经济增长与经济发展的内涵来看,两者的界定存在本质差别,其中经济增长一般是指一个国家(地区)在一定时期内生产较多的产品和劳务,使得该国家(地区)人均产出持续增加,用数量反映经济增长总量和速度。经济增长通常用国内生产总值(Gross Domestic Product,GDP)来表示,现价GDP反映总量,不变价计算的GDP反映经济增长速度。经济增长主要受制于投资、劳动和生产率水平。而经济发展质量侧重的是最终福利的增加,比经济增长更为广泛,不仅包括经济增长数量的增加,更多的反映经济结构的改进和优化①、经济质量的改善和提高②、经济开放和共享程度提高等质的方面的变化。具体来讲,经济发展质量是一个综合概念,包括社会福利、文教卫生、群众参与经济及社会发展程度等在内的各种结构的协调与优化,经济发展是伴随经济增长而出现的结构变化(于红英,2006)。我国“十三五”期间的五大发展理念,就是要在保持经济增长速度的同时,更加注重经济发展质量的提高,保证速度和质量的协调稳定发展。

2.2 国外相关研究综述

国外较少有系统性研究经济发展质量的文献。受亚当·斯密《国富论》

① 经济结构的改进和优化是指一个国家(地区)的技术结构、产业结构、收入分配结构、消费结构以及人口结构等经济结构的变化。

② 经济质量的改善指一个国家(地区)经济效益的提高、经济稳定程度、卫生健康状况的改善、自然环境和生态平衡以及政治、文化和人的现代化进程。

的影响，一般认为经济发展就是国民财富的增加，或者经济增长质量是经济增长的组成部分。很少有文献把经济增长质量和经济增长进行区分和比较分析。

在现有文献中，M. M. Postan(1953)的文献中最早有了经济发展质量的影子。他认为第二次世界大战以后经济理论在一定程度有了经济发展的思想，更多关注经济长期增长的问题，而之前经济学理论对短期均衡研究更加集中，注重经济增长速度和投入产出比，对经济长期发展以及影响因素研究不足。之后有较多文献陆续对经济增长质量及其影响因素进行了研究，如 W. Paul Strassmann(1956)分析了经济增长中股权投资的影响；Solow(1957)通过计算索罗剩余，认为技术进步是经济增长中较为重要的组成部分，虽然技术进步引起的创新是经济发展质量的重要组成部分，但此处并未提及经济发展质量；Arrow，K. J. (1962)探讨了规模收益递增函数和相关原理，发现要素组合的规模对经济增长存在影响，但并未引入经济发展质量的分析中；卡马耶夫(1977)认为经济发展质量是物质生产资源变化过程的总和，此过程往往伴随经济质量的提升，强调经济增长在产品质量、生产资料效率和消费效果的重要性；Michael A. Conte & Ali F. Darrat(1988)认为在经济合作与发展组织成员国中，政府部门等公共管理部门的扩张对经济产生不同的影响，甚至产生截然不同的效果，对整个经合组织而言，政府部门的扩张对经济发展并无显著推动作用。可以看出，这之前仅有一些关于经济发展质量的思想苗头，但并未从真正意义上分析经济发展质量。

也有部分文献简单区分了经济增长质量与增长速度、数量的异同，但并没有指出两者在本质上的不同。Sen A. (1988)认为经济发展的最终是质量的提升，表现为“以人为本”，如健康与寿命、教育获得、社交需要等，人的“权利”的提升是经济发展的最终目的；N. Shafik(1994)认为过去关于经济发展与环境的研究主要来自许多国家的大样本，但是欠发达国家和发展中国家的环境恶化成本可能会存在不同，有些其他的因素可能会导致环境的恶化；Todaro，M. P. (1996)认为发展的本质是物质和精神的综合体，经济发展质量除了提高经济数量外，更重要的是提升质量，如产出增加到一定程度后，分配变得更加重要，工作机会、教育获得、人道主义也很重要，扩大个人在经济社会中的选择范围等;Robert J. Barro(2002)通过计算跨国数据分析了两者的关系,结果显示经济发展质量与数量相辅相成,如经济增长最直接表现为人们生活水平的提高,生活水平提高后人们更加追求如健全的法制、完备的公共品供给、社会公平正义、反腐败等,这些就是经济发展质量的表现。Bradford Cornell(2010)认为收入分配对经济增长有较大影响,在一定程度上体现了提升经济发展质量的思想。R. C. Smardon(2003)认为城市的可持续发展存在问题,对经济发展质量存在一定的影响。他选择美国24个可持续发展城市为典型代表,定义了34个影响维度去分析发展的持续性,提出社会资本的有效可持续的利用。He J, Wang H(2011)认为在一般情况下环境污染和经济发展之间存在倒“U”形的环境库兹涅茨曲线关系,收入到一定水平后开始对环境有所改善,但很少有研究针对曲线的高度和转折点进行深入的研究。他们分析了中国经济结构、发展战略和环境规制对环境库兹涅茨曲线形状的影响,对于提升经济发展质量有重要的借鉴意义。

除此之外,也有部分文献直接分析了经济增长中存在的质量问题,但并没有对经济发展质量问题进行系统研究。如 Chenery(1960)、Pasinetti(1981)、Beason & Weinstein(1996)分析了经济增长协调性中结构问题;Aghion & Howitt(1992)、Ramey(1995)、Barro(1996)、Turnovsky & Chattopadhyay(2000)分析了经济增长稳定性问题;Murphy 等(1989)、Galor & Zaria(1993)、Persson & Tabellini(1994)、Alesina & Perotti(1996)、Barro(2000)讨论了经济增长中的公平正义问题;Meadows(1972)、Meadows(2004)、Scholz & Ziemes(1996)、Schou(2000)、Grimaud & Rouge(2003)分析了经济增长的持续性问题。虽然以上文献对经济发展的协调性、可持续性和共享性3个方面都有所涉及,但并未对经济发展质量进行5个维度的系统性分析。

2.3 国内相关研究综述

国内最早对经济发展质量进行系统性介绍的是徐学敏。徐学敏(1998)认为经济发展质量其实就是一种效率,直接表现在经济活动的投入产出之比上,经济发展质量可以分解成经济结构与经济增长方式两种主要表现形式。也有其他学者对经济发展质量进行了不同的定义，如王雅林，何明升(1997)认为经济发展质量是基于经济社会资源上的全部功能与其整体运行状态。经济发展质量包括发展水平、发展目标值、发展集约度、协调度、持续度 5 个维度。冷崇总(2008)认为经济发展质量不是一个单一维度，而是一个复杂的系统，系统内指标包括经济发展的稳定性、持续性和有效性等方面，各指标之间相互影响，短期研究不能充分反映经济发展质量结果，应该对各指标进行长期测度研究。洪银兴(2010)对新中国成立以来我国经济发展质量进行了系统性评价，认为经济发展的关键是转变增长方式，主要是要提高全要素增长率和资本投入效率。除此之外还应该提高规模经济效应和技术创新含量。除了对经济发展质量进行系统评价外，也有学者构建了经济发展质量的指标体系，并进行了测度验证。如宋利格(2006)构建经济增长质量的评价指标体系，对西部部分省市从西部大开发战略实施以来的经济发展质量进行分析和评价；李永友(2008)对江苏省的经济发展质量进行了测度，认为江苏省经济发展质量呈粗放型增长，结构协调欠佳，发展成果共享程度低；罗旭斌(2009)对中部地区经济发展质量进行了测度，并提出了提升经济发展质量的对策建议；毛燕玲、肖教燎、傅春(2008)运用因子分析法对中部地区 6 个省会城市的经济增长进行分析，并得出各城市经济发展质量的相关结论；王文彬、王雅华(2009)对中部地区 6 个省区的经济发展质量进行对比分析，并得出相关建议；高丙吉(2009)对甘肃省经济发展质量进行了综合测度，并从居民生活质量、经济增长的竞争能力、经济效益、经济结构、经济增长水平等方面对其进行科学的评价。

部分文献对区域间经济发展质量进行了对比研究。宋利格(2006)对西部部分省(区、市)经济增长的稳定性、经济结构、经济效率等 8 个方面进行定量分析与评价。于红英(2006)从经济增长的四要素出发，建立对应的指标体系，对西部地区 2000—2004 年经济发展质量进行了综合评估，并在此基础上揭示了制约西部地区经济发展质量提高的因素，最后针对性地提出了建议。马晓晴(2008)对我国东部、中部和西部三大区域中各省(区、市)经济发展质量现状进行了聚类分析，发现区域经济发展质量并不平衡。钞小静(2009)构建了经济发展质量体系，并确定了相应的定量分析指标，对中国各地区1978—2007年的经济发展质量进行测度。结果表明：经济转型30年来，中国各地区经济发展质量获得较大提高，但各区域间经济发展质量存在较大差异。

（1）部分文献研究了经济发展质量与速度的关系。从哲学上讲，"快""有效率"是指速度，"好"是指质量。[①] 经济发展"快"是经济发展数量的反映，如国内生产总值等，而经济发展质量则是经济发展的优劣程度的反映[②]，是对经济发展综合性、系统性的反映。经济发展速度是保证经济发展质量优化的根本，而经济发展质量是经济持续稳定增长的最终体现。传统经济思想一般认为经济增长质量实际上就是经济增长的效率问题，效率问题又表现为投入产出问题[③]。单位投入获得较多产出，认为其生产要素投入产出效率越高，经济发展效率就越高，经济发展效率是经济持续增长的重要保障[④]。国内最早研究经济发展质量和效率关系的是孙冶方，他认为苏联经济增长存在较大的低效率性，其主要原因是计划经济违背了市场规律，发展经济质量最重要的是要提高社会劳动生产率[⑤][⑥]。但他并没有就经济发展效率和质量进行系统阐释。

后来有学者直接认为效率就是经济发展质量，理论依据是一定的投入获得更多的产出是质量的主要表现[⑦]，在研究经济发展质量与效率问题时，以全要素生产率（TFP）研究最为广泛。特别是经济转型发展时期，随着以人力成本逐步上升为标志的"人口红利"的消失，加上资本边际报酬递减等因素的不利影响，全要素生产率（TFP）成为提高我国经济发展质量的动力与源泉。蔡昉（2013）认为我国在经过"刘易斯拐点"后，加上"人口红利"的逐渐消失，经济发展从"二元经济"发展阶段向"新古典经济"转型，表现为资本投

① 韩强. 经济发展质量的哲学思考[J]. 人民论坛，2007（17）：41.

② 梁亚民. 经济增长质量问题研究综述[J]. 兰州商学院学报，2002（2）：31－35.

③ 李永友. 基于江苏个案的经济发展质量实证研究——兼与浙江、上海的比较分析[J]. 中国工业经济，2008（6）：138－147.

④ 钞小静. 经济增长质量：一种理论解释及中国的实证分析[D]. 西安：西北大学，2009：8－12.

⑤ 孙冶方. 把计划和统计放在价值规律的基础上[J]. 经济研究，1956（6）：30－38.

⑥ 孙冶方. 从"总产值"谈起[J]. 中国统计，1957（13）：10－16.

⑦ 徐学敏. 发展经巧重在质量[J]. 财经问题研究，1998（12）：10－12.

资报酬递减。以往经济快速增长中的政府主导型投资方式,已不再具有可持续性,现阶段中国经济增长必须要靠以技术进步为基础的全要素生产率的增长。也有部分学者对各区域间的全要素生产率进行比较,但分析结果存在较大差别,甚至出现截然相反的结论。如刘建国(2012)等测度了 1990—2009 年我国各省(区、市)间的全要素生产率,并分析了影响全要素生产率的因素。结果表明:全国全要素生产率整体上呈下降趋势。东部地区由于技术进步的影响,全要素生产率呈上升趋势,西部地区由于纯技术效率和综合效率的影响,全要素生产率呈下降趋势。影响全要素生产率的因素包括人力资本和产业结构等。张少华(2014)运用基于投入冗余角度的全要素生产指数(ISP)对我国各省(区、市)全要素生产率进行测度,结果显示:1985—2009 年,我国 35% 左右的经济增长由全要素生产率决定,技术进步和劳动生产率上升是全要素生产率的主要贡献力量。各区域之间全要素生产率存在较大差异,省际异化现象表现日趋明显。

在以往文献中,把全要素生产率分解成技术效率和技术进步后,并没有学者对技术进步与创新进行系统分析,而创新最直接的表现是专利申请数和技术进步方面。而现有文献在做创新效率分析时,并未纳入技术进步因素。如肖文等(2014)利用随机前沿参数估计方法,测度了工业行业技术创新效率。但该文献用到的因变量是代表市场效应的“新产品产值”与“新产品销售收入”和代表创新成果的“专利申请数”与“新产品开发项目数”,并未直接纳入技术进步值作为产出变量。结果显示中国整体平均效率在 0.5 ~0.6,并对其影响因素进行了说明。余泳泽(2013)虽然用三阶段 DEA 模型分析了创新效率,但其产出变量只选择了专利申请数和授权数,在产品创新阶段也没有涉及技术进步值。该文献借鉴白俊红(2011)所用方法对创新申请书进行了重新测量。结果显示科研创新效率较低,西部地区效率值明显低于东部地区,并产生了明显的价值链外溢效应。白俊红等(2009)采用基于非参数的随机前沿方法估计了 1998—2007 年中国 30 个省(区、市)的创新研发效率,但在研究过程中也并未把技术进步纳入分析指标范围,仅仅把专利申请作为创新的产出,分析结果可能会产生不一致的情况。该文献结果表明中国创新效率较低,但呈逐年提高的态势,各地区间存在差异,区域间创新网络建设不完善,需要改善区域创新环境,提高区域创新系统网络能力。

通过对以上文献进行梳理可以看出,科学测度全要素生产率的文献较多,但并没有针对西部民族地区进行系统测度的相关文献。在把全要素生产率分解成技术进步后,较少有文献分析技术进步对创新效率的影响,现有测度创新效率的文献并未提及技术进步指标。本书在前人研究工作的基础上,基于全要素生产率中的技术进步,对西部民族地区经济创新发展效率进行测度。

(2)部分文献研究了经济发展质量与协调的关系。经济发展过程中,结构合理、协调程度高将会导致经济质量的提高①。经济协调发展一般包括产业结构、投资与消费、二元结构和城镇化 4 个方面。在过去我国经济高速发展中,由于“人口红利”的存在,根据比较优势理论,较多学者认为中国的劳动生产率较低。但张金昌(2002)认为中国的劳动生产率不但不低,反而具有较高的劳动生产率。但同时我国三次产业发展并不均衡,比较劳动生产率还存在较大差异。他认为通过比较各地区三次产业比较劳动生产率,在一定程度上能反映产业对经济协调发展的影响。王建军(2012)对河南省改革开放 30 年来三次产业比较劳动生产率进行分析,结果显示:河南省三次产业比较劳动生产率整体上呈下降趋势,且产业间差距越来越大,产业结构存在较大的调整空间。周学智等(2010)对吉林省三次产业比较劳动生产率进行对比分析,结果发现相比全国而言,吉林省产业结构调整较慢,第一产业比较劳动生产率较低。肖灵机(2006)对江西省三次产业比较劳动生产率进行分析,认为江西省第三产业内部差异较大,结构不合理,并对各行业发展提出了对策建议。也有部分学者对西部民族地区单个省(区、市)的三次产业比较劳动生产率进行研究,如王峰(2013)对甘肃省三次产业比较劳动生产率进行分析,认为甘肃省产业结构优化能有效促进经济增长,经济增长与产业结构优化在三次产业比较劳动生产率上的变化呈同方向变动关系。通过整理相关文献可以看出,虽然关于西部民族地区某个单独省(区、市)经济

① 钞小静,惠康.中国经济增长质量的测度[J].数量经济技术经济研究,2009(6):75-86.

协调发展的研究文献还有很多,但是系统研究西部民族地区三次产业比较劳动生产率的文献少之又少。

在研究经济协调发展时,本书还引入了二元系数。现代经济增长结构论[①]认为,经济增长是生产结构转换的表现。刘易斯(Lewis,1954)的"二元结构论"是其代表,该理论认为当工业部门和农业部门劳动生产率相等时,城乡二元经济结构就会消失[②③]。本书在研究西部民族地区经济协调发展时,就用到"二元对比系数"和"二元反差系数"两个指标。程前昌(2013)认为 2004 年后中国二元对比系数有上升趋势,西部地区最低,第一产业的发展有利于二元对比系数的提高。李云娥(2008)对 1978—2004 年二元反差系数进行分析,认为二元反差系数有不断扩大的趋势,如果存在政策干预,该趋势可能会缩小。虽然较多学者在二元对比系数和二元反差系数上研究出大量成果,但对经济协调发展的传导机制分析并不充分。

研究经济协调发展中涉及投资率和消费率的文献较多。陈凌(2006)认为我国存在较低的消费率,以致影响到了经济的稳定性。我国需要适当控制投资增长速度,同时提高消费量,实现经济协调、稳定、持续发展。也有部分文献研究了投资率、消费率对城镇化的影响,陈昌兵(2010)把城镇化分成两个阶段,规模化阶段投资率与城镇化率呈正向关系,消费率与城镇化率呈反向关系,市民化阶段则相反,投资率和消费率与城镇化分别呈倒"U"型关系。袁晓玲(2011)分析了 1978—2009 年我国投资率、消费率与城镇化的关系,认为三者长期存在均衡稳定的关系,消费率对城镇化率具有单向因果关系,消费率和投资率对城市化率均有正向效应。可以看出,以上文献在考虑投资与消费对城镇化的影响时,虽然找出了三者之间的部分关系,但在整体上还是缺乏系统性研究。

---

① 现代经济增长理论是相对于传统经济增长理论而言的,传统经济理论认为经济增长是在竞争均衡的假设条件下资本、劳动和技术进步共同作用的结果,而现代经济理论则认为还应该包括结构主义观点。

② 侯风云,张风兵. 从人力资本看中国二元经济中的城乡差距问题[J]. 山东大学学报(社会科学版),2006(4):133 - 138.

③ 肖摩飞,廖双红. 中国二元经济变化态势和区城分异分析[J]. 经济问题探索,2006(7):8 - 11.

综上，经济协调发展的各个部分虽然有很多水平较高的科研成果，但是系统性研究的文献并不多，对西部民族地区经济协调发展进行系统研究的更少。本书首先找出众多影响经济协调发展因素的显著性因素，在此基础上利用参数估计方法对显著性较高的影响因素进行分析，找出实现西部民族地区经济协调发展的路径。

（3）部分文献研究了经济发展质量与环境的关系。经济发展的最终目标应该是"以人为本"的发展，是一种全面协调可持续的发展状态①。为此，国际、国内相关组织给出了较多关于环境与经济发展质量的指标体系，如国家进步指数（MDP）②。后来世界银行提出了包括自然资本在内的经济可持续发展标准③，联合国提出了包括环境在内的经济可持续发展的"四大系统"，并构建了相应的环境保护体系④，中国科学院构建了"人与自然"的关系指数⑤，中国统计学会也构建了包括环境与可持续发展等其他指标在内的综合发展指数（CDI）⑥。

也有较多学者研究了经济发展质量与环境问题。张培刚（1992，1999）讨论了通胀、失业、分配和环境等问题对经济发展的影响，并在经济发展中分析了可持续发展理念⑦，初步形成了环境与经济发展质量相关的理论。但该论文并未形成完整的经济发展质量系统理论和分析方法。除此之外，目前较少文献对西部民族地区生态环境进行研究。整理以上文献可以看出，对经济发展中生态脆弱区——西部民族地区的经济可持续发展研究并不深入，且研究工具与方法和理论结合欠佳。本书采用基于非期望产出的DEA模型对西部民族地区经济持续发展进行测度，并从节能和减排两个方面进行松弛性分析，为西部民族地区各省区节能减排决策提供最直接的参考。

---

① 黄泰岩．转变经济发展方式的内涵与实现机制[J]．求是，2007(9)．

② 王朝科．英国可持续发展指标体系评价[J]．山西统计，1997(7)：41－43．

③ World Bank. Allocation of FY98 net income[R]. Washington, DC：World Bank，1997：97－175.

④ United Nations Sustainable Development Commission. Proceedings of the First Session on Agenda 21[J]. New York，USA：April and June 1997.

⑤ 中国科学院可持续发展研究组．2002年中国可持续发展战略报告[J]．科学出版社，2002：229－239．

⑥ 中国统计学会中国综合发展指数研究课题组．中国综合发展指数研究报告[R]．2011(6)．

⑦ 张培刚．新发展经济学[M]．郑州：河南人民出版社，1999．

(4)部分文献研究了经济发展质量与成果共享的关系。经济发展的最终目的是让全国各族人民福利增进,生活水平提高,共享经济发展的结果。现有文献中研究经济发展与成果共享最多的是人类发展指数(HDI)。王志平(2007)具体介绍了HDI的计算方法,并对其改进进行评价。田辉等(2008)对我国1994—2007年HDI进行了测度和比较,并对各省区可持续发展提出了对策建议。较多文献对HDI的测度方法进行介绍,并对各省区HDI进行科学测度,然后给出对策建议。但是在提高HDI的过程中,投入的要素需要支付成本,要素的价格成为HDI改进的重要方面,但是以往文献中并未提及。本书首先测度西部民族地区各省区HDI,并构建基于成本角度的DEA模型找出提升HDI的方法,为西部民族地区HDI提升提供有益借鉴。

2.4　民族地区经济发展质量研究综述

在关于民族地区经济发展质量的研究文献中,郑长德(2009)首先提出了提升民族地区经济发展质量的必要性。首先从需求结构、产业结构和要素投入等方面分析了民族地区经济发展方式的特征,并在此分析基础上提出了民族地区经济发展方式转变的对策建议,认为民族地区经济增长中,以投资和消费为主的内需推动力最大,第二和第三产业是经济增长的主要动力,但同时民族地区经济增长方式仍然是高能耗和外源推动的粗放型增长方式,提升经济发展质量才能从根本上促进民族地区经济持续稳定增长。郑长德(2011)认为经济发展的最终目的是改善人民的生活质量和提高民族地区构建自己未来的能力。并在该逻辑的基础上构建了民族地区经济发展效率、经济增长稳定性、社会公平正义、卫生保健、教育、居住条件、安全保证、人口发展和环境质量9类指标体系,系统分析民族地区经济发展质量问题。

在具体指标构建上,刘阳(2009)利用组合评价法对新疆内部与外部两个层面经济发展质量进行了研究,并与全国经济发展质量水平进行了对比分析。在经济创新发展方面,刘月兰(2009)分析了新疆1978—2007年产业结构效益,认为新疆三次产业比较劳动生产率差异较大,需要进一步优化三次产业结构。也有部分文献研究了西部民族地区的环境问题,李俊杰和刘丽娜(2014)运用Leslie人口预测模型对西部民族八省区2014—2025年人口变化趋势进行预测,并运用P-R-E模型[①]测算资源环境承载力,结果显示:西部民族地区资源环境承载力有限,且各省区之间存在明显的异质性,其中青海和新疆的生态风险较为突出。

整理以上文献可以看出,关于西部民族地区经济发展质量的研究包括两类:一是西部民族地区经济发展质量体系的构建,二是西部对民族地区某个省区经济发展质量进行研究,但整体上缺乏对西部民族地区进行系统的实证研究。本书试探性地对西部民族地区经济发展质量进行实证性的系统分析。

小结:经济发展质量各个维度虽然有很多水平较高的研究成果,但利用“创新、协调、绿色、开放、共享”5个维度进行系统性研究的文献并不多;现有文献有较多研究西部民族地区某个省区经济发展质量问题,但对整个西部民族地区进行研究的文献较少,进行实证研究的更少;过去各文献关于经济发展质量指标体系构建不尽相同,并未有较为系统性的理论和政策支持,本书选择的“十三五”期间发展理念作为发展质量维度,以往文献并未提及;在方法论上基于DEA构建各维度具体模型的文献较少。基于以上思考,本书全文基于DEA方法,分别构建相关模型,对西部民族地区经济发展质量进行系统性分析。

① P-R-E模型是将人口(P)资源环境(R)和经济(E)三个独立的系统相结合测算区域所能承载的相对人口容量。具体参见:朱宝树.人口与经济——资源承载力区域匹配模式探讨[J].中国人口科学,1993(6):27-38.

第3章 区域经济发展质量分析框架

3.1 经济发展质量的内涵与测度

经济发展质量问题一直是学者高度关注的议题，学界尤其重视对其分析框架的分析。质量都有其质量标准，质量标准是对评价标准、评价指标和评价方法做出定量的规定。微观质量可由强度、硬度、化学成分等理化指标和功能性指标的质量标准衡量。如中国执行的冰箱标准为ISO15502，涉及安全标准和性能标准两个方面，安全标准包括防触电、防高温、防机械危险、防潮湿、防着火等方面，考虑到避免婴幼儿因误将自己关进冰箱而造成危险，对打开冰箱门所需的力量有明确规定，应不大于70牛顿，并在2013年新的标准中针对目前市场上不少产品为了美观采用了玻璃面板的现象增加了冲击试验，增加了跨临界制冷系统和玻璃面板机械强度的特殊要求；性能标准包括容量、控温方式、制冷方式、循环系统、制冷能力、能效等级、气候类型和输入功率等。经济发展质量作为宏观质量，也应该有相应的指标，并可以进行衡量和比较。目前有许多分析宏观经济发展框架的指标，如GDP、GDP增长率、CPI、GINI系数、经济结构相关系数、投资产出率、就业增长率、单位GDP能耗等，这些指标在大多情况下均是单独使用，并未形成系统性框架体系，并不能充分反映我国经济发展质量水平。较少文献综合分析了多个指标，但并未形成系统性，如冷崇总（2008）从经济发展质量出发，提出经济发展的7个方面、21个指数的分析框架。

也有学者从经济发展各影响因素间的协调性来考察经济发展质量，如郎志正（2012）指出经济发展质量要满足5个方面的协调，认为我国反映贫富差距的基尼系数现在已达0.47,这凸显了经济发展与社会发展的不协调;我国用世界45.6%的煤炭和40%的水泥,却只生产了占世界8%左右的GDP,凸显了经济社会发展与自然的不协调;我国GDP拉动的“三驾马车”中,投资占了50%以上,而服务业发展速度滞后于GDP的增长,仅占GDP比值的43%,凸显了经济结构的不协调和产业结构的不协调;除此之外,还分析了政治体制改革与经济发展、文化和社会发展的不协调。但文章并没有给出相应的对策建议。钞小静(2011)首先界定了经济发展质量的内涵,并从不同维度测度了经济发展质量的结果。4个维度分别是经济结构、经济稳定性、福利变化与成果分配、生态环境,分别选取了产业结构、投资消费结构、金融结构、国际收支、产出波动、价格波动、就业波动、福利变化、成果分配、资源利用、生态环境代价等指标,并对每个指标进行测算。其中产业结构包括工业化率、三次产业比较劳动生产率、二元对比系数和反差指数;投资消费结构包括投资率、消费率、投资消费比;金融结构国际收支为M2/GDP;国际收支为进出口总额/GDP;产出波动为经济波动率;价格波动为通货膨胀率;就业波动为失业率;福利变化包括人均GDP人口死亡率人均受教育年限和人均住房面积;成果分配包括基尼系数、城乡收入比和泰尔指数;资源利用包括全要素生产率增长率、资本生产率、劳动生产率和单位产出能耗比;生态环境代价为单位产出大气污染程度、污水排放量和固体废弃物排放量。在计算出各个指标的具体数值后,采用主成分分析法确定各指标权重,综合构建各经济发展质量指数,利用该指数对全国整体水平和各省区经济发展质量进行综合评价和比较。

郑长德(2011)构建了西部民族地区经济发展质量指标体系。该指标体系包括经济效率、经济增长的稳定性、社会公平正义、卫生保健、教育、居住条件、安全保证、人口发展和环境质量9类项目。其中经济效率主要反映技术进步和创新对经济增长的贡献;经济增长稳定性主要考虑经济增长的持续稳定发展;社会公平主要涉及收入的分配状况、贫困减缓和就业机会等方面;卫生保健包括居民营养、公共卫生设施、医疗服务水平、饮用水质量和预期寿命等;教育主要指平均受教育年限和教育质量;居住条件主要包括人均住房条件和生活环境状况;安全保证主要包括失业率、养老和医疗保障、犯罪率和通胀等指标;人口发展涉及人口老龄化、性别比和年龄结构等方面;环境质量主要是指废水、废气和固体废弃物的排放。利用以上指标体系分别对民族地区经济发展质量的各个部分进行了科学的测量和比较。

在上述宏观质量评价指标体系研究中,尽管所构建的经济发展质量各个观测指标所研究的内容不尽相同,指标体系能反映一定的发展质量问题,但研究指标的构架主观性较高,部分指标并没有形成综合性分析,更缺少实证研究,即使程虹(2012)做了问卷调查,采集了数据,但是样本量的控制、数据的真实性等可能导致研究结果不具备可复制性。经济发展质量指标包括较多系统性的指标体系,各指标之间相互影响,形成一个稳定的经济状态。在现有的指标体表体系客观依据中,国家关于"十三五"期间"创新、协调、绿色、开放、共享"的发展理念,是现阶段提升经济发展质量最好的依据。对于西部民族地区而言,创新发展是经济持续稳定发展的根本,创新推动实现经济的追赶型跨越式发展;协调发展是经济持续稳定发展的结构性保障,协调保证经济发展长期有效;绿色发展就是经济可持续发展,是经济持续稳定发展的本质内容,可持续发展确保经济长期健康发展;开放发展是民族地区沿边发展的基础和保证;共享发展的结果就是让少数民族同胞具有较强的获得感(见图 3.1)。基于以上思考,本书参照我国"十三五"期间"创新、协调、绿色、开放、共享"的发展理念,构建西部民族地区经济创新发展、协调发展、

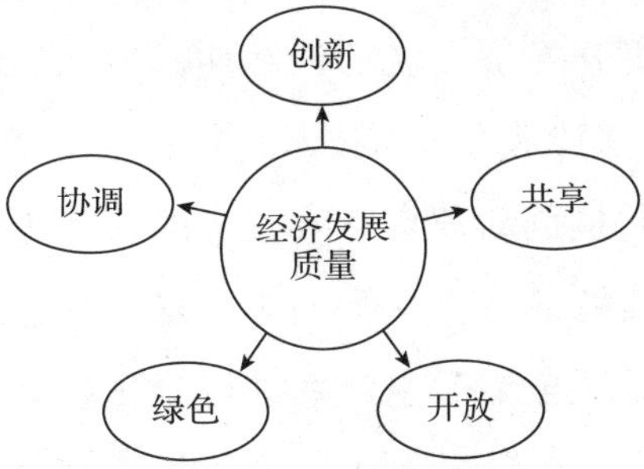

图 3.1　西部民族地区经济发展质量各项目

Figure 3.1　The various subprojects of quality of economic development in the Western Minority Areas

来源:作者绘制。

持续发展、开放发展和共享发展5个发展质量维度,各维度下构建相应的指标体系,通过比较分析找出优化西部民族地区经济发展质量的路径和方法。

3.2 经济发展质量与创新

连续的技术创新是经济发展的动力和源泉。本书首先测度西部民族地区各省区创新推动经济发展,并把其分解值——技术进步作为创新效率的产出变量之一,对各省区创新本身的发展效率进行测度和分析(见表3.1)。

表3.1 创新发展及其指标

Table 3.1 The index of economic innovation and development

项目	含义	代理指标	测度方法
创新推动经济发展	较高的创新发展是提高经济发展质量的动力和源泉,创新直接表现为较高的技术进步和技术效率	劳动和资本为投入变量,地区GDP为产出变量	Malmquist - DEA
创新效率	对创新自身的投入产出关系进行测度。其中将创新推动经济发展中计算出的技术进步,作为创新效率的产出指标之一	R&D投入占GDP比重、教育投入经费投入占GDP比重、科技活动人员占总人口比重为投入向量;技术进步、专利申请率为产出向量	VRS - DEA

西部民族地区要提升经济发展的创新性,需对区域内各省区技术进步进行动态分析,充分考虑技术进步与技术转化对经济增长的作用边界,并根据各省区与经济发展质量创新效率有效省区的差距进行对比与融合,从根本上实现经济长期持续稳定发展。所以,本书采用基于DEA的Malmquist模型对西部民族地区各省区全要素生产率进行测算和分解,用该值解释创新推动经济发展的效率。在指标的选取上,参照新古典增长理论的观点,认为经济增长主要依靠劳动和资本的投入,所以选取劳动和资本作为投入变量,地区GDP作为产出变量。其中劳动量和资本量分别用各地区各时期的总人口数和固定资产投资额替代。

全要素生产率测度经济发展中创新推动经济增长效率,其测度值反映的是即期经济效果，在考察西部民族地区经济创新自身发展时，需要对全要素生产率计算进行分解，以其分解值——技术进步为产出指标，对创新效率本身进行科学测度。在经济“新常态”下，产业机构转型升级，企业自主创新能力有很大的提升空间，企业自主创新依靠R&D的投入，R&D投入对经济发展具有明显的促进作用，本书选择地方财政科学技术支出作为R&D经费投入数据，并把地方财政科学技术支出/GDP作为创新投入指标。

3.3　经济发展质量与协调

随着经济的快速发展，西部民族地区经济发展的不协调表现较为突出，产业结构不合理，城镇化水平整体较低等现实问题表现尤为突出。西部民族地区要提高经济发展质量，必须要跨越经济发展中的非协调性障碍，才能在新形势下实现转型发展和后发赶超。

在具体的分析框架上，本书首先构建了西部民族地区经济协调发展的指标：三次产业比较劳动生产率、投资率和消费率、二元对比系数与二元反差系数、城镇化率和工业化率。由于经济协调发展的组成要素较多，需要首先找出最直接、最显著的经济协调发展指标，所以选择城镇化率作为因变量，三次产业比较劳动生产率、投资率和消费率、二元对比系数和二元反差系数作为自变量，利用回归审查计量模型分析各影响变量的显著性。最后利用非参数估计方法SFA，对上述显著性指标进行分析，客观测度西部民族地区经济协调发展效果（见表3.2）。

表3.2　协调发展及其指标

Table 3.2　The index of economic coordinated development

项目	含义	代理指标	测度方法
经济协调发展各要素显著性	西部民族地区经济协调发展包括三次产业比较劳动生产率、投资率和消费率、二元对比系数与二元反差系数、城镇化率和工业化率4个方面。4个影响因素的作用力不一致，首先找出其显著性较强的指标	以城镇化率作为因变量，三次产业比较劳动生产率、投资率和消费率、二元对比系数和二元反差系数作为自变量	审查回归模型

续表

项目	含义	代理指标	测度方法
经济协调发展效果	找出影响西部民族地区经济协调发展的显著因素后,分析各因素对经济协调发展的影响效果,进而找出西部民族地区经济协调发展的科学路径	城镇化为因变量,显著性较强的投资率和消费率作为自变量	非参数估计中随机前沿法 SFA

3.4　经济发展质量与绿色

生态环境是经济发展的重要前提,经济持续发展以生态环境的良性循环为基础,分析经济发展质量必须考虑生态环境问题。西部民族地区作为我国重要的生态功能区、环境敏感区和脆弱区,经济发展中生态环境问题显得尤为突出。已有文献显示西部民族地区经济发展过程中单位产值能耗高于全国平均水平,提高经济可持续发展水平成为提高经济发展质量的必然选择。

所以,本书首先找出西部民族地区经济可持续发展因素,选取单位产值能耗与单位产值环境代价两个方面作为经济持续发展的指标,并对在经济发展过程中非期望产出指标(如“三废”排放)进行单独衡量。在方法的选择上,传统 DEA 模型假定少投入多产出为有效,但考虑到环境因素后,产出中的非期望产出应该是越少越好。基于以上思考,本书采用松弛测度方法计算非期望产出,目的在于减少非期望产出,提高西部民族地区经济发展的持续性(见表 3.3)。

表 3.3　绿色发展及其指标

Table 3.3　The index of sustainable economic development

项目	含义	代理指标	测度方法
经济持续发展	在保持现有的发展速度下,实现不以牺牲环境为代价的可持续发展,包括资源的过多投入和“三废”的过多产出	以劳动、资本和能耗为投入指标、以地区 GDP 为期望产出指标,以废气和废水排放为非期望产出指标	SBM – DEA

3.5　经济发展质量与开放

经济开放度对于提高经济发展质量有着重要意义。随着国家"一带一路"倡议的实施,西部民族地区各省区经济开放发展成了经济发展质量的重要指标。本书在实证分析西部民族地区经济开放发展时,认为经济发展的开放性一般包括外资企业情况、地区企业进出口和国际旅游三个方面。其中在分析外资企业引进效率中,以外商投资企业数、外商投资企业投资总额和注册资本为投入变量,外商投资企业进出口总额为产出变量,采用经典DEA－VRS分析方法,对西部民族地区各省区开放发展效果进行分析。在分析对外旅游效率时,采用普通最小二乘法对各省区接待国外旅游人次对旅游外汇收入的影响程度进行计量分析(见表3.4)。

表3.4　开放发展及其指标

Table 3.4　The index of economic opening and development

项目	含义	代理指标	测度方法
外商投资企业引进效率	外商投资企业情况能在一定程度上反映当地经济发展的开放性,外商投资企业投资效率是经济发展质量的重要组成部分	外商投资企业进出口总额为产出变量;外商投资企业数、外商投资企业投资总额和注册资本为投入变量	DEA－VRS
地方进出口与国际旅游收入	以地方进出口与国际旅游收入两项指标衡量西部民族地区经济发展质量的开放性	内部经营单位所在地、境内目的地和货源地进出口衡量地方进出口情况;接待国外旅游人次和旅游外汇收入衡量对外旅游	OLS

3.6　经济发展质量与共享

参与社会发展的不同利益主体对社会共同利益的分享,是实现社会公正的理念和实现方式。全国各族人民共享社会经济发展成果是经济发展质量目标之一。本书首先对西部民族地区各省区的人类发展指数(HDI)进行分析,考虑到提升HDI需要投入相关投入,成本问题不可回避,所以采用基于成本分析的DEA方法对提升各省区HDI的对策进行分析。除此之外,西部民族地区农村贫困和公平问题也较为突出,本书分别对农村减贫、公平和效率选择问题进行了分析。

在具体的指标选取上,参照联合国开发计划署修订的HDI定义,用健康长寿、教育获得、生活水平对HDI进行测度,并构建相应的价格水平,利用Cost - DEA方法对HDI的发展路径进行分析。在分析贫困问题时,分别用贫困发生率、贫困缺口、加权贫困缺口对西部民族地区各省区农村贫困程度进行分析。最后对各省区的公平和效率的选择问题进行分析(见表3.5)。

表3.5 共享发展及其指标

Table 3.5 The index of economic sharing development

项目	含义	代理指标	测度方法
HDI指数	参照联合国开发计划署(UNDP)在《1990年人文发展报告》中提出的人类发展指数指标	健康长寿、教育获得、生活水平	加权平均
HDI发展路径	理论上讲,HDI越高越好,但同时应该考虑到HDI各成分的优化需要相应的成本,本书运用基于成本角度的DEA方法对西部民族地区HDI的构成进行修订,并找出影响HDI的外生因素,针对性地找出HDI优化路径	HDI中教育、健康和生活环境3个方面的人力、物力和财力的投入	Cost - DEA
西部民族地区扶贫路径	经济发展将降低贫困的发生率,经济发展使得居民的纯收入增加,从而降低了贫困发生率,经济发展会给包括穷人在内的所有人带来好处	贫困发生率、贫困缺口、加权贫困缺口	加权平均
效率与公平	在提高西部民族地区经济发展质量的同时,分析公平问题的影响程度,在提高效率的同时促使公平,让全国各族人民共享小康社会成果	效率值、GINI系数	DEA,积分

第4章 经济发展质量:创新

经济发展是以连续技术创新、产业升级和制度调整为显著标志的人均收入可持续增长的过程①。本书从创新推动经济发展效率和创新效率两部分对西部民族地区经济创新发展进行分析。

4.1 西部民族地区创新推动经济发展

较高的创新发展是提高经济发展质量的动力和源泉,创新直接表现为较高的技术进步和技术效率。党的十八大正式提出“实施创新驱动发展战略”,并作出战略部署,明确要求到2020年,科学技术进步贡献率力争达到60%以上。截至2014年,虽然研发投入占GDP之比为2.1%,达到了1.2万亿元,但是技术进步贡献率约为50%,与发达国家相比还有20%的差距②,这已经成为我国提高经济发展质量不可回避的问题。技术进步的表现形式是经济增长方式的转变,过去很多学者对中国的发展模式表示质疑,认为中国发展主要是靠高污染、高能耗、高物耗和高排放的粗放型发展模式,技术进步贡献率较小,经济发展存在非集约和非持续发展的趋势③,且这种表现在区域间存在较大差异。西部民族地区要提升经济发展的创新性,提高经济发展质量,必须对区域内各省区技术进步进行动态分析,充分考虑技术进步与技术转化对经济增长的作用边界,并根据内部各省区与经济发展质量

① [美]西蒙·库兹涅茨. 现代经济增长[M]. 戴睿,易诚,译. 北京:北京经济学院出版社,1989.

② 李毅中. 我国研发投入仍然不足使用效率也有待提高[N/OL]. http://finance.ifeng.com/a/20150608/13762419_0.shtml,2015-12-12.

③ 王小鲁,樊纲,刘鹏. 中国经济增长方式转换和增长可持续性[J]. 经济研究:2009(1):4-16.

有效省区的差距进行对比与融合,从根本上提高西部民族地区经济发展质量,在经济新常态下实现经济持续稳定发展。

4.1.1 经济效率传导机制与测度

一般来讲,经济增长动力来自两个方面:一是投入的增加,如增加固定资产投资与劳动量的投入;二是提高效率,主要指技术更新、管理水平提高与法律法规完善等。新古典经济学认为,经济增长的核心是 TFP 的增长,TFP 对经济发展质量起着重要的作用。TFP 衡量的是除劳动和资本以外其他要素带来的产出增长率,如技术进步、规模报酬等。最早反映生产率和经济增长关系的是 Cobb – Douglas 函数(1923),后由 J. Tibergen(1942)引入时间因素,提出全要素生产率(TFP)概念,此时生产要素仅包括劳动和资本,后来 Davsi(1954)加入了原材料与能源等投入要素。Solow(1957)分离出技术进步对经济增长的影响,提出“Solow 剩余”。Christensen、Jorgenson 和 Lau(1973)提出超越对数来测量全要素生产率,并认为生产函数中资本投入量应为投入流量,不应为资本存量。此后,学界对全要素生产率做了大量的研究,出现了大量有价值的文献成果。仔细分析这些文献,从研究方法上,可以分为 3 种思路:增长核算法、时间参数法与前沿生产函数法。

(1)增长核算法一般用于计算索洛残差值,该方法优点是简单易行,且符合经济规律。但同时也存在在参数估计、规模报酬和技术外生性方面处理欠佳(段文斌,2009),其测算结果存在较大差别,如邹至庄(1984)、陈时中(1986)、张军扩(1991)、郭庆旺等(2005)、涂正革(2006)认为 TFP 增长缓慢,而 Chow(2002)、张军(2002)、孙琳琳等(2005)测算结果显示 TFP 增长较快,但是文献均反映改革开放后我国全要素生产率较之前有了较大改善。

(2)时间参数法一般是先设定回归方程,用计量方法直接估算全要素生产率。王小鲁(2000)估算 1953—1999 年的中国全要素生产率增长率。张军和施少华(2003)测度了 1952—1998 年我国全要素生产率及其增长率,并把时间序列分成改革开放前和改革开放后两段进行比较,结果显示我国在改革开放前全要素生产率波动很大,甚至认为 1978 年较 1952 年低,之后有了明显的提高。

(3)前沿生产函数法一般包括参数(SFA)与分参数分析(DEA)方法,该方法能有效排除服从正态分布的误差项,仅保留偏态分布的残差值,作为生产效率的近似替代。本书就采用 Caves、Christensen 和 Diewert(1982)创建的基于 DEA 的 Malmquist 模型对西部民族地区各省区的全要素生产率进行测算。

选择 DEA 方法测度西部民族地区经济创新发展基于三方面考虑:一是西部民族地区各省区数据质量问题,用 Malmquist 指数作了一阶差分,各省区的同方向变化将会被消除;二是由于该模型利用时间段上的截面数据进行对比,对指标的选取上较为宽容,放开了指数化过程必须要求所使用的离散数据和时间派生数据近似相等的限定,也没有对投入产出关系做任何限制;三是 Malmquist 指数法把全要素生产率分解成技术效率和技术进步,即全要素生产率 = 成技术效率 × 技术进步,还可以把技术效率分解成纯技术效率和规模效率,即技术效率 = 纯技术效率 × 规模效率。这样的分解对全要素生产率、技术进步和创新效率分析更加全面。具体分析在后面一节详细解释。

现测度西部民族地区各省区全要素生产率,构建利用包络数据分析方法(data envelopment analysis, DEA)框架下的 Malmquist 指数为:

$$M = \left[\frac{D_i^t(x_i^{t+1}, y_i^{t+1})}{D_i^t(x_i^t, y_i^t)} \times \frac{D_i^{t+1}(x_i^{t+1}, y_i^{t+1})}{D_i^{t+1}(x_i^t, y_i^t)}\right]^{\frac{1}{2}}$$

其中 t 表示 1995—2014 年中具体年份,i 表示西部民族地区 8 个省区,x、y 分别表示劳动和资本向量及 GDP 向量,D 表示生产点的距离函数。为了分解全要素生产率,现构建等式:

$$EF_I^{t+1} = \frac{D_i^{t+1}(x_i^{t+1}, y_i^{t+1})}{D_i^t(x_i^t, y_i^t)}$$

$$TC_i^{t+1} = \frac{D_i^t(x_i^t, y_i^t)}{D_i^{t+1}(x_i^t, y_i^t)} \times \frac{D_i^t(x_i^{t+1}, y_i^{t+1})}{D_i^{t+1}(x_i^{t+1}, y_i^{t+1})}$$

则 Malmquist 生产率指数可分解成:$M = EF_t^{t+1} \times (TC_i^{t+1})^{\frac{1}{2}}$ 为生产效率,TC_i^{t+1} 为技术变化率。为了寻求纯粹的投入产出关系和规模的合理性,需要分解综合生产效率,现放松上面等式的规模报酬不变的假设,构建新的等式：

$$M_v^{tt+1}=\frac{D_v^{t+1}(x_i^{t+1},y_i^{t+1})}{D_i^t(x_i^t,y_i^t)},M_c^{tt+1}=\frac{D_v^t(x_i^t,y_i^t)}{D_c^t(x_i^t,y_i^t)}\Bigg/\frac{D_v^{t+1}(x_t^{t+1},y_t^{t+1})}{D_c^{t+1}(x_t^{t+1},y_t^{t+1})}$$

c 表示固定报酬下的情况，v 表示可变规模报酬下的情况，则有：

$$M=M_v^{tt+1}\times M_c^{tt+1}\times TC_i^{t+1}$$

根据以上推导可知，全要素生产率分解成技术变化和技术效率变化两个部分，并进一步把技术效率分解成纯技术效率与规模效率两个方面，通过这些指标，就能对西部民族地区八省区全要素生产率进行综合的、全方位、多角度测度。

4.1.2 经济效率分析框架

用 Malmquist 模型测度全要素生产率时，投入产出指标选择尤其重要。按照新古典增长理论，经济增长主要依靠劳动和资本的投入。本书借鉴此观点，选取劳动和资本作为投入变量，地区 GDP 作为产出变量，并根据数据的可得性，对指标做相应的调整。

(1)劳动量。在运用 Malmquist 计算西部民族地区全要素生产率时，需要用到西部民族地区各省区劳动力总量。一段时间内某地区的劳动量数据可得性较差，由于劳动的种类与质量多种因素的影响，使得其测定科学性较低。传统观点多采用从业人员或者劳动力数量替代，本书由于研究时间跨度大，且统计口径不一致，较难找到相应数据。现假定各地区在同一时间段内劳动结构趋于一致，由于 Malmquist 模型测定的效率值是每个时间的省际截面数据，只要研究对象保持一致，结果不会有太大偏差。所以用西部民族地区各省区在各时期的总人口数替代劳动量。

通过整理数据资料发现，西部民族地区劳动生产率①呈上升趋势。主要原因可能包括科技发展和其成果的普遍运用，对西部民族地区形成辐射和带动作用，还包括生产管理水平的提高和经济规模的扩大，对劳动生产率都有较大提升。西部民族地区各省区劳动生产率离散程度的绝对值并无显著差异。加强西部民族地区整体劳动力质量的提升，加快产业结构调整，并结

① 劳动生产率是指劳动者在一定时期内创造的劳动成果与其相适应的劳动消耗量的比值。

合产业结构提高劳动力素质,是今后西部民族地区提高劳动生产率的重要途径。

从分布上看,西部民族地区各省区峰度值均小于零,劳动生产率分布具有不足的峰度,较标准正态分布平坦,西部民族地区各省区劳动生产率类似于矩形的均匀分布。西部民族地区劳动生产率一直处于探索阶段,并未形成规范性的提升劳动生产率范式。

(2)资本。通过整理数据资料发现,西部民族地区 1996—2014 年资本生产率[①]呈上升趋势,投资效率越来越高。近年来国家对西部民族地区加大了技术引进,提高其管理水平,在一定程度上提高了西部民族地区资本生产率。除此之外,国家产业结构调整过程中,西部民族地区承接东部发达地区过剩产业,也直接地提高了资本生产率。在深化体制改革,完善制度建设在西部民族地区资本生产率上也得到了体现。

从西部民族地区各省区资本生产率分布情况来看,西部民族地区各省区峰度值均小于零,资本生产率分布具有不足的峰度,较正态分布平坦。西部民族地区各省区资本生产率并不集中,有比全国资本生产率正态分布下更长的尾部,类似于矩形的均匀分布,说明西部民族地区资本生产率一直处于探索阶段,并未形成规范性的投资范式,西部民族地区今后在加大资本投入的同时,应探索科学合理的资本管理模式,提高资本利用效率。

资本对于西部民族地区创新推动经济发展至关重要。在用 Malmquist 测度全要素生产率时,需要用到资本的总量,以张军(2003)为代表的学者采用永续盘存法对各省区资本存量进行估计,方法成熟也很科学,但是估计出的结果存在较大偏差。Malmquist 模型对数据较为敏感,各变量的微小变化将会对结果产生偏差,所以本书借鉴以往研究成果(刘祥,2004;刘秉镰,2009),采用固定资产投资额替代资本存量。

(3)地区 GDP。西部民族地区 GDP 的多少及发展变化关系到该地区经济发展水平,是衡量西部民族地区各省区经济状况的最佳指标,该指标可以反映西部民族地区的经济表现和财富水平。地区 GDP 是指在一定时期内所

---

① 资本生产率指 GDP/投资额。

生产的所有产品和劳务的最终价值,本书以西部民族地区 8 个省区各年度地区 GDP 为产出指标。各地区 GDP 等于各个产业增加值之和,是衡量经济发展的重要指标之一。

本书考虑到西部民族地区的产业结构和人口流动性大等特征,采用生产法计算地区 GDP。根据以往对 GDP 核算的研究成果,一致认为不同的计算方法计算出的 GDP 是不一样的,如 Klein 和 Makino 通过计算发现美国季度 GDP 支出法和收入法之间存在显著差异,并且差异并不是一个随机序列[①]。我国各地区现多采用生产法核算 GDP,然后根据“剩余法”计算支出法下的地区 GDP,即生产法计算下的 GDP - 政府消费 - 私人消费 - 总投资 = 出口。可以看出,分析西部民族地区 GDP 应该选择生产法计算 GDP。地区 GDP 包括地区 GDP 总量、人均水平和增长速度 3 个方面。

①地区生产总值总量。西部民族地区 GDP 均值大于中位数,两者相差 1672.89,比例为 18.04%。说明西部民族地区的地区 GDP 的数据是右偏分布的,数据存在极端大值,使均值偏高。

值得注意的是,西部民族地区 GDP 峰度呈上升趋势,尖峰分布更加明显,即高 GDP 地区占一定比例,且呈现逐渐集中的趋势。同时,西部民族地区 GDP 偏态呈上升趋势,说明西部民族地区 GDP 非对称右偏分布更加明显,同样印证了峰度的结论。西部民族地区 GDP 极差和四分位差均呈现明显的下降趋势,西部民族地区 GDP 呈现集中趋势。

②人均 GDP。在 1995—2004 年,人均地区生产总值与地区 GDP 总量和的排序发生了较大变化,其中 GDP 总量较人均 GDP 大的省区有广西、云南和贵州,分别下降了 4 个顺位。GDP 总量较人均 GDP 小的有内蒙古、新疆、宁夏、青海、西藏,其中宁夏和青海 GDP 总量分别上升 5 个顺位;新疆、西藏分别上升 3 个顺位;内蒙古 GDP 总量上升 1 个顺位。提升经济增长速度按照以下梯队进行:第一梯队为广西、云南、贵州;第二梯队为宁夏、青海;第三梯队为新疆、西藏;第四梯队为内蒙古。

---

① 杨冠琼. X 省地区生产总值统计数据的内在矛盾及其修正[J]. 经济管理,2007(14):19 - 25.

西部民族地区人均 GDP 变异系数较为稳定。西部民族地区人均 GDP 偏态开始为负,到 2004 年后为正,且数值逐渐上升,说明在 1995—2004 年西部民族地区人均 GDP 分布为非对称左偏分布,2004—2014 年为非对称右偏分布,即西部民族地区人均 GDP 频数分布高峰向左偏移,长尾向右延伸,且右偏趋势明显加大,说明人均 GDP 较低的地区占一定比例,且偏斜程度越来越大。西部民族地区先为平峰分布,即较高人均 GDP 占一定比例,但集中程度有限,后呈现尖峰分布,西部民族地区人均 GDP 存在较多的极端值,且这种趋势越来越明显。

③地区 GDP 指数。除内蒙古自治区外,西部民族地区其余省区的地区 GDP 指数较为均衡。现用简单几何平均数方法求 1995—2014 年西部民族地区各省区的地区 GDP 指数的平均值:$\bar{x}_g = \sqrt[n]{x_1 \times x_2 \times \cdots \times x_n} = \sqrt[n]{\prod_{i=1}^{n} x_i}$,$\bar{x}_g$ 表示地区 GDP 指数平均值,x_i 为某个特定省区第 i 年的 GDP 指数值,$i = 1,2,\cdots,20$。经过计算,地区 GDP 指数几何平均值最大的是内蒙古,达到 113.98,最小的是新疆,为 109.78,极差为 4.2。按照降序排序依次为:内蒙古(113.98) > 西藏(112.44) > 青海(111.09) > 广西(110.95) > 宁夏(110.79) > 贵州(110.77) > 云南(110.30) > 新疆(109.78)。

通过以上分析对比可以看出,GDP 总量是 Malmquist 模型最直接、最有效的产出衡量指标。

4.1.3　经济效率结果评价

创新推动经济发展效率一般是在既定投入下,产出达到最大化为目标,所以本书选择投入约束下 Malmquist 模型(Input Orientated Malmquist DEA),计算结果见表 4.1。

表 4.1　1995—2014 年西部民族地区各年份 TFP

Table 4.1　The TFP in each year of the Western Minority Areas during 1995 - 2014

项目	综合效率	技术进步	纯技术效率	规模效率	全要素生产率
1996 年	0.971	1.108	1.014	0.958	1.075
1997 年	0.981	1.057	0.981	1	1.037
1998 年	0.969	1.061	0.982	0.986	1.027

续表

项目	综合效率	技术进步	纯技术效率	规模效率	全要素生产率
1999 年	0.999	1.034	0.998	1.001	1.033
2000 年	0.988	1.028	0.976	1.012	1.015
2001 年	0.997	1.013	0.984	1.013	1.011
2002 年	1.021	1.008	0.991	1.031	1.029
2003 年	0.993	1.04	1.009	0.984	1.033
2004 年	1.036	1.045	1.023	1.012	1.082
2005 年	1.009	1.023	1.009	1.001	1.033
2006 年	1.005	1.025	1.017	0.989	1.03
2007 年	1.034	1.014	1.019	1.015	1.048
2008 年	1.016	1.022	0.994	1.021	1.038
2009 年	0.995	0.885	1.007	0.988	0.881
2010 年	0.956	1.038	0.989	0.967	0.992
2011 年	1.063	0.974	1	1.062	1.035
2012 年	0.965	0.94	0.973	0.991	0.907
2013 年	0.995	0.912	0.999	0.996	0.908
2014 年	1.009	0.92	1.005	1.004	0.928
均值	1	1.006	0.998	1.001	1.006

来源:作者计算结果整理而得。

从均值上看,西部民族地区八省区的 TFP 呈上升趋势,在 1995—2014 年 20 年间平均每年上升 0.6%。值得注意的是,在 1995—2014 年,西部民族地区整体综合效率值为 1,刚好达到有效前沿,TFP 的进步主要依靠技术进步拉动,技术进步在西部民族地区 TFP 的提高中起到至关重要的作用,技术进步与 TFP 的相关系数达到 0.89,而综合效率与 TFP 的相关系数仅仅为 0.30。

从各年份来看,TFP、技术进步和综合效率值均表现为“聚类”的趋势,即各年份之间的 TFP 存在较强的惯性。如 1996—2008 年西部民族地区 TFP 整体大于 1,2008—2014 年则“聚类”表现为未达到有效前沿。综合效率值也分为 3 个阶段:第一个阶段为 1996—2013 年,综合效率大于 1;第二个阶段为 2004—2008 年,综合效率小于 1,未达到技术效率有效前沿;第三个阶段为 2009—2013 年,综合效率小于 1。技术进步以 2008 年为“分水岭”,之前大于 1,之后小于 1。综合来看,1995—2008 年,西部民族地区 TFP 在技术进步的推动下,整体趋于增长,但在 2009—2014 年,由于技术进步未达到有效前沿,TFP 受到较大影响。

从创新经济综合效率的分解值上看,综合效率主要受到纯技术效率的影响。1995—2014 年西部民族地区综合效率值为 1,而纯技术效率值为 0.998,并未达到纯技术效率有效前沿,拉动综合效率的是规模效率。所以,西部民族地区创新经济发展一方面需要加大创新资源投入,巩固规模效率成果,更重要的是提高创新资源配置的管理水平,完善创新经济的法律法规,提高纯技术效率,才能从根本上提升西部民族地区创新经济综合效率。

表 4.2　1995—2014 年西部民族地区各年份 TFP 统计特征

Table 4.2　The statistical characteristics of TFP in different years in the Western Minority Areas during 1995 – 2014

统计指标	综合效率	技术进步	纯技术效率	规模效率	全要素生产率
变异系数	37.38	17.58	66.65	43.39	17.29
最大值	1.06	1.11	1.02	1.06	1.08
最小值	0.96	0.89	0.97	0.96	0.88
极差	0.11	0.22	0.05	0.10	0.20
偏态	0.50	-0.78	-0.09	0.60	-1.15
峰度	0.37	0.23	-1.06	1.80	0.27

来源:作者计算结果整理而得。

从统计指标上看(见表 4.2),全要素生产率和技术进步波动最小,其指标具有代表性,综合效率指标波动主要是受到纯技术效率波动影响。极差最大的是技术进步,其最大值为 1996 年的 1.108,最小值是 2009 年的 0.89,两者相差 22%;极差最小的是纯技术效率,其最大值是 2004 年的 1.02,最小值是 2010 年的 0.97,极差仅为 5%。

从偏态和峰度上看,西部民族地区创新经济综合效率、规模效率和全要素生产率时间序列分布数据为非对称右偏分布,说明综合效率、规模效率和全要素生产率较低的省区占有一定比例,特别是全要素生产率低的省区比例还较大;技术进步和纯技术效率时间序列分布数据为非对称左偏分布,说明技术进步和纯技术效率值较高的省区占有一定比例。纯技术效率时间序列分布数据为平峰分布,说明西部民族地区创新经济纯技术效率的集中程度并不高;其余指标为尖峰分布,集中程度相对较高。

表 4.3　1995—2014 年西部民族地区各省区 TFP

Table 4.3　The TFP of the provinces in the Western Minority Areas during 1995 – 2014

省区	综合效率	技术进步	纯技术效率	规模效率	全要素生产率
内蒙古	1	1.072	1	1	1.072
广西	1	0.962	1	1	0.962
贵州	0.995	0.946	0.996	0.999	0.941
云南	1.003	0.975	1.003	1	0.978
西藏	1.018	1.024	1	1.018	1.042
青海	0.988	1.021	0.992	0.996	1.009
宁夏	0.999	1.034	1	0.999	1.033
新疆	0.995	1.02	0.996	0.999	1.016

来源:作者计算结果整理而得。

从 1995—2014 年西部民族地区各省区 TFP 情况来看,各省区之间存在明显差异(见表 4.3)。综合效率有效的省区有内蒙古(1)、广西(1)、云南(1.003)和西藏(1.018);技术进步有效的省区有内蒙古(1.072)、西藏(1.024)、青海(1.021)、宁夏(1.034)和新疆(1.02);全要素生产率有效的省区有内蒙古(1.072)、西藏(1.042)、青海(1.009)、宁夏(1.033)和新疆(1.016)。可以看出,西部民族地区 8 个省区的创新经济效率中,全要素生产率和技术进步之间相关性较高,相关系数达到 0.98,即技术进步有效的省区,其全要素生产率全部有效,这也验证了前面分析中关于西部民族地区全要素生产率主要由技术进步决定的结论。值得注意的是,虽然综合效率和技术进步之间相关系数仅为 0.10,但从表 4.3 可以看出,综合效率高的省区技术进步低,技术进步高的省区综合效率低,说明西部民族地区创新发展中资源配置效率和创新的配合程度并不好。

从全要素生产率分解值上看,广西和云南技术进步分别有 3.8% 和 2.5% 的增长空间,现在首要问题是加强技术进步,包括自身技术研发和技术引进。贵州技术进步和综合效率距离有效前沿分别有 5.4% 和 0.5% 的距离,在提高技术进步的同时,应提升创新经济综合效率。

从综合效率分解值上看,西部民族地区各省区的综合效率受到纯技术效率和规模效率的综合影响,综合效率低下的省区,纯技术效率略低于规模效率,但两者相差不大,作用力相当。贵州、青海和新疆应该同时加大创新投入和提高创新管理水平,宁夏则要更加注重创新投入的增加。

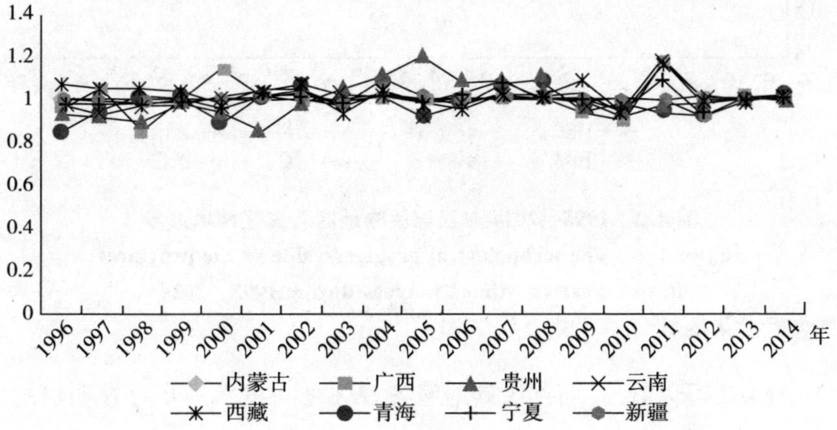

图 4.1　1995—2014 年西部民族地区各省区综合效率值

Figure 4.1　The comprehensive efficiency value of the provinces in the Western Minority Areas during 1995 - 2014

来源:作者绘制。

从图 4.1 可以看出,1995—2014 年西部民族地区各省区综合效率值随时间逐步呈集中趋势。但在集中过程中,西部民族地区各省区并不是平稳变化的,其中波动最大的是贵州,在 1995—2002 年其创新经济综合效率为负值,2003—2007 年为正值,且高于西部民族地区其他省区,经调整后与其他省区逐步集中。出现极值点最多的是广西,曾在 1998 年、2000 年和 2011 年 3 次出现极值,1998 年为西部民族地区最小值,2000 年和 2011 年为最大值,说明广西创新经济系统并不稳定,合理整合创新经济资源配置能产生较大产出效果。

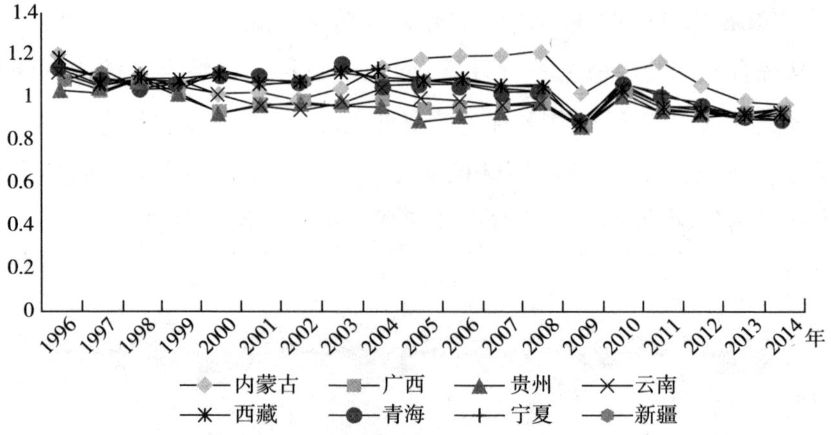

图 4.2　1995—2014 年西部民族地区各省区技术进步

Figure 4.2　The technological progress value of the provinces in the Western Minority Areas during 1995 - 2014

来源:作者绘制。

从图 4.2 可以看出,西部民族地区各省区之间技术进步存在明显的“惯性”现象,1995—2014 年内蒙古技术进步整体较好,贵州整体较差。从总的趋势来看,在 1995—2010 年,西部民族地区技术进步呈现发散趋势,2010 年后经过调整逐步集中。

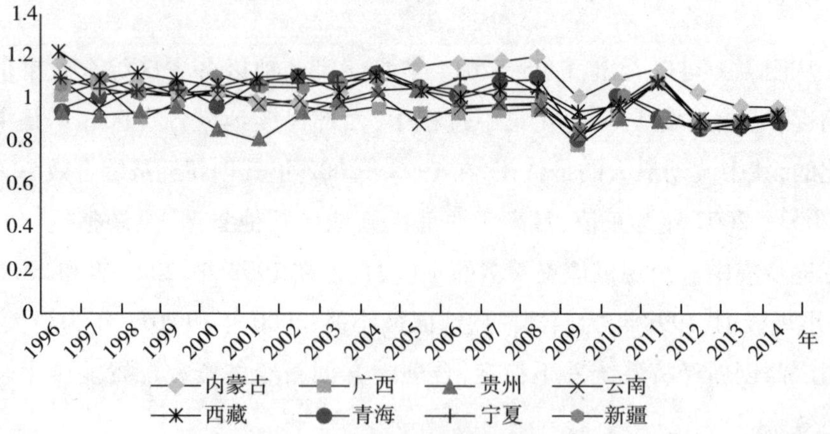

图 4.3　1995—2014 年西部民族地区各省区 TFP

Figure 4.3　The TFP of the provinces in the Western Minority Areas during 1995 - 2014

来源:作者绘制。

从图4.3可以看出,西部民族地区各省区全要素生产率存在一定差距,且呈现逐步集中的趋势,西部民族地区内部区域均衡,1996年西部民族地区TFP极差为0.272,2000年为0.256,2006年为0.231,2010年为0.181,2014年为0.049。

4.2　西部民族地区经济创新发展

全要素生产率测度经济发展创新质量反映的是即期经济效果,在投入产出数据上或许出现数据不一致的问题,加上资源状况反映局限和资本积累重要性的低估①,在考察西部民族地区经济创新发展时,需要在全要素生产率计算基础上,以技术进步为产出指标,对创新效率本身进行科学测度。

4.2.1　创新效率测度原理

关于效率的测度一般有参数和非参数估计两种模型,其中非参数估计最常用的是数据包络分析。数据包络分析(Data Envelopment Analysis ,DEA)方法是一种非参数的效率评估技术。最早的DEA技术是Farrell(1957)对英国农业生产力进行分析时提出的包络思想和此后基于线性规划技术发展起来的用于经济定量分析的非参数方法。Charnes等(1978)把这个方法推广到适应多输入多输出同类的决策单元(Decision Making Unit,DMU)情形,形成了规范的数据包络分析方法。

DEA模型最早是Charnes、Cooper和Rhodes(1978)提出的假定规模报酬不变(CRS)的投入导向(Input Orientation)的CCR模型,后由Banker、Charnes和Cooper(1984)对CCR加以改进,提出了规模收益可变(VRS)的BCC模型,在这以后,DEA模型得到了大量的拓展和运用。

对西部民族地区8个省区经济发展创新效率进行科学测度和比较,以X_{ij}表示西部民族地区中第j个省区的第i中创新的投入总量,Y_{ij}表示西部民族地区第j个省区的第i中创新的投入总量。考虑到创新投入产出变量的科

① 郑玉歆.全要素生产率的再认识——用TFP分析经济增长质量存在的若干局限[J].数量经济技术经济研究,2007(9):3-11.

学性和数据的可得性,构建西部民族地区经济发展创新投入指标 X =(R&D经费支出占 GDP 比重,教育投入经费占 GDP 比重,科技活动人员占总人口比重)^T,产出指标 Y =(专利申请率,技术进步)^T。在无特殊情况下,本书一般简单地用(X,Y)表示该决策单元的整个生产活动情况。

现定义集合 $T=\left\{(X,Y)\mid \text{投入}\ X \xrightarrow{\text{生产}} \text{产出}\ Y\right\}$是所有可能的生产活动构成的生产可能集。

一组待评价的决策单元 Z,其生产可能集 T 应该满足以下 4 条公理:

凸性,对于任意的 $(X_i,Y_i)\in T$,$(X_j,Y_j)\in T$,有 $\lambda\in[0,1]$,则,

$$\lambda(X_i,Y_i)+(1-\lambda)(X_j,Y_j)\in T$$

无效性,设 $(X,Y)\in T$,若 $X'\geqslant X$,则 $(X',Y)\in T$;若 $Y'\leqslant Y$,则,

$$(X,Y')\in T$$

锥性,若 $(X,Y)\in T$,$k\geqslant 0$,则,

$$k(X,Y)=(kX,kY)\in T$$

最小性,T =(凸性 ∩ 无效性 ∩ 锥性)

设 $(X,Y)\in T$,若不存在 $(X,Y')\in T$,且 $Y\leqslant Y'$,则称(X,Y)为有效的生产活动;设 $(X,Y)\in T$,若不存在 $(X',Y)\in T$,且 $X'\leqslant X$,则称(X,Y)为有效的生产活动;设 $(X,Y)\in T$,若不存在 $(X',Y')\in T$,且 $Y\leqslant Y'$,$X'\leqslant X$,则称(X,Y)为有效的生产活动。

对生产可能集 T,所有的有效生产活动点(X,Y)构成 R^{m+s} 超曲面 $Y=f(X)$ 成为生产函数。生产函数 $Y=f(X)$ 是指在一定的技术水平下,其任意一组投入量与最大产出量之间的函数关系,Y 是 X 的增函数。生产函数的单增性仅反映了产出 Y 对于产出 X 的相对不减性,但是不能描述不减的程度。

根据生产可能集 T,有 $X_j\in R^m$、$X_j>0$,$Y_j\in R^s$、$Y_j>0$,j 表示西部民族地区 8 个省区,$j\in[1,\cdots,8]$。令 V 为投入向量 x 的权系数向量,U 为产出向量 Y 的权系数向量,以西部民族地区第 j 各省区的效率评价为目标函数,以全部单元的效率指数约束,得到最优化的 CCR 模型:

$$\max \quad \frac{U^T Y_0}{V^T X_0}=h_0$$

$$\text{s.t.}\ \frac{U^TY_j}{V^TX_j} \leqslant 1\ u \geqslant 0, v \geqslant 0, j = 1,2,\cdots,n$$

利用 Charnes – Cooper 变换,将上述非线性模型变换成上述模型等价的线性规划模型:

$$\min[\theta - \varepsilon(e^T s^{-0} + e^T s^{+0})]$$

$$\text{s.t.}\ \sum_{j=1}^{n} \lambda_j x_{ij} + s^{+0} = \theta x_0$$

$$\sum_{j=1}^{n} \lambda_j y_{ij} - s^{-0} = \theta y_0$$

$$\lambda_j \geqslant 0, j = 1,2,\cdots,n$$

$$s^{+0} \geqslant 0;\ s^{-0} \geqslant 0 \quad \theta \geqslant 0$$

其中输入向量 X 和输出向量 Y 的参考决策单元集合为:

$$T' = \left\{(X_0, Y_0), (X_1, Y_1), (X_2, Y_2), \cdots, (X_n, Y_n)\right\}$$

由 T 生成凸锥集合为:

$$C(T') = \left\{\sum_{j=0}^{n} \lambda_j (X_j, Y_j) \mid \lambda_j \geqslant 0, j \in [0, n]\right\}$$

则相对应 T' 的生产可能集合为:

$$T_{CCR} = \left\{(X, Y) \mid \sum_{j=0}^{n} Y_j \lambda_j \geqslant Y, \sum_{j=0}^{n} X_j \lambda_j \leqslant X, \lambda_j \geqslant 0, j \in [0, n]\right\}$$

令 θ^*、s^{+0*}、s^{-0*}、λ^* 是给定问题的最优解,若 $\theta^* = 1$,且 $s^{+0*} = 0$ 或 $s^{-0*} = 0$,则称第 j 省区为 DMU 有效,即 DMU 同时技术有效和规模有效;若 $\theta^* = 1$,且 $s^{+0*} \neq 0$ 或 $s^{-0*} \neq 0$,则称第 j 省区为 DMU 弱有效,即 DMU 不是同时技术有效和规模有效;若 $\theta^* < 1$,则称 j 省区为 DMU 无效,即 DMU 既不是技术效率最佳,也不是规模收益最佳。

CCR 模型中的最优值可以判断 DMU 的规模收益情况,具体表现在:①如果存在 λ^* $(j = 1,2,\cdots,n)$ 使得 $\sum_{j=1}^{n} \lambda_j^* = 1$,则 DMU 的规模收益不变;②如果不存在 λ^* $(j = 1,2,\cdots,n)$ 使得 $\sum_{j=1}^{n} \lambda_j^* = 1$,若 $\sum_{j=1}^{n} \lambda_j^* < 1$,则 DMU 的规模收益递增;③如果不存在 λ^* $(j = 1,2,\cdots,n)$ 使得 $\sum_{j=1}^{n} \lambda_j^* = 1$,若

$\sum_{j=1}^{n}\lambda_j^* > 1$，则 DMU 的规模报酬递减。

由于有很多的因素可能导致 DMU 存在规模报酬变化（VRS），因此，在固定的规模报酬的基础上，Banker（1984）提出了 CCR 模型的改进方案，即 BCC 模型。BCC 模型在 CCR 模型上增加了一个凸性假设 $\sum_{j=1}^{n}\lambda_j^* = 1$，得到 BCC 模型：

$$\min[\theta - \varepsilon(e^T s^{-0} + e^T s^{+0})]$$

$$\text{s.t.} \sum_{j=1}^{n}\lambda_j x_{ij} + s^{+0} = \theta x_0$$

$$\sum_{j=1}^{n}\lambda_j y_{ij} - s^{-0} = \theta y_0$$

$$\sum_{j=1}^{n}\lambda_j^* = 1$$

$$\lambda_j \geqslant 0, j = 1, 2, \cdots, n$$

$$s^{+0} \geqslant 0;\ s^{-0} \geqslant 0 \quad \theta \geqslant 0$$

其中输入 X、输出 Y 对应的参考决策单元集合为：

$$T' = \left\{(X_0, Y_0), (X_1, Y_1), (X_2, Y_2), \cdots, (X_n, Y_n)\right\}$$

由 T 生成的凸锥集合：

$$C(T') = \left\{\sum_{j=0}^{n}\lambda_j(X_j, Y_j) \mid \sum_{j=0}^{n}\lambda_j = 1, \lambda_j \geqslant 0, j \in [0, n]\right\}$$

相对应的 T' 的生产可能集为：

$$T_{BCC} = \left\{(X, Y) \mid \sum_{j=0}^{n} Y_j\lambda_j \geqslant \mathrm{Y}, \sum_{\mathrm{j}=0}^{n} X_j\lambda_j \leqslant \mathrm{X}, \sum_{j=0}^{n}\lambda_j = 1, \lambda_j \geqslant 0, \mathrm{j} \in [0, n]\right\}$$

通过执行 CRS 和 VRS DEA，可以获得厂商的规模效率。其关系可以表示为：$TE_{CRS} = TE_{VRS} \times SE$。其中，$TE_{CRS}$ 表示规模收益不变的技术效率得分，TE_{VRS} 表示规模收益可变的技术效率得分，SE 表示规模效率得分。

4.2.2 创新效率分析框架

在经济"新常态"下，产业机构转型升级，企业自主创新能力有很大的提升空间，企业自主创新依靠 R&D 的投入，两者存在正相关关系。R&D 投入对经济发展具有明显的促进作用①。在 R&D 经费投入过程中,小企业盈利能力的稳定性较低,抑制了其 R&D 投入的频度,使企业 R&D 投入强度与企业规模之间呈现正相关关系②,同时考虑到数据的可得性,本书选择地方财政科学技术支出作为 R&D 经费投入数据,并把地方财政科学技术支出/GDP 作为创新投入指标(见图 4.4)。

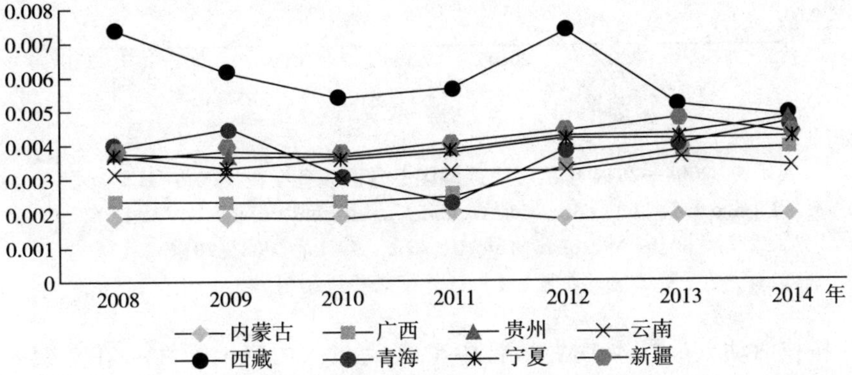

图 4.4　2008—2014 年西部民族地区各省区 R&D 经费投入占 GDP 比重

Figure 4.4　The R&D funds accounted for GDP of the Western Minority Areas during 2008 – 2014

来源:作者经《中国统计年鉴》数据计算结果整理绘制。

教育经费的投入对经济增长具有明显的短期效应③。同时,教育投入对不同发展水平、不同类型经济区域的影响作用不同④,西部民族地区近年来加大教育经费投入,增长速度较快于全国平均水平,但是公共教育投入尚未体现出基础性地位⑤,所以提高教育经费投入效率对提高西部民族地区经济发展质量较为重要(见图 4.5)。

---

① 卢方元,靳丹丹. 我国 R&D 投入对经济增长的影响——基于面板数据的实证分析[J]. 中国工业经济,2011(3):149 – 157.

② 张西征,刘志远,王静. 企业规模与 R&D 投入关系研究——基于企业盈利能力的分析[J]. 科学学研究,2012(2):265 – 273.

③ 于凌云. 教育投入比与地区经济增长差异[J]. 经济研究,2008(10):131 – 143.

④ 孙玉环,季晓旭. 教育投入对中国经济增长作用的区域差异分析——基于多指标面板数据聚类结果[J]. 地理研究,2014(6):1129 – 1139.

⑤ 钱雪亚,缪仁余,胡博文. 教育投入的人力资本积累效率研究——基于随机前沿教育生产函数模型[J]. 中国人口科学,2014(2):74 – 83.

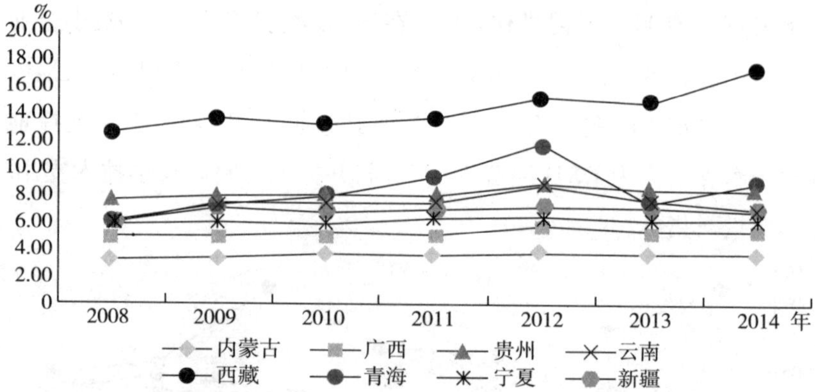

图 4.5　2008—2014 年西部民族地区各省区教育经费投入占 GDP 比重

Figure 4.5　The education funding investment accounted for GDP of the Western Minority Areas during 2008 - 2014

来源:作者经《中国统计年鉴》数据计算结果整理绘制。

科技活动人员投入弹性大于 R&D 经费投入的产出弹性①,在考察西部民族地区创新投入产出效率时,科技活动人员必不可少(见图 4.6)。

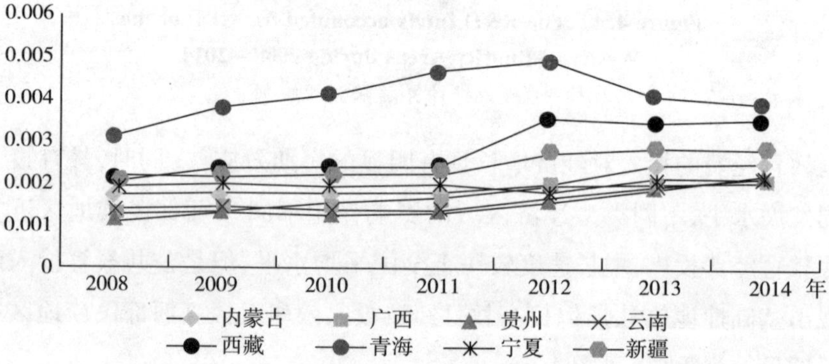

图 4.6　2008—2014 年西部民族地区各省区科技活动人员占总人口比重

Figure 4.6　The science and technology personnel activities accounted for the proportion of the total population of the Western Minority Areas during 2008 - 2014

来源:作者经《中国统计年鉴》数据计算结果整理绘制。

总体上讲,创新投入占比呈上升趋势。科技活动人员占比呈逐年上升

① 卢方元,靳丹丹. 我国 R&D 投入对经济增长的影响——基于面板数据的实证分析[J]. 中国工业经济,2011(3):149 - 157.

趋势,R&D 和教育经费投入呈曲折上升趋势,两者呈明显的互补性,说明整个西部民族地区的创新投入发展势头良好。

专利申请率是创新产出的最好量化。专利申请率和高新技术产业增加值占比增长速度相当,说明科技转化效率较高。从数值上看,专利申请率和高新技术产业增加值占比的相关系数达到99.87%,这也验证了西部民族地区科技转化率较高的结论,所以选择专利申请率作为创新产出指标(见图4.7)。

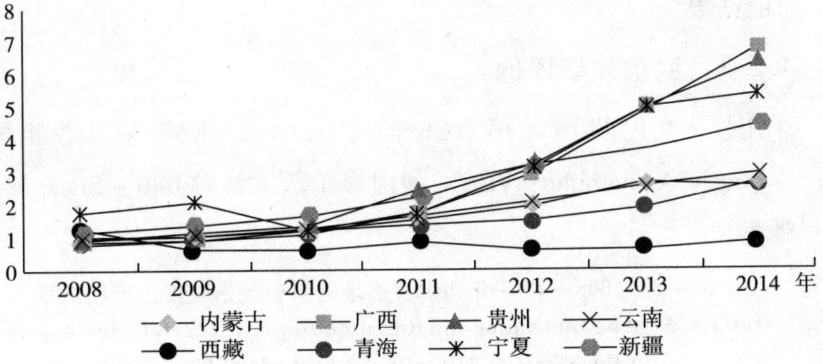

图4.7　2008—2014年西部民族地区各省区专利申请率

Figure 4.7　The patent application rate of the Western Minority Areas during 2008 - 2014

来源:作者经《中国统计年鉴》数据计算结果整理绘制。

综上,本书构建西部民族地区经济发展中创新效率的投入产出指标体系,创新投入指标选择 R&D 经费投入占 GDP 比重、教育投入经费投入占 GDP 比重和科技活动人员占总人口比重3个指标。见表4.4。

表4.4　创新投入产出指标

Table 4.4　The innovation input and output index

	指标		
投入向量	R&D 投入占 GDP 比重	教育投入经费投入占 GDP 比重	科技活动人员占总人口比重
产出向量	专利申请率	技术进步	

来源:作者整理而得。

其中:R&D 经费支出用地方财政科学技术支出替代;教育投入经费投入缺少2012年和2014年数据,假定地方财政教育支出与教育经费之间存在一定比例,按照地方财政教育支出估算2012年和2014年教育经费数据;科技人员活动数用科学研究、技术服务和地质勘查业城镇单位就业人员代替；专利授权数用国内专利申请量替代。教育费投入数据中涉及的民办学校办学经费的统计标准，1992—2006 年为社会团体和公民个人办学总经费，2007—2014 年为民办学校中举办者投入。

创新产出表现为两个方面：一是专利申请率，二是技术进步。专利申请率表示为专利申请受理量与地区总人口之比构建。技术进步数据来源于表 4.1的结果。

4.2.3 创新效率评价

采用投入角度的 DEA 模型（Input Orientated DEA），在规模报酬可变的情况下（Scale Assumption：VRS），利用多阶段方法（Multi - Stage Method）计算松弛量。

表 4.5 2008—2014 年西部民族地区各省区创新投入产出效率

Table 4.5 The innovation input and output efficiency of each province in the Western Minority Areas during 2008 - 2014

省区	综合效率	纯技术效率	规模效率	规模报酬
内蒙古	1	1	1	—
广西	1	1	1	—
贵州	1	1	1	—
云南	0.936	0.941	0.994	*irs*
西藏	0.692	0.72	0.96	*drs*
青海	0.459	0.537	0.855	*irs*
宁夏	1	1	1	—
新疆	0.726	0.754	0.964	*irs*

注：*irs* 表示规模报酬递增；*drs* 表示规模报酬递减；—表示规模报酬不变。
来源：作者计算结果整理而得。

（1）综合效率及其分解值方面。从表 4.5 可以看出，西部民族地区 2008—2014 年创新投入产出效率达到有效前沿的省区有内蒙古、广西、贵州和宁夏 4 个省区，占西部民族地区的 50%。创新投入产出效率最低的是青海，综合效率仅为0.459，距离有效前沿还有 54.1% 距离，其中纯技术效率低下是主要原因，说明青海在创新经济建设过程中，首先应该提高管理水平，完善相关法律法规，否则的话，随着创新资源的进一步投入，将会进一步制约青海创新的发展。

云南创新投入产出效率中,纯技术效率和规模效率作用力相当,且都距离有效前沿不远,纯技术效率距离5.9%,规模效率距离0.6%;西藏和新疆创新投入产出低效率主要是由纯技术效率决定,距离有效前沿分别为28%和46%,当前创新的主要工作应该放在纯技术效率的提升上。

从规模报酬上看,云南、青海和新疆创新投入正处在规模报酬递增的阶段,结合以上分析认为,云南和新疆现阶段加大创新资源投入能产生更多的规模报酬:

$$f(\lambda x_1,\lambda x_2,\cdots,\lambda x_n) > \lambda f(x_1,x_2,\cdots,x_n)$$

其中$f(x_1,x_2,\cdots,x_n)$为西部民族地区创新生产函数,$x_1,x_2,\cdots,x_n$为创新资源的投入,λ为创新资源投入扩张的倍数,$\lambda > 1$。上式说明云南和新疆创新资源加倍投入的产出增加的比例大于创新资源投入增加的比例。西藏虽然规模效率为96%,并未达到有效前沿,但创新投入处于规模报酬递减阶段,创新资源投入产生较少的规模报酬:

$$f(\lambda x_1,\lambda x_2,\cdots,\lambda x_n) < \lambda f(x_1,x_2,\cdots,x_n)$$

即西藏创新资源加倍投入的产出增加的比例小于创新资源投入增加的比例。

表4.6 2008—2014年西部民族地区创新投入产出松弛目标值比

Table 4.6 The ratio of the target value of the input output relaxation in the Western Minority Areas during 2008 - 2014

省区	专利申请率	技术进步	R&D投入占GDP比重	教育经费投入占GDP比重	科技活动人员数占总人口比重
内蒙古	0	0	0	0	0
广西	0	0	0	0	0
贵州	0	0	0	0	0
云南	0	0.90%	-6.54%	0	0
西藏	0	0	-55.59%	-42.19%	0
青海	13.75%	14.81%	-13.59%	0	0
宁夏	0	0	0	0	0
新疆	0	6.11%	-6.80%	0	0

注:表中数据为松弛量与目标值的比值。

来源:作者计算结果整理而得。

(2)产出和投入松弛方面。从表4.6可以看出,西部民族地区创新投入中,科技活动人员并不过多,其余指标均存在投入过多的情况,特别是R&D投入整体偏多,而技术进步相对偏低。从各省区来看,相对来讲,内蒙古、广西、贵州和宁夏创新资源投入不存在不足和冗余;云南在现有的创新投入水平下,技术进步可以提高0.9%,在现有的创新产出水平下,R&D经费投入占GDP比重可以下降6.54%,即是云南R&D投入相对过多,与之相对应的技术进步转化相对较少;西藏创新低效率主要表现在投入过多,R&D占GDP比重在现有创新产出水平下可以下降55.59%,教育经费占GDP比重在现有创新产出水平下可以下降42.19%,可以看出,西藏创新投入存在较大浪费,或者是在现有创新投入水平下,转化成实际产出的销量很低;而青海除了R&D投入占GDP比重冗余13.59%外,更多地表现为创新产出的不足,在现有的创新投入水平下,青海的专利申请率可以提高13.75%,技术进步可以提高14.81%,说明在青海存在较高的创新转化能力和机制;新疆主要表现为在现有的创新产出水平下,R&D投入占GDP比重投入过高。

表4.7 创新投入产出效率未达有效前沿省区的发展借鉴

Table 4.7 The development of innovation input and output efficiency is not up to the effective frontier provinces

省区	借鉴省区		
云南	宁夏(9.5%)	贵州(23.4%)	广西(67%)
西藏	宁夏(39.2%)	贵州(48.4%)	内蒙古(12.3%)
青海	内蒙古(93.8%)	广西(6.2%)	
新疆	宁夏(30.1%)	广西(31.8%)	内蒙古(38.2%)

来源:作者计算结果整理而得。

(3)提高创新效率的借鉴。从表4.7可以看出,云南创新投入产出效率更多借鉴广西和贵州,投入比例按照广西×67%+贵州×23.4%+宁夏×9.5%的方式安排创新投入;西藏借鉴贵州×48.4%+宁夏×39.2%+内蒙古×12.3%的方式安排创新投入;青海主要借鉴内蒙古的方式安排创新投入;新疆借鉴宁夏×30.1%+广西×31.8%+内蒙古×38.2%的方式安排创新投入,3个省区借鉴作用力相当。

第5章　经济发展质量:协调

改革开放以后,特别是西部大开发以来,西部民族地区经济协调性大幅提高,三次产业结构趋于合理,城镇化水平加速提升,但由于历史、地理等多方面因素,西部民族地区经济发展不协调问题仍然突出,表现为产业结构不合理,城镇化水平整体还较低、质量不高①。这些非协调因素严重制约西部民族地区经济发展质量的提升。只有解决好西部民族地区经济协调发展问题,才能在新形势下实现后发赶超和转型发展。

5.1　西部民族地区经济协调发展现状

西部民族地区经济协调发展包括三次产业比较劳动生产率、投资率和消费率、二元对比系数与二元反差系数、城镇化率和工业化率4个方面。

5.1.1　三次产业比较劳动生产率差异大

西部民族地区就业结构滞后于生产结构②,提高比较劳动生产率是关键。三次产业比较劳动生产率是优化产业结构的较多参照指标,反映的是各部门1%的劳动力所生产的产值在整个国民总产值中的比重。现有的统计资料并未直接统计三次产业数据,本书根据统计年鉴口径,构建三次产业

① 郑长德.中国西部民族地区的经济发展[M].北京:科学出版社,2009:150.

② 郑长德.基于新结构经济学视角的民族地区产业结构调整与升级研究[J].西南民族大学学报(人文社会科学版),2013(12):112-123.

数据①。其中三次产业从业人员数据通过城镇就业人员行业进行分类加总而得，计算结果见图5.1。

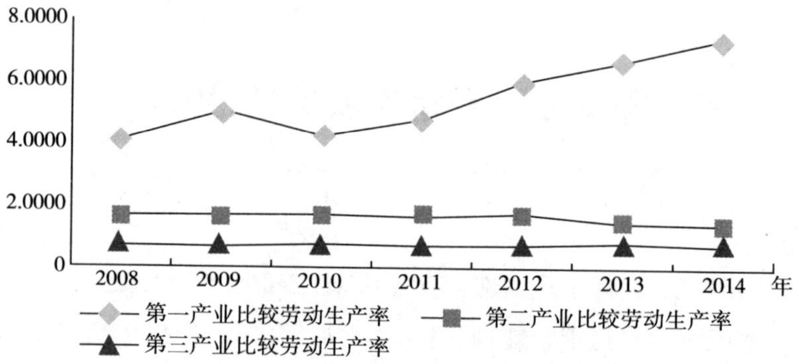

图5.1 西部民族地区三次比较劳动生产率

Figure 5.1 The three comparison of labor productivity in the Western Minority Areas

来源：作者经《中国统计年鉴》数据计算结果整理绘制。

从图5.1可以看出，西部民族地区第一产业比较劳动生产率明显高于第二、第三产业比较劳动生产率，表明第一产业部门产值与劳动力比值最大。第三产业比较劳动生产率最低。其中第一、第二产业比较劳动生产率高于1，第三产业比较劳动生产率小于1，且各产业间比较劳动生产率差距较大，表明西部民族地区仍然存在较大的二元性，但这种差距自2010年后有逐步缩小的趋势，2010年后第一产业比较劳动生产率逐年大幅提高。

5.1.2 投资率和消费率低

一般认为，固定资产投资能促进经济增长，两者存在长期关系。已有研究结果显示我国固定资产投资与经济增长存在相互促进作用②，固定资产投

① 第一产业指农林牧渔业；第二产业包括采矿业、制造业、电力和燃气及水的生产和供应业、建筑业4类；第三产业包括交通运输和仓储及邮电通信业、信息传输和计算机服务和软件业、批发和零售业、住宿和餐饮业、金融业、房地产业、租赁和商务服务业、科学研究和技术服务和地质勘查业、水利和环境和公共设施管理业、居民服务和其他服务业、教育业、卫生和社会保障和社会福利业、文化和体育和娱乐业、公共管理和社会组织14类。

② 宋丽智.我国固定资产投资与经济增长关系再检验：1980—2010年[J].宏观经济研究，2011(11)：17-21.

资增加 1% 可拉动 GDP 增加 0.89%①。同时值得注意的是,已有研究表明:固定资产投资和经济增长关系区域间存在明显差异,三大经济区域中,西部地区固定资产投资与经济增长的相关性最强②。所以在研究西部民族地区经济发展质量时,固定资产投资作为重要的投入要素,其影响程度应该受到足够重视。构建投资率指标为固定资产投资/GDP,消费率指标为最终消费支出/GDP。

经过计算可知,西部民族地区投资资产投资峰度变化较大,说明在研究期间,西部民族地区固定资产投资发生了较大变化。全国变异系数在 2008 年前大于西部民族地区变异系数,2008 年后发生反转,说明相对于全国水平而言,西部民族地区固定资产投资正趋于地区差异化,趋同性减弱。

1997—2014 年,西部民族地区投资率和消费率表现为下降趋势。其中消费率下降较为平缓,在 1999 年出现上升趋势;投资率的下降趋势远大于消费率,可以分为两个阶段,第一阶段为 1999—2005 年,该阶段投资率出现加快速度下降,第二阶段为 2006—2014 年,投资率虽下降,但速度较慢。说明西部民族地区第一阶段投资效果具有时滞性,在第二阶段体现出来。

最终消费率的高低是衡量一国(地区)生活消费和最终消费合理与否的主要标志③。西部民族地区消费率在 50% ~60%,远远低于世界 70% ~80% 的平均水平。消费率过低势必造成储蓄率过高,进而推动投资率进一步攀升,导致西部民族地区长期处于投资拉动型经济增长方式中,经济发展的协调性受到较大影响。

5.1.3　二元对比系数与反差系数差异大

二元对比系数和二元反差系数是衡量经济二元结构的常用指标,本书利用该指标说明西部民族地区经济协调发展状况。二元对比系数和二元反差系数指标为:二元对比系数 =(第一产业比较劳动生产率)/ Σ(第二、第三产业比

---

① 雷辉. 我国固定资产投资与经济增长的实证分析[J]. 国际商务. 对外经济贸易大学报,2006(2):50 - 53.

② 刘曙光. 我国固定资产投资结构及其与经济增长关系的区域差异研究[D]. 青岛:中国海洋大学,2014.

③ 尹世杰. 关于我国最终消费率的几个问题[J]. 财贸经济,2001(12):68 - 70.

较劳动生产率)二元反差系数 = {(第一产业劳动力数)/(劳动力总数)} - {(第一产业产值)/(GDP)}经过测算,结果见表5.1和表5.2。

表5.1 西部民族地区二元对比系数

Table 5.1 The binary contrast coefficient in the Western Minority Areas

项目	2008年	2009年	2010年	2011年	2012年	2013年	2014年	均值
内蒙古	0.4181	0.3821	0.3741	0.3993	0.4443	0.5423	0.5320	0.4417
广西	2.6422	2.7069	2.6132	2.8588	3.1541	3.8463	4.0608	3.1260
贵州	6.4827	8.5244	7.8348	9.0262	12.1754	12.8141	15.1962	10.2934
云南	2.0740	3.5550	1.8110	2.8058	3.9180	5.4231	5.5031	3.5843
西藏	1.9550	1.9353	0.9822	0.7893	1.0779	1.2045	0.9488	1.2704
青海	0.9135	1.1240	1.3798	1.4983	1.7782	2.1916	2.1689	1.5792
宁夏	0.9038	1.1021	1.0796	0.9492	1.1977	1.4886	1.8861	1.2296
新疆	0.2596	0.3059	0.3458	0.3423	0.3821	0.4267	0.4428	0.3605
均值	1.9561	2.4545	2.0526	2.3337	3.0160	3.4922	3.8423	—

来源:作者计算结果整理而得。

整体上看,西部民族地区二元对比系数呈逐年上升的趋势,由2008年的1.9561上升到2014年的3.8423,根据二元对比系数计算公式可知,一般来讲,第二、第三产业比较劳动生产率逐年下降的可能性较小,所以可以判断西部民族地区第一产业比较劳动生产率逐年提高,且提高的速度大于第二、第三产业比较劳动生产率提高的速度。从西部民族地区各省区的情况看,2008—2014年二元对比系数最大的是贵州,达到了10.2934,最小的是新疆,仅为0.3605。均值大于1的有广西、贵州、云南、西藏、青海和宁夏6个省区,占75%,表明西部民族地区第一产业比较劳动生产率整体高于第二、第三产业比较劳动生产率。其中青海和宁夏2个省区的第一产业比较劳动生产率经历了从小于1到大于1的过程,青海和宁夏以2009年为“分水岭”,之前二元对比系数小于1,之后大于1。内蒙古和新疆二元对比系数较小,存在明显的三次产业间的二元性。西藏、宁夏和新疆在二元对比系数增长的过程中,存在较大波动,三次产业比较劳动生产率并不稳定。

表5.2　西部民族地区二元反差系数

Table 5.2　The two element contrast coefficient in the Western Minority Areas

项目	2008年	2009年	2010年	2011年	2012年	2013年	2014年	均值
内蒙古	0.0065	0.0135	0.0133	0.0088	0.0011	-0.0139	-0.0126	0.0024
广西	-0.1656	-0.1516	-0.1409	-0.1430	-0.1389	-0.1358	-0.1334	-0.1442
贵州	-0.1384	-0.1316	-0.1264	-0.1196	-0.1242	-0.1181	-0.1332	-0.1274
云南	-0.1322	-0.1458	-0.1085	-0.1272	-0.1371	-0.1407	-0.1394	-0.1330
西藏	-0.1279	-0.1215	-0.0949	-0.0852	-0.0920	-0.0764	-0.0673	-0.0950
青海	-0.0543	-0.0602	-0.0676	-0.0633	-0.0680	-0.0744	-0.0721	-0.0657
宁夏	-0.0447	-0.0512	-0.0504	-0.0424	-0.0499	-0.0539	-0.0577	-0.0500
新疆	0.0764	0.0547	0.0303	0.0351	0.0187	0.0075	0.0013	0.0320
均值	-0.0725	-0.0742	-0.0681	-0.0671	-0.0738	-0.0757	-0.0768	—

来源:作者计算结果整理而得。

2008—2014年,西部民族地区二元反差系数整体上为负值,根据二元反差系数公式,说明西部民族地区第一产业产值占比大于第一产业劳动力占比,第一产业效益较好,且呈逐年上升的趋势,说明第一产业效益得到了提高。其中2010年和2011年有下降的趋势,说明第一产业效益增长还存在一定的风险,缩小产业间的二元差距需要稳定第一产业效益。

从西部民族地区各省区上看,除内蒙古和新疆外,其他省区二元反差系数均为负值,第一产业效益较好,内蒙古在2013年后二元反差系数为负值,第一产业已经产生了效益,新疆第一产业效益虽然逐年增长,但现仍处于低效益阶段。其中效益最高的是广西,产值占比超过劳动占比达到14.42%,最小的是宁夏,产值占比超过劳动占比仅为5%。

5.1.4　城镇化率和工业化率水平低

城镇化率是一个国家(地区)经济发展的重要标志,也是衡量一个国家(地区)社会组织程度和管理水平的重要指标。西部民族地区城镇化率是整个国家城镇化率的短板,西部民族地区的城镇化率直接影响全国的城镇化率。在西部民族地区,城镇化主要体现在农牧区产业结构的转变升级,少数民族群众生产生活方式的变革,集中表现为西部民族地区由传统落后的乡村型社会向现代城市社会转化的过程。西部民族地区城镇化率整体上表现为曲折上升趋势,其间进行了两次调整,说明城镇化成果存在不稳定性因素,需要巩固城镇化成果。

在实证分析西部民族地区经济发展协调性时,考虑到西部民族地区经济发展的特殊性,且西部民族地区城镇化明显滞后于经济发展,近10年逐步呈现城镇化推动经济发展的迹象①,所以产出表现结果不考虑工业化,以城镇化率作为西部民族地区经济协调发展的产出指标。

5.2 经济协调发展测度原理

在做西部民族地区经济发展结构性的实证分析时,用城镇化率作为因变量,三次产业比较劳动生产率、投资率和消费率、二元对比系数和二元反差系数作为自变量,采用计量模型进行求解,找出优化西部民族地区经济发展结构的路径。

假定西部民族地区经济发展结构函数为: $Y_i = \eta^T X_i + \sigma\varepsilon_i$,其中 σ 为定位参数(Scale Parameter)。这里注意到,城镇化率值 $\in (0,1)$,如果采用传统的普通最小二乘法(Ordinary Least Square,OLS)估计,则会出现明显的右偏。在任意限制点左右截断,可以构建受限函数:

$$\begin{cases} Y_i = c_i^l, \text{ if } y_i^* \leqslant c_i^l \\ Y_i = y_i^*, \text{ if } c_i^l < y_i^* \leqslant c_i^u \text{ for } i = 1,2,\cdots,n \\ Y_i = c_i^u, \text{ if } y_i^* > c_i^u \end{cases}$$

其中 c_i^l 和 c_i^u 是截断的确定值。如果没有左截断点, $c_i^l = -\infty$,如果没有右截断点, $c_i^l = -\infty$, $c_i^u = +\infty$ 。利用最大对数似然估计有:

$$l(\eta^T,\sigma) = \sum_{i=1}^{N} \log f((Y_i - \eta^T X_i)/\sigma) \times 1(c_i^l < Y_i \leqslant c_i^u)$$

$$+ \log F((c_i^l - \eta^T X_i)/\sigma) \times 1(y_i^* = c_i^l)$$

$$+ \log(1 - F((c_i^l - \eta^T X_i)/\sigma)) \times 1(y_i^* = c_i^u)$$

① 钟海燕.城镇化、工业化与民族地区经济发展方式转变[J].广西民族研究,2013(2):134.

其中 f 为 ε_i 的概率密度,F 为 ε_i 的累计分布函数。为了计算的便利,本书参照以上估计的特殊形式Tobit模型。Tobit模型最早是Tobin(1958)在计算耐用品家庭支出时提出的,原因是支出不可能为负值。Tobit模型表示为:若未观察到的潜变量 $y^* \leqslant 0$,则 $Y_i = 0$,若 y^* 为正,则 $Y_i = y_i^*$ 。

$$\begin{cases} Y_i = \eta_1 x_1 + \eta_2 x_2 + \eta_3 x_3 + \varepsilon_i, \text{ if } y_i^* = \eta_i X_i + \varepsilon_i > 0 \\ Y_i = 0, \text{ otherwise} \end{cases}$$

其中所有 y_i^* 为城镇化率,所有负值均记为0;$\eta_i \in IR^P$ 为待估参数向量,x_1 =(第一产业比较劳动生产率,第二产业比较劳动生产率,第三产业比较劳动生产率)^T

$$x_2 = (\text{投资率,消费率})^T$$

$$x_3 = (\text{二元对比系数,二元反差系数})^T$$

$$\varepsilon_i \sim Normal(1,\sigma^2)\text{。}$$

则有:

$$\Pr(Y_i = 0 \mid X_i) = \Pr(\eta^T X_i + \varepsilon_i \leqslant 0 \mid X_i) =$$

$$\Pr(\varepsilon_i \leqslant -\eta^T X_i \mid X) = \Phi(-\frac{\eta^T X_i}{\sigma})$$

Tobit模型采用最大似然估计(Maximum Likelihood Estimation,MLE),估计函数包括两个部分:一个是上式截尾观测值的概率,另一个非截尾观测值是标准正态分布概率密度①。则估计函数为:

$$L(\theta) = \prod_{i=1}^{N} \Phi(-\frac{\eta^T X_i}{\sigma})^{I[y_i=0]} [\frac{1}{\sigma\sqrt{2\pi}}\exp(-\frac{1}{2\sigma^2}(y_i - \eta^T X_i)^2)]^{I[y_i>0]}$$

其中 $\theta = (\eta_1^T,\sigma)$ 。为了方便,现重新构建参数 $\gamma = \frac{\eta_1^T}{\sigma}$,则对数似然函数为:

$$l(\theta^*) = \sum_{i=1}^{N} \{I[y_i = 0]\log\Phi(-X_i\gamma) + I[y_i > 0]$$

① Kumar V and Petersen J A. Statistical Methods in Customer Relationship Management, First Edition[M]. John Wiley & Sons, Ltd,2012.

$$\left[\log\xi - \frac{1}{2}\log(2\pi) - \frac{1}{2}(\xi y_i - X_i\gamma)^2\right]\Big\}$$

对数似然函数对 γ 和 ξ 求一阶导数为:

$$\frac{\partial l(\theta^*)}{\partial\gamma} = \sum_{i=1}^{N}\left\{-I[y_i = 0]\lambda(X_i\gamma)X'_i + I[y_i > 0](\xi y_i - X_i\gamma)X_i^T\right\}$$

$$\frac{\partial l(\theta^*)}{\partial\xi} = \sum_{i=1}^{N} I[y_i > 0]\left[\frac{1}{\xi} - (\xi y_i - X_i\gamma)y_i\right]$$

二阶导数为:

$$\frac{\partial l(\theta^*)}{\partial\gamma\partial\gamma'} = \sum_{i=1}^{N}\left\{I[y_i = 0](-\lambda(X_i\gamma)^2 + X_i\gamma\lambda(X_i\gamma)X_i^TX_i - I[y_i > 0]X_i^TX)\right\}$$

$$\frac{\partial l(\theta^*)}{\partial\gamma\partial\xi} = \sum_{i=1}^{N} I[y_i > 0]y_iX_i^T$$

$$\frac{\partial l(\theta^*)}{\partial\xi\partial\xi} = \sum_{i=1}^{N} I[y_i > 0]\left(-\frac{1}{\xi^2} - y_i^2\right)$$

本书就是采用审查回归模型(Censored Regression Models)左审查点为0,右审查点为1的非规范审查回归Tobit模型对西部民族地区经济发展协调性进行计量分析。

5.3　协调发展影响因素选择

把数据带入Eviews 5.1软件,在计算指令中界定左右截断值(0,1),运行后结果如表5.3。

通过计算结果构建西部民族地区经济发展结构函数为:$y = (-0.0074, -0.0492, 0.2107)(x_1^1, x_1^2, x_1^3)^T + (0.2883, 0.6731)(x_2^1, x_2^2)^T + (-0.0023, 1.0101)(x_3^1, x_3^2)^T$

在5%显著性水平下,第一产业比较劳动生产率、投资率、消费率和二元反差系数通过检验,说明向量 X_2 = (投资率,消费率) 对西部民族地区经济发展结构影响显著。x_1 = (第一产业比较劳动生产率,第二产业比较劳动生产率,第三产业比较劳动生产率)^T 和 x_3 = (二元对比系数,二元反差系数)^T 整体上对西部民族地区经济协调发展的影响并不显著。在做西部民族地区经济协调发展线性分析时,仅用投资率和消费率作为自变量。

表 5.3　西部民族地区经济发展结构实证结果

Table 5.3　The empirical results of economic development in the Western Minority Areas

	系数	标准误	z 值	p 值
第一产业比较劳动生产率	-0.0074***	0.0024	-3.0446	0.0023
第二产业比较劳动生产率	-0.0492**	0.0201	-2.4503	0.0143
第三产业比较劳动生产率	0.2107	0.1924	1.0951	0.2735
投资率	0.2883***	0.0680	4.2388	0.0000
消费率	0.6731**	0.2919	2.3058	0.0211
二元对比系数	-0.0023	0.0032	-0.7282	0.4665
二元反差系数	1.0101**	0.3262	3.0968	0.0020

注:*为 10% 水平下显著;**为 5% 水平下显著;***为 1% 水平下显著。

来源:作者计算结果整理而得。

5.4　经济协调发展效果评价

找出影响西部民族地区经济协调发展的显著因素后,需要找出各因素对经济协调发展的影响效率进行分析,进而找出西部民族地区经济协调发展的科学路径。

5.4.1　效果测度实证分析

在分析出影响西部民族地区经济协调发展的显著因素后,对其影响效果进行测度。在已知审查回归模型线性关系且协调性产出仅设定为城镇化的情况下,采用参数估计比非参数估计(DEA)更加合理。非参数估计中随机前沿方法(Stochastic Frontier Analysis, SFA)是最常用的测度方法。SFA 是由 D. Aigner, C. Lovell 与 C. Schmidt(1977)提出的用来计算技术效率的一种参数前沿方法。SFA 一般包括投入变量、产出变量、环境[①]变量和随机误差:

$$Y_{it} = f(X_{it};\beta)\exp(v_{it} - u_{it})$$

$$TE_{it} = \exp(-u_{it})$$

① 此处环境和本书研究经济发展质量时的生态环境并不一样,此处指的是参数估计中投入产出的外部环境。

其中，Y_{it} 表示西部民族地区第 i 个省区(DMU) i = [内蒙古,广西,西藏,云南,贵州,青海,宁夏,新疆] 在第 t 年的产出；$t \in$ [2008 年,2009 年,2010 年,2011 年,2012 年,2013 年,2014 年]；X_{it} 为投入矩阵，X = (投资率,消费率)^T；β 为待估计的参数向量；误差项包括 v_{it} 与 u_{it}，v_{it} 为服从对称分布的不可控因素随机误差项，表现为经济发展协调系统的外部环境，比如气候环境、地理环境等。u_{it} 为非负的服从单侧分布的管理随机误差项，表示西部民族地区 8 个省区中第 i 个决策单元在第 t 年的技术无效程度。西部民族地区第 i 个省区(DMU)技术效率状态表示为 TE_{it}。当 $u=0$ 时，西部民族地区第 i 个省区(DMU)就处于生产前沿上，否则就处于非技术效率状态。该模型主要用于截面数据(Cross - Sectional Data)的技术效率估计，后来 Battese、Colli(1992)建立的时间序列面板数据(Panel Data)前沿面的生产函数模型 BC：

$$Y_{it} = f(X_{it};\beta)\exp(v_{it} - u_{it})$$

$$Y_{it} = f(X_{it})\exp(v_{it} - u_{it})$$

$$U_{it} = u_{it}\exp[-\eta(t-T)]$$

$$TE_i = \exp(-u_i);\ TE_{it} = \exp(-u_{it})$$

$$u_{it} = \beta(t) \times u_i$$

该模型假定 v_{it} 服从对称的正态分布 $N(0, \sigma_v)$，u_i 为非负的独立于 u_{it} 的服从大于等于零的单侧正态分布 $N(\mu, \sigma_u)$，表示西部民族地区第 i 个省区(DMU)不随时间变化的无效率水平。

5.4.2 经济协调发展效果评价

本书选择 BC 生产函数模型(Colli,1992)，在面板数据下选择复合误差模型，并在生产函数约束下求解，结果见表 5.4。

表 5.4 西部民族地区经济协调发展效果值

Table 5.4 The effect of economic development in the Western Minority Areas

	coefficient	standard - error	t - ratio
常数项	0.5356	0.0314	17.0755 * * *
投资率	0.1817	0.0192	9.4832 * * *
消费率	-0.4594	0.1341	-3.4262 * *
sigma - squared	0.0869	0.3295	0.2636

续表

	coefficient	standard - error	t - ratio
gamma	0.9977	0.0089	112.4486 * * *
mu	-0.5388	2.8368	-0.1899
eta	-0.0116	0.0109	-1.0619 *
log likelihood function	137.1400 * * *		
LR test	170.4711 * * *		

注:* * * 为 1% 水平下显著;* * 为 5% 水平下显著;* 为 10% 水平下显著。
来源:作者计算结果整理而得。

从表 5.4 可以看出,LR 在 1% 显著性水平下是显著的,说明基于 SFA 西部民族地区经济协调发展效果测度模型具有明显的复合结构。投资率的系数为 0.1817,数据选取投资率、消费率和城镇化率,虽然在计算过程中两边都未取对数,但是仍可以认为计算出的系数为弹性。即投资对城镇化的弹性为 0.1817,投资率每上升 1%,城镇化率上升 0.1817%;消费率每上升 1%,城镇化率下降 0.4594%。

虽然 σ^2 检验不显著,但 $\gamma = 0.9977$,并通过 1% 的显著水平,表明技术非效率误差项 u 和随机误差项 v 都是应该考虑的,西部民族地区经济协调发展效果的误差中,有 99.77% 的误差来自非效率的因素,只有 0.3% 的误差来自统计本身,说明该参数模型能正确的反映西部民族地区经济协调发展的效果。

$\eta = -0.0116 < 0$,说明时间因素对 $\beta(t)$ 的影响随时间推移呈递减速度下降,即西部民族地区经济协调发展中,投资和消费的无效率会随着时间的推移逐步下降,但是下降速度是递减的。

在证实模型的有效性后,现测度西部民族地区经济协调发展效果,结果见图 5.2。

2008—2014 年,西部民族地区经济协调发展效果略有下降,由 2008 年的 79.81% 下降至 2014 年的 78.36%,但下降幅度不大,可能的原因是西部民族地区投资逐年加大,但投资效果反应存在一定时滞。在加大对西部民族地区投资的同时,更重要的是提高投资利用效率,提高经济协调发展力度,否则更多的投入将会造成更大的浪费。

从内部各省区来看,内蒙古的经济协调发展效果最佳,2014 年达到

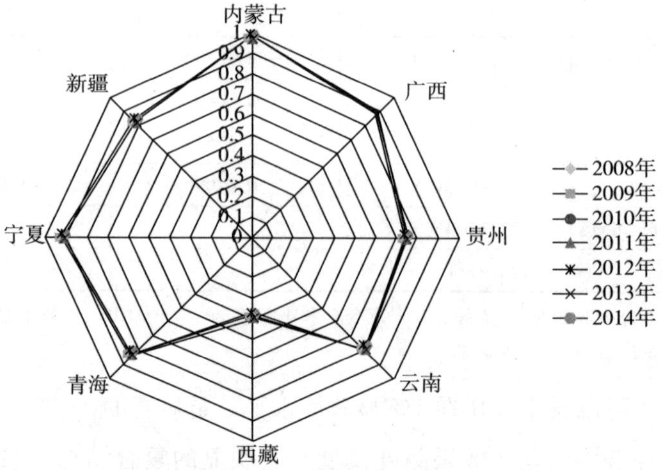

图 5.2　2008—2014 年西部民族地区各省区经济协调发展效率值

Figure 5.2　The spider diagram of the efficiency of economic coordination development in the Western Minority Areas during 2008 - 2014

来源:作者绘制。

98.97%,距离有效前沿仅 1.03%,2008—2014 年的均值也达到了 99.01%,距离有效前沿不足 1%;协调发展效果最差的是西藏,2014 年仅为 36.92%,距离协调发展有效前沿 63.08%,2008—2014 年的均值为 39.05%,距离有效前沿高达 60.95%。最大值与最小值之间的极差达到了 62.09%,说明西部民族地区内部各省区之间经济协调发展效率存在明显的差距。

表 5.5　西部民族地区经济协调发展效率统计指标

Table 5.5　The statistical indicators of the efficiency of economic coordination development in the Western Minority Areas

统计指标	2008 年	2009 年	2010 年	2011 年	2012 年	2013 年	2014 年
中位数	0.82	0.82	0.82	0.82	0.81	0.81	0.81
下四分位数	0.79	0.78	0.78	0.78	0.78	0.77	0.77
上四分位数	0.88	0.88	0.88	0.88	0.87	0.87	0.87
最大值	0.99	0.99	0.99	0.99	0.99	0.99	0.99
最小值	0.41	0.40	0.40	0.39	0.38	0.38	0.37
极差	0.58	0.59	0.59	0.60	0.61	0.61	0.62
四分位差	0.09	0.10	0.10	0.10	0.10	0.10	0.10
方差	0.03	0.03	0.03	0.03	0.03	0.03	0.03

续表

统计指标	2008年	2009年	2010年	2011年	2012年	2013年	2014年
标准差	0.16	0.16	0.17	0.17	0.17	0.17	0.17
变异系数	0.20	0.21	0.21	0.21	0.22	0.22	0.22
偏态	-1.78	-1.78	-1.78	-1.78	-1.78	-1.78	-1.78
峰度	4.26	4.26	4.26	4.26	4.26	4.26	4.26

来源:作者经《中国统计年鉴》数据计算结果整理而得。

从表5.5可以看出,2008—2014年西部民族地区经济协调效率值中位数均大于平均值,说明西部民族地区经济协调发展效果数据是左偏分布的,存在极端小值,使得均值偏低;极差较大,达到0.6左右,西部民族地区内部省区之间协调效果并不理想;变异系数处于(0.20,0.22)之间,相差不大,说明西部民族地区各省区经济协调发展效率代表性相当;偏态为-1.78,数据分布为非对称左偏分布,说明协调效果较好的省区占有一定比例;峰度为4.26,为典型的尖峰分布,说明协调效果较好的省区占有较大比例,这也印证了前面左偏分布极端小值的结论。

表5.6 西部民族地区各省区经济协调发展效率统计指标

Table 5.6 The statistical indicators of economic coordinated development efficiency of the provinces in the Western Minority Areas

统计指标	内蒙古	广西	贵州	云南	西藏	青海	宁夏	新疆	均值
均值	0.9901	0.8621	0.7462	0.7892	0.3906	0.8270	0.9188	0.8033	0.7909
中位数	0.9901	0.8622	0.7463	0.7892	0.3907	0.8270	0.9188	0.8034	0.7910
下四分位数	0.9899	0.8597	0.7418	0.7855	0.3800	0.8240	0.9174	0.8000	0.7873
上四分位数	0.9902	0.8645	0.7507	0.7929	0.4012	0.8300	0.9202	0.8068	0.7946
最大值	0.9904	0.8669	0.7550	0.7964	0.4115	0.8329	0.9216	0.8101	0.7981
最小值	0.9897	0.8573	0.7373	0.7818	0.3692	0.8209	0.9160	0.7965	0.7836
极差	0.0007	0.0096	0.0176	0.0146	0.0423	0.0120	0.0056	0.0137	0.0145
四分位差	0.0003	0.0048	0.0088	0.0073	0.0212	0.0060	0.0028	0.0068	0.0073
方差	0.0000	0.0000	0.0000	0.0000	0.0002	0.0000	0.0000	0.0000	0.0000
标准差	0.0002	0.0032	0.0059	0.0049	0.0141	0.0040	0.0019	0.0046	0.0048
变异系数	0.0002	0.0037	0.0079	0.0062	0.0361	0.0048	0.0020	0.0057	0.0061
偏态	-0.0338	-0.0338	-0.0338	-0.0338	-0.0338	-0.0338	-0.0338	-0.0338	-0.0338
峰度	-1.1984	-1.1984	-1.1984	-1.1984	-1.1984	-1.1984	-1.1984	-1.1984	-1.1984

来源:作者经《中国统计年鉴》数据计算结果整理而得。

从表5.6可以看出,西部民族地区各省区数据分布较为对称。其中内蒙古协调发展效果的均值和中位数最大，为99.01%；西藏的最小，仅分别为39.06%和39.07%；各省区之间经济协调发展效率变异系数存在一定差距，其中最小的是内蒙古，仅为0.0002，最大的是贵州，达到0.0079，说明西部民族地区各省区经济协调发展效率值的代表性并不一致，其中内蒙古代表性最好，贵州最差；偏态为-0.0338，说明各省区在2008—2014年协调效果较好的年份占一定比例，但偏斜程度不大；峰度为-1.1984，为平峰分布，说明各省区在2008—2014年协调效果分布并不集中，经济协调系统并不稳定。

西部民族地区由于自然环境、社会文化、市场发育存在较大差异，结合以上分析，认为经济协调发展需要从投资和消费两方面入手。一是优化投资环境，提高投资效率。西部民族地区投资环境欠佳，过多资金量的投入只会造成更大的浪费。西部民族地区经济发展属于投资拉动型，投资环境的好坏直接影响投资效率，投资经济环境是关系到西部民族地区是否具备长期投资吸引力的重中之重。但现实情况是西部民族地区较低的市场化程度阻碍了投资。如向其凤（2012）以云南省红河州为例进行测算，认为政府所在地仍然为市场的中心①。市场经济环境下民营企业投资机制灵活，需要政府给予政策倾斜，优惠政策自成系统，不仅仅表现在单个方面，更多的是实现系统性的投资优惠政策。二是合理安排消费，提高消费效率。西部民族地区市场观念淡薄，加上预期不乐观，阻碍消费率。消费环境对农户消费支出的影响必然存在较大差别。优化西部民族地区消费环境，提高消费率，从根本上提高居民生活质量，同时为扩大内需和西部民族地区经济良性健康发展夯实基础。培育和提高西部民族地区市场、加大西部民族地区保险密度和深度，合理引导预期是提升经济协调发展效率的重要路径。

① 向其凤．微观消费环境与西部民族地区农户的生活消费支出——基于多水平模型的研究[J]．云南财经大学学报，2012(5)：138-144.

第6章　经济发展质量:绿色

生态环境是经济发展的前提,经济持续发展以生态环境的良性循环为基础,两者互为制约影响关系。西部民族地区是我国重要的生态功能区、环境敏感区和脆弱区。虽然可持续发展思想在西部民族地区具有一定的普遍性,特别是在处于前工业社会的农业民族中表现尤为突出①,袁国友(2001)认为以自然保护和自然崇拜为主题的生态文化对西部民族地区的生产和生活方式产生较大影响。但根据卡亚公式②,计算结果显示西部民族地区人均GDP低于全国平均水平,单位产值能耗高于全国平均水平③,西部民族地区经济绿色发展是提高经济发展质量的必然选择。从一定程度上讲,绿色发展就是可持续发展,从学术规划性方面考虑,本书统一用可持续发展理论进行实证分析。

6.1　经济可持续发展影响因素

经济持续增长的实质在于人类需求与环境相互协调。本书研究西部民族地区经济增长持续性包括单位产值能耗与单位产值环境代价两个衡量指标。

---

① 韩彦东.基于可持续发展的人口较少民族地区扶贫开发政策研究[D].北京:中国人民大学,2008.

② 卡亚公式表现为一个地区二氧化碳排放量的增长,取决于人口、人均GDP、单位GDP能耗和能源结构4个方面。

③ 李鸿,张谨燕.民族地区地毯经济发展路径[J].中南民族大学学报(人文社会科学版).2010(9):30-34.

6.1.1 单位产值能耗偏高

单位产值能耗多用低碳经济[①]理论来衡量。一般理论认为,经济增长与低碳经济是两难“窘境”,即在不影响经济发展目标的前提下实现“低碳”目标并不容易,西部民族地区是生态脆弱区,且城镇化进入了“加速”和可以“加速”的时期[②],只有依靠产业机构优化升级来实现低碳目标,发展具有低碳特征的产业,限制高碳产业的市场准入[③],实现区域经济快速、可持续发展。其中,根据全国经验,GDP 单位能耗与第二产业单位能耗相关性最强,所以西部民族地区节能减排的重点也应该放在第二产业上[④]。本书考虑到数据的可得性,用单位产值电力消费量作为衡量指标。

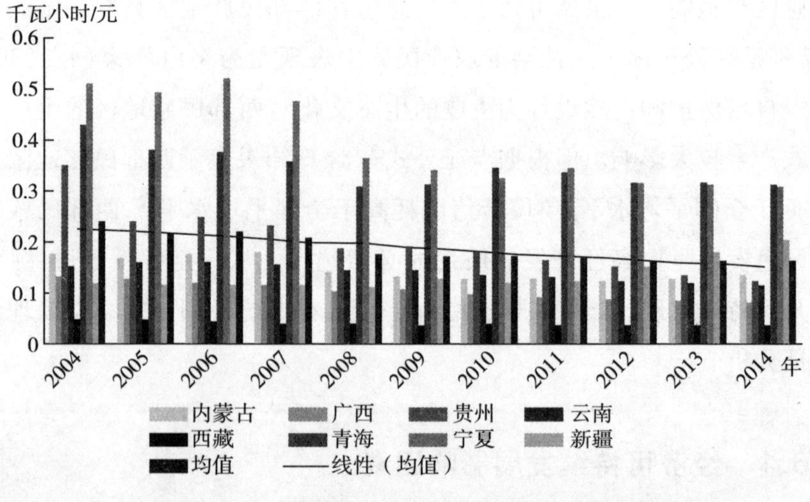

图 6.1 2004—2014 年西部民族地区各省区单位产值电力消费量

Figure 6.1 The provinces electricity consumption per unit output value in the Western Minority Areas during 2004 - 2014

来源:作者经《中国统计年鉴》数据整理绘制。

① 低碳经济是低碳发展、低碳产业、低碳技术、低碳生活形态的总称。低碳经济具有低消耗、低排放、低污染的基本特征,以应对碳基能源对于气候变暖影响为基本要求,以实现经济的可持续发展为基本目的。

② 陆大道, 樊杰. 2050: 中国的区域发展 [M]. 北京: 科学出版社, 2009.

③ 鲍健强,等. 低碳经济:人类经济发展方式的新变革[J]. 中国工业经济,2008(4):153 - 160.

④ 谢志惠,李陈. GDP 单位能耗与第二三产业单位产值能耗敏感性分析[J]. 中国证券期货,2011(10):139.

西部民族地区 2004—2014 年电力消费总量呈上升趋势,2004 年为 2800.26 亿千瓦小时,逐年上升至 2014 年的 9934.03 亿千瓦小时,上升 3.55 倍。从图 6.1 可以看出,单位产值电力消费量呈逐年下降的趋势,由 2004 年的 0.2397 下降至 2014 年的 0.1895,说明西部民族地区经济发展过程中能源利用效率得到提升。从内部各省区情况看,电力消费总量最大的是内蒙古,平均每年消费电力 1433.9327 亿千瓦小时,最小的是西藏,为 20.1191 亿千瓦小时。单位产值电力消费量最大的是宁夏,达到 0.3924,最小的是西藏,为 0.0419。单位产值电力消费量降序为:宁夏(0.3924)>青海(0.3449)>贵州(0.2018)>内蒙古(0.1487)>云南(0.1426)>新疆(0.1369)>广西(0.1067)>西藏(0.0419)。

6.1.2　单位产出环境代价较大

单位产出环境代价包括单位产出废水排放量、固体废弃物排放量和大气污染程度 3 个方面。

(1)废水排放。考虑到西部民族地区各省区之间的生产总值存在较大差异,废水排放总量指标不具备可比性,所以本书构建单位产值废水排放=废水排放总量/地区 GDP 来衡量废水排放。

随着经济的发展,西部民族地区废水排放总量逐年增加,从 2004 年的 50.7935 亿吨逐年增加到 2014 年的 76.8153 亿吨,增长了 51.23%。同时注意到,西部民族地区经济增长大大超过废水排放量增长,单位产值废水排放量呈逐年下降的趋势,见图 6.2,2004 年单位产出废水排放量平均值为 32.7651(万吨/亿元),2014 年下降至 10.6354(万吨/亿元),是 2004 年的 32.5%,单位产值废水排放得到了较大改善。从各省区情况来看,废水排放总量最大的是广西,2004—2014 年平均每年排放 26.6922 亿吨,排放量最小的是西藏,仅为 4141 万吨,西部民族地区内部省际存在较大差别,这与各地区经济总量有关;单位产值废水排放量最大的是广西,2004—2014 年单位产值废水平均每年排放 38.9173(万吨/亿元),最小的内蒙古,为 9.2749(万吨/亿元)。单位产值废水平均每年排放量降序为广西(38.9137)>宁夏 29.8224)>青海(19.7386)>贵州(17.8704)>新疆(17.207)>云南

(16.6037) > 西藏(9.8319) > 内蒙古(9.2749)。广西不仅废水排放总量大，单位产值废水排放量也较大，需要有效降低废水排放量。

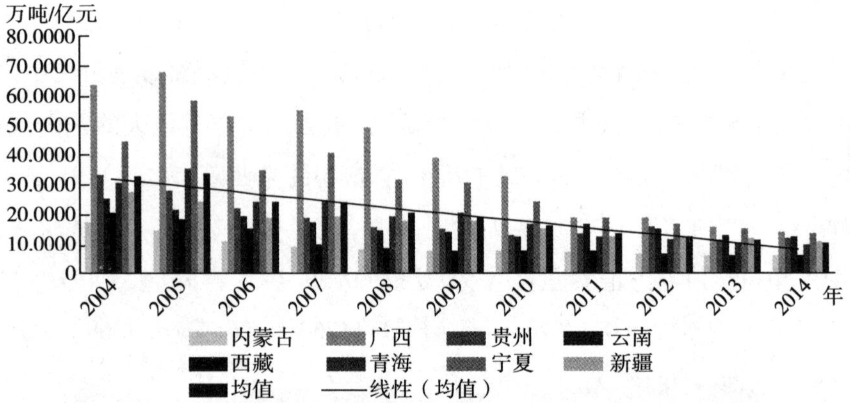

图 6.2　2004—2014 年西部民族地区各省区单位产值废水排放

Figure 6.2　The provinces waste water discharge in the Western Minority Areas during 2004 - 2014

来源：作者经《中国统计年鉴》数据整理绘制。

(2)废气排放。废气排放主要是二氧化硫的排放。考虑到西部民族地区各省区之间的生产总值存在较大差异，二氧化硫排放总量指标不具备可比性，所以本书构建单位产值二氧化硫排放 = 地区二氧化硫排放总量/地区 GDP 来衡量废水排放。

2004—2014 年，西部民族地区二氧化硫排放总量呈逐年上升趋势，但上升幅度不大，从 2004 年的 476.4 万吨增加到 2014 年的 508.5738 万吨，11 年间增加 32.1738 万吨。西部民族地区各省区之间也存在较大差异，内蒙古二氧化硫年平均排放总量最大，平均每年排放 139.4288 万吨，西藏最小，仅为 2837 吨。

从单位产值二氧化硫排放情况看(见图 6.3)，西部民族地区单位产值二氧化硫排放呈逐年下降趋势，从 2004 年的 315.7375(吨/亿元)逐年下降到 2014 年的 69.2252，减排效果明显。其中单位产值二氧化硫排放年平均值最大的贵州，为 366.2938(吨/亿元)，最小的是西藏，为 5.8215(吨/亿元)。降序依次为贵州(366.2398) > 宁夏(308.7264) > 内蒙古(188.4649) > 新疆(141.7852) > 青海(130.3028) > 广西(126.8311) > 云南(94.8107) > 西藏(5.8215)。

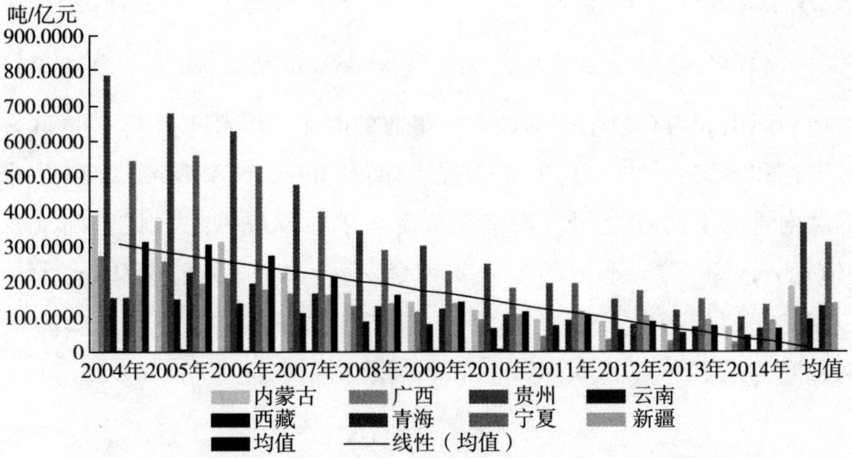

图 6.3　2004—2014 年西部民族地区各省区单位产值二氧化硫排放

Figure 6.3　The provinces SO_2 discharge in the Western Minority Areas during 2004 - 2014

来源:作者经《中国统计年鉴》数据整理绘制。

6.2　经济可持续发展实证原理

在经济发展过程中,非期望产出(Undesirable Outputs)明显降低了期望产出的效果,在经济发展质量衡量中,特别是在经济发展持续性的分析中,西部民族地区生态脆弱,必须考虑到非期望产出(如“三废”排放)对经济发展质量的影响。传统 DEA 模型假定少投入多产出为有效,产出中非期望产出应该是越少越好,需要用到 Tone(2001)的松弛测度(Slacks - Based Measure of Efficiency,SBM)方法,该方法是非径向和非定向的,利用投入和产出松弛直接测度产出的效率,本书就利用改进的 SBM 计算非期望产出,目的在于减少非期望产出,提高西部民族地区经济发展的持续性。现定义西部民族地区经济持续发展中产出向量 Y 包括期望产出 Y^g 和非期望产 Y^b 出两个部分,则对于西部民族地区一个确定的省区 DMU_i (x_i , y_i),投入产出表示为集合(x_i , y_i^g , y_i^b),其中投入向量 $x \in R^m$,产出向量 $y^g \in R^{s_1}$,非期望产出向量 $y^b \in R^{s_2}$ 。定义以下矩阵 $X = [x_1, x_2, \cdots, x_n] \in R^{m*n}$ 、$Y^g = [y_1^g,$

$y_2^g,\cdots,y_n^g] \in R^{s_1*n}$ 、$Y^b = [y_1^b,y_2^b,\cdots,y_n^b] \in R^{s_2*n}$ ，则生产可能性集为：

$$P = \left\{(x,y^g,y^b) \mid x \geqslant X\lambda, y^g \leqslant Y^g\lambda, y^b \geqslant Y^b\lambda, L \leqslant e\lambda \leqslant U, \lambda \geqslant 0\right\}$$

前沿面由 p 内有效生产活动点所组成的曲面。P 满足 y^g 与 y^b 的联合弱可处置性和零结合性①。其中 λ 为强度向量(Intensity Vector)，L 和 U 分别为强度向量的下限和上限。现定义假定对于西部民族地区任意确定省区 $DMU(x,y^g,y^b) \in P$ ，不存在 $x_0 \geqslant x, y_0^b \geqslant y_0, y_0^g \leqslant y_0$ ，那么 $DMU(x_0,y_0^g,y_0^b)$ 在一定的非期望产出下 y_0^b 是有效的。根据这个定义，根据 Tone(2001)的 SBM 处理方法②，构建 SBM - Undesirable 模型：

$$\min \rho^* = \frac{1 - \frac{1}{m}\sum_{i=1}^{m}\frac{s_{i0}^-}{x_{i0}}}{1 + \frac{1}{s}\left(W_1\sum_{r=1}^{s_1}\frac{s_r^g}{y_{r0}^{s_g}} + W_2\sum_{r=1}^{s_2}\frac{s_r^b}{y_{r0}^b}\right)}$$

其中 ρ 为目标函数，$\min\rho$ 即为西部民族地区经济持续发展目标值。W 为权重。$W_1 = \frac{sw_1}{(w_1 + w_2)}$ 为期望产出权重，$W_2 = \frac{sw_2}{(w_1 + w_2)}$ 为非期望产出权重。

约束条件为：

$$x_0 = X\lambda + s^-$$

$$y_0^g = Y\lambda - s^g$$

$$y_0^b = Y\lambda + s^b$$

$$L \leqslant \varepsilon\lambda \leqslant U$$

$$s^-, s^g, s^b, \lambda \geqslant 0$$

s^- 向量表示西部民族地区经济发展中资源投入过多，s^b 向量表示非期望产出过多，s^g 表示期望产出的不足，s_1 和 s_2 代表 s^b 和 s^g 的值，$s = s_1 + s_2$ 。$\frac{1}{m}\sum_{i=1}^{m}\frac{s_{i0}^-}{x_{i0}}$、$\frac{1}{s}\sum_{r=1}^{s_1}\frac{s_r^g}{y_{r0}^g}$、$\frac{1}{s}\sum_{r=1}^{s_2}\frac{s_r^b}{y_{r0}^b}$ 分别表示投入冗余、正向产出不足与非期望

① 联合弱可处置性是指若要减少非期望产出，必须同比例损失正向产出；零结合性是指非期望产出在生产经营活动中无法消除，除非停止生产。

② Tone K. Dealing with Undesirable Output in DEA: A Slacks - based Measure (SBM) Approach [R]. GRINS Research Report series, I - 2003 - 0005.

产出过多带来的经济持续发展效率低下,松弛变量 s^- 、s^g 、s^b 的值越大,持续发展效率值就越低,最优解为 $(\rho',s^{-'},s^{g'},s^{b'})$,仅当 $\rho' = 1$ 时,认为 $DMU(x_0,y_0^g,y_0^b)$ 的经济发展资源配置效率达到有效前沿,如果 $\rho' < 1$,认为 $DMU(x_0,y_0^g,y_0^b)$ 并未达到有效前沿,可以通过以下等式进行调整:

$$\begin{cases} x_0 - s^{-'} \rightarrow x_0 \\ y_0^b - s^{b'} \rightarrow y_0^b \\ y_0^g + s^{g'} \rightarrow y_0^g \end{cases}$$

参照 DEA 中 CRS 转换过程,即通过 Charnes - Cooper 变换,上式转化成:

$$\max u^g y_0^g - v x_0 - u^b y_0^b$$

约束条件为:

$$u^g Y^g - vX - u^b Y^g \leqslant 0$$

$$v \geqslant \frac{1}{m} \times \frac{1}{x_o}$$

$$u^g \geqslant \frac{1 + u^g y_0^g - v x_0 - u^b y_0^b}{s} \times \frac{1}{y_0^g}$$

$$u^b \geqslant \frac{1 + u^g y_0^g - v x_0 - u^b y_0^b}{s} \times \frac{1}{y_0^b}$$

以上公式追求的是 $(u^g y_0^g - v x_0 - u^b y_0^b)$ 中 v 和 u^b 值趋于0,等于0时认为 DMU 达到有效前沿, u^g 的值追求最大化。通过该模型构建,本书对西部民族地区经济持续发展进行实证分析。

6.3 经济持续发展指标数据选择

运用基于 DEA 的 SBM - Undesirable 对西部民族地区经济发展持续性进行测度时,投入产出指标的选择较为重要,将直接影响测度的结果。新古典经济增长理论认为经济增长主要依靠劳动和资本的投入,此处重点衡量经济发展的持续性,所以除了劳动和资本外,选择资源作为投入指标之一,且给予与劳动和资本同等重要的程度。产出方面,最直接的产出的衡量指标为地区 GDP,除此之外,选择废水和废气排放量非期望产出(Bad - Output)

指标。结果见表6.1。

表6.1 西部民族地区经济持续发展指标选择

Table 6.1 The indicators of economic sustainable development in the Western Minority Areas

Input		Output			
		Good - Output		Bad - Output	
指标	数据	指标	数据	指标	数据
劳动投入	人口	产出	地区 GDP	废水产出	废水排放总量
资本投入	固定资产投资			废气产出	二氧化硫排放量
能耗投入	电力消费量				

来源:作者整理而得。

投入指标选择上,基于数据的可得性、可比性和重要程度,现对相应的指标进行调整。

(1)劳动量。一段时间内某地区的劳动量数据可得性较差,由于劳动的种类与质量多种因素的影响,使得其测定科学性较低。传统观点多采用从业人员或者劳动力数量替代,本书由于研究时间跨度大,且统计口径的不一致,较难找到相应数据。现假定各地区在同一时间段内劳动结构趋于一致,由于 SBM - Undesirable 分析方法测定的效率值是每个时间的省际截面数据,只要研究对象保持一致,结果不会有太大偏差,所以用各地区各时期的总人口数替代劳动量。SBM - Undesirable 分析方法研究对象之间的对比,理论上认为在整个分析过程中指标选取一致,对结果的相对数不会存在较大影响,但会影响经济持续发展的绝对值。为了科学测定两者分析结果是否存在显著差异,现用 Kolmogorov - Smirnov 检验和 t 检验对两种结果进行检验,以期得到科学的指标选取结果。本书计算得到的检验统计量近似正态分布,两样本 K - S 检验的表达式为:$Z = \max_j |D_j| \sqrt{\frac{n_1 n_2}{n_1 + n_2}}$,其中 n 表示样本量,D 为两个样本积累经验分布函数之差。通过 R 软件计算结果显示劳动量不能拒绝两者来自同一分布的假设。通过对技术进步两个向量进行分析可以看出,大多数决策单元的技术进步指标趋同,即使有差距数值也不大,所有检验存在不同分布。

(2)资本。以张军(2003)为代表的学者采用永续盘存法对各省区资本存量进行估计,方法成熟也很科学,但是估计出的结果存在较大偏差。SBM - Undesirable 分析方法对数据较为敏感,各变量的微小变化将会对结果产生偏差,所以本书借鉴以往研究成果(刘祥,2004;刘秉镰,2009),采用固定资产投资额替代资本存量。

(3)能耗。一般来讲,单位产值能耗是能耗投入的理想指标,但基于数据可得性考虑,本书用电力消费量代替能耗指标。其中西藏缺少 2004、2005 年用电量数据,通过后期估算而得。

产出指标选择上,一般认为 GDP 是最直接、最有效的 Good - Output 产出衡量指标;选择废水和废气排放量作为非期望 Bad - Output 产出指标,其中废气主要指二氧化硫,废气排放量用二氧化硫排放量代替。原则上讲,非期望产出还应该包括固体废物的排放,基于数据可得性和重要性考虑,为了实证结果估计的无偏性,本书并未纳入分析。

6.4　经济可持续发展评价

现运用 Charnes - Cooper(1962)①变换对 SBM - Undesirable 模型进行 VRS 线性化求解,设定总期望产出和总非期望产出的权重为 1:1。计算结果见图 6.4。

2004—2014 年西部民族地区经济持续发展效率为 75.41%,距离有效前沿的距离为 24.59%,整体上讲,西部民族地区经济发展持续性较好。标准误差为 0.2051,最大值为 1,最小值为 0.4078,极差达到 59.22%,表明西部民族地区内部发展持续性并不均衡。

2004—2014 年,西部民族地区 8 个省区构成的面板数据(Panel Data)88 个数据样本中,有 28 个数据达到有效前沿,占 31.82%。在达到有效前沿的省区中,引用频率也存在较大差别,如表 6.2。

① Charnes A, Cooper W W. Programming with Linear Fractional Function [J]. Naval Research Logistic Quarterly, 1962(15): 330 - 334.

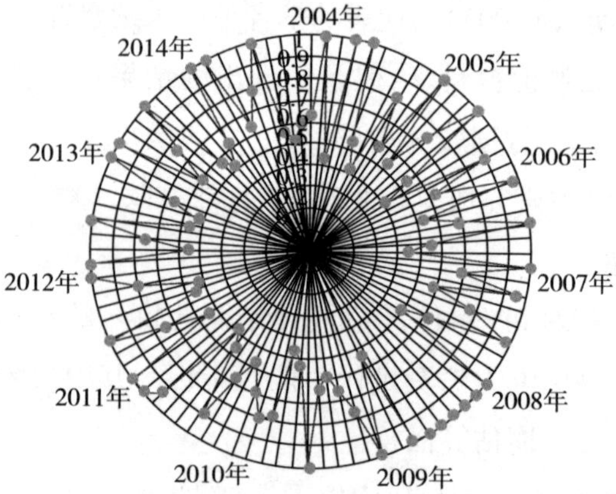

图 6.4　西部民族地区经济持续发展雷达图

Figure 6.4　The economic sustainable development radar map of the Western Minority Areas

来源:作者绘制。

表 6.2　西部民族地区经济持续发展有效省区的引用频率

Table 6.2　The reference frequency of the sustainable development of the economy in the Western Minority Areas

省区	引用频率	省区	引用频率	省区	引用频率	省区	引用频率
新疆(2008)	25	广西(2011)	9	广西(2004)	2	内蒙古(2013)	1
内蒙古(2012)	25	西藏(2004)	8	广西(2008)	2	广西(2005)	0
西藏(2008)	22	新疆(2006)	7	西藏(2009)	2	新疆(2007)	0
内蒙古(2011)	17	西藏(2005)	5	广西(2014)	2	贵州(2008)	0
西藏(2014)	12	西藏(2012)	3	西藏(2006)	1	青海(2008)	0
西藏(2011)	11	广西(2013)	3	内蒙古(2008)	1	广西(2012)	0
云南(2004)	9	西藏(2013)	3	云南(2008)	1	内蒙古(2014)	0

注:以上“()”中是对应的年份。

来源:作者计算结果整理而得。

从表 6.2 可以看出,即使有效性都是达到有效前沿的省区,镜像参考的频率也并不一致。其中参考次数最多的是 2008 年的新疆和 2012 年的内蒙古,参考次数达到了 25 次,说明其经济持续性是最合理的,西部民族地区各省区在考虑自身持续发展时,可以重点参考这 2 个自治区在 2008 和 2012 年的经济发展。

2005 年的广西、2007 年的新疆、2008 年的贵州和青海、2012 年的广西和

2014 年的内蒙古,虽然其经济持续发展是达到了有效前沿,但并没有其他省区在发展中借鉴。被引用最多的是西藏,达到 9 次;被引用最少的是云南和新疆(新疆 3 次达到有效,真正被引用 2 次),各仅有 2 次被引用①;其他省区中广西 7 次达到有效前沿,真正被引用次数为 5 次;内蒙古 5 次达到有效前沿,4 次真正被引用。

表 6.3 2014 年西部民族地区经济持续发展未达到有效前沿省区松弛

Table 6.3 The economic development in the Western Minority Areas has not reached the effective frontier of relaxation in 2014

指标	贵州	云南	青海	宁夏	新疆
劳动力	-56.39%	-25.75%	-13.14%	-11.80%	-33.39%
资本	-21.36%	-4.30%	-22.91%	-24.63%	-24.82%
能源	-2.86%	-22.96%	-69.63%	-67.40%	-39.95%
废水排放量	-46.31%	0.00%	-38.18%	-53.54%	-42.00%
二氧化硫排放量	-16.34%	-16.51%	-21.37%	-54.05%	-9.13%

注:"-"表示过多。

来源:作者计算结果整理而得。

以 2014 年为例,西部民族地区中内蒙古、广西和西藏达到有效前沿,其余 5 个省区均未达到有效前沿,其目标值和松弛量如上表 6.3。投入方面,劳动力投入过多的是贵州,达到 56.39%,青海和宁夏劳动力投入较为合理;新疆、宁夏、青海和贵州资本投入过多,均超过 20%,云南经济持续发展资本投入较为合理;能源消耗未达到前沿的各省区之间存在较大差异,其中能源消耗与产出不匹配程度最大的是青海和宁夏,达到了 69.63% 和 67.4%,经济发展产业结构、管理水平等存在较大问题,还处于粗放型发展阶段,最小的是贵州,仅为 2.86%,能源消耗与产出比较为合理,经济发展较为集约。

产出方面,本书测度是以基于产出角度的 SBM 模型,所以期望产出 GDP 不存在不足,只有非期望产出的废水排放量和二氧化硫排放量两个非期望产出指标存在过多产出。废水排放松弛最大的是宁夏,达到了53.54%,其次是贵州和新疆,均超过了 40%。最小的是云南,虽然经济持续发展并未达到有效前沿,但是其非期望产出中废水排放量并不过多。二氧化硫排放过

① 虽然贵州和青海 2008 年各有 1 次达到有效前沿,但并没有其他省区引用。

多的是宁夏,高达 54.05%,最小的是新疆,为 9.13%。

通过图 6.5 可以看出,宁夏 2014 年能源投入太多,且发展粗放,废水与二氧化硫排放量远超过西部民族地区其他省区,当前解决可持续发展问题是宁夏经济发展的重点。

现对 2004—2014 年西部民族地区各省区能源消耗松弛进行分析说明,找出经济持续发展投入方面存在较大问题的省区及原因。

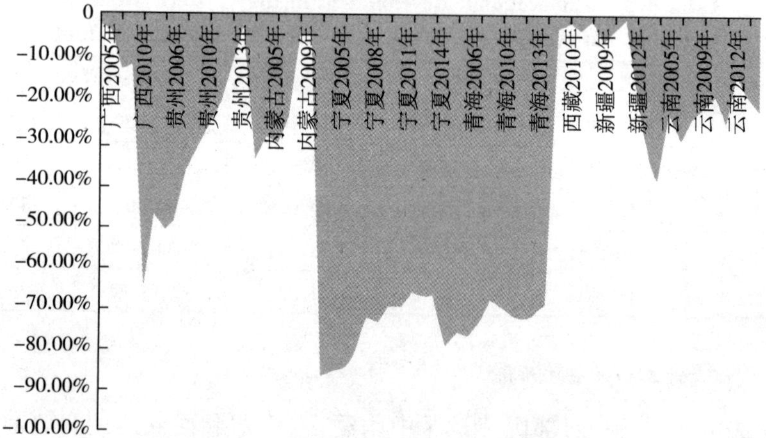

图 6.5　西部民族地区经济持续发展能源消耗松弛(1)

Figure 6.5　The energy consumption slack of economic sustainable development in the Western Minority Areas(1)

来源:作者绘制。

从图 6.5 可以看出,西部民族地区经济持续发展未达到有效前沿的省区中,在现有的产值下,能源投入冗余度存在一定的差异。其中宁夏(2005 年、2009 年、2011 年和 2014 年)和青海(2006 年、2010 年和 2014 年)能源投入在现有产值下存在较大冗余,说明其能源利用效率低下。贵州(2006 年、2010 年和 2013 年)和云南(2005 年、2009 年和 2012 年)也存在部分冗余,但程度较宁夏和青海低。西部民族地区经济持续发展中能源消耗松弛存在明显的空间性,空间上相互临近的宁夏和青海为冗余最大区域,贵州和云南为第二大区域。

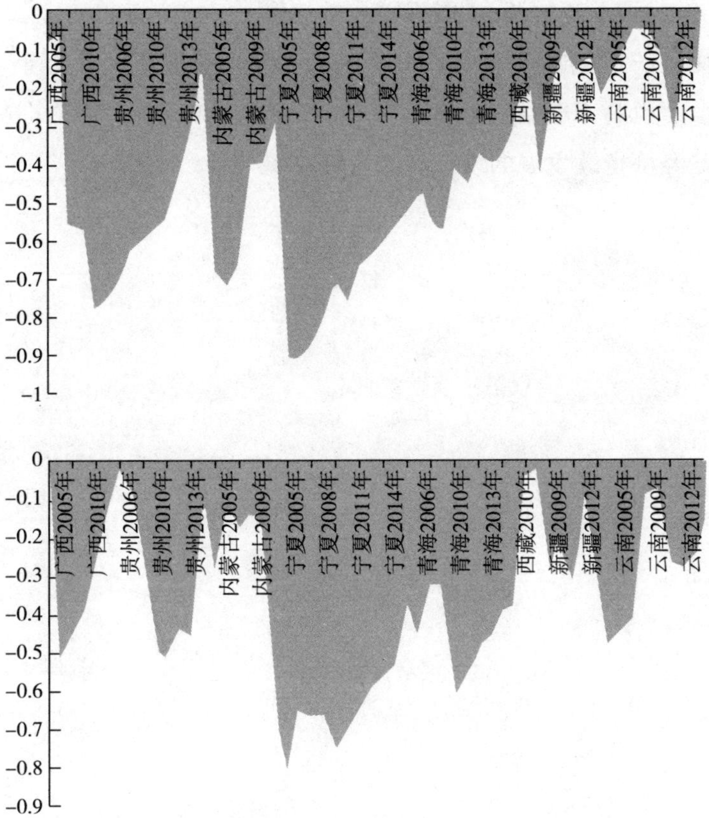

图6.6　西部民族地区经济持续发展能源消耗松弛(2)

Figure 6.6　The energy discharge slack of economic sustainable development in the Western Minority Areas(2)

来源:作者绘制。

从图6.6可以看出,非期望产出方面,二氧化硫排放冗余最大的是贵州(2006年、2010年和2013年)、内蒙古(2005年和2009年)、宁夏(2005年、2008年、2011年和2014年)和青海(2006年、2010年和2013年)4个省区,广西、新疆和云南部分年份存在二氧化硫产出冗余。废水排放冗余最大的是贵州(2011年和2014年)、宁夏(2006年、2009年和2012年)、青海(2004年、2007年、2011年和2014年)3个省区,内蒙古、新疆和云南部分年份存在废水排放冗余,但程度低于贵州、宁夏和青海。二氧化硫排放量和废水排放量相关系数为0.7339,说明西部民族地区废气和废水排放具有较强的相关性，减排工作应该系统协调，才能巩固减排效果。

值得注意的是，宁夏和青海不仅在能源消耗方面存在大量冗余，非期望产出的冗余度也高于西部民族地区其他省区，深化节能减排工作是宁夏和青海两省区经济持续发展的重点。

第7章 经济发展质量:开放

随着国家“一带一路”倡议的实施,西部民族地区各省区经济开放发展成了经济发展质量的重要指标。《推动共建丝绸之路经济带和21世纪海上丝绸之路的愿景与行动》中指出了西部民族地区各省区开放发展的定位(见表7.1)。本书在实证分析西部民族地区经济开放发展时,认为经济发展的开放性一般包括外资企业情况、地区企业进出口和国际旅游3个方面。

表7.1 “一带一路”倡议下西部民族地区各省区开放发展定位

Table 7.1 The open development orientation of the Western Minority Areas under “The Belt and Road” initiative

省区	定位
内蒙古	向北开放的重要窗口
广西	21世纪海上丝绸之路与丝绸之路经济带有机衔接的重要门户
贵州	利用交通枢纽的优势进行区域融合
云南	面向南亚、东南亚的辐射中心
西藏	推进与尼泊尔等国家的边境贸易和旅游文化合作
青海	利用民族人文优势,打造内陆型改革开放新高地
宁夏	利用民族人文优势,打造内陆型改革开放新高地
新疆	丝绸之路经济带核心区

来源:作者整理而得。

7.1 外商投资企业引进效率实证分析

外商投资企业情况能在一定程度上反映当地经济发展的开放性,外商投资企业投资效率是经济发展质量的重要组成部分。

7.1.1 外商投资企业现状

(1)外商投资企业进出口总额。

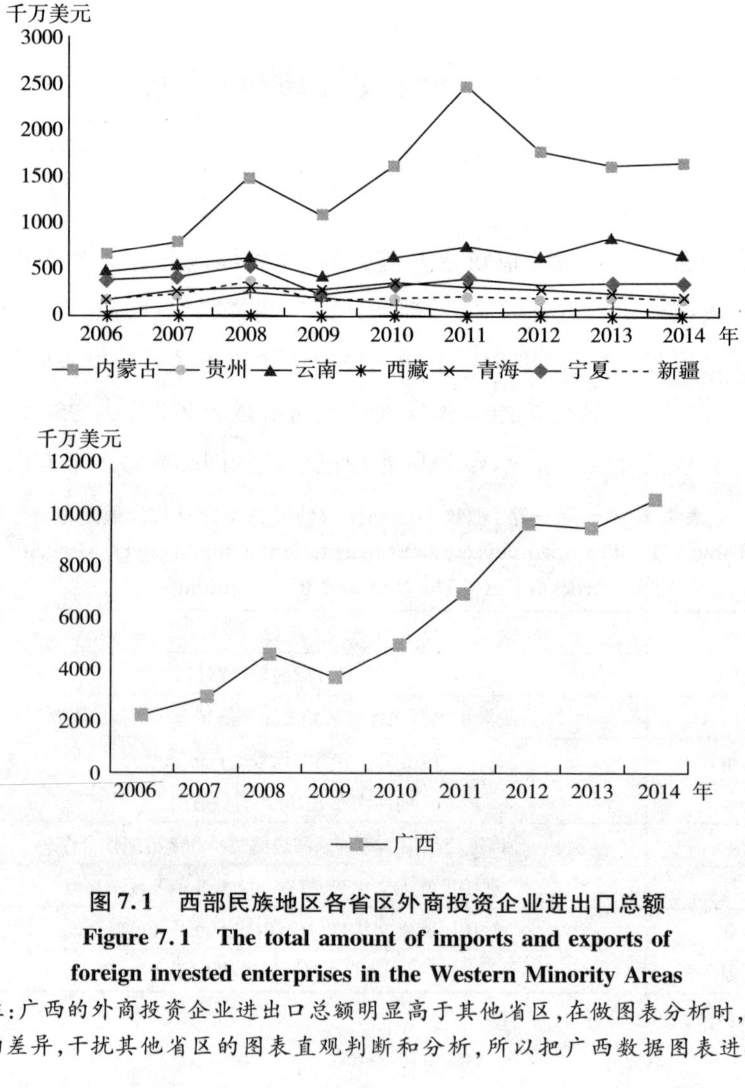

图 7.1 西部民族地区各省区外商投资企业进出口总额

Figure 7.1 The total amount of imports and exports of foreign invested enterprises in the Western Minority Areas

注：广西的外商投资企业进出口总额明显高于其他省区，在做图表分析时，会产生较大的差异，干扰其他省区的图表直观判断和分析，所以把广西数据图表进行单独绘制。

来源：作者经《中国统计年鉴》数据整理绘制。

从图 7.1 可以看出，西部民族地区外商投资企业进出口总额整体上呈逐年上升趋势。其中广西和内蒙古增长较为迅速，但宁夏、青海和贵州部分年份小幅下滑，说明西部民族地区各省区间外商投资状态并不稳定，在各年份存在一定的波动,各省区在开放经济发展中应当审时度势,在不同的环境下制定相应的政策,切实保证外商投资企业在当地的发展,从而辐射当地经济发展。

(2)外商投资企业数。

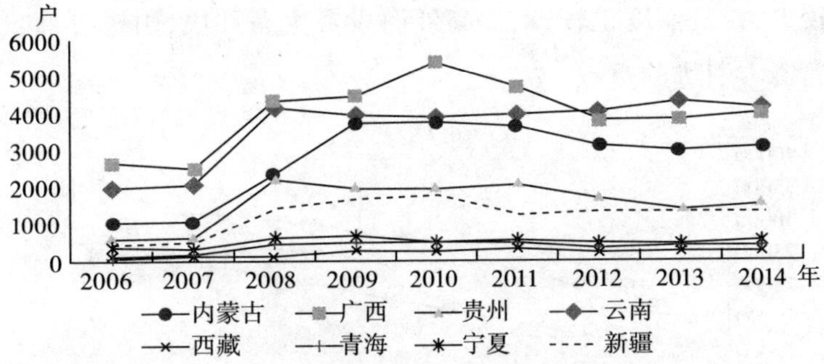

图 7.2　西部民族地区各省区外商投资企业数

Figure 7.2　The number of foreign invested enterprises in the Western Minority Areas

来源:作者经《中国统计年鉴》数据整理绘制。

引进外资企业是各地区经济发展中的重要内容。从图 7.2 可以看出,西部民族地区引进外商投资企业数在整体上呈上升趋势,在 2007—2009 年的快速增长后,后经调整呈现平稳状态,其中广西、云南、宁夏、贵州和新疆 5 个省区表现较为明显。从外商投资企业数上看,广西最多,2012 年后被云南超过,其次是内蒙古、贵州和新疆。宁夏、青海和新疆相对较少,且该状态一直没有得到改善。从以上分析可以看出,广西和贵州在保证外资投资企业数量的同时,更要提高外资企业引进质量,维护外资企业引进成果;宁夏、青海和新疆 3 个省区当前首先需要解决的问题是提高外资企业引进数量。

(3)外商投资企业投资总额和注册资本。

从外商投资企业投资总额上看,西部民族地区整体上呈良好的发展势头(见图 7.3)。其中虽然广西的外商投资企业个数仍在震荡调整中,但其投资总额逐年上升,说明广西在引进外资时已经从追求数量转向了追求质量;云南和贵州的外商投资企业数相对较大,其投资总额虽逐年提高,但投资总额明显偏小,说明云南和贵州 2 个省引进的外商投资企业的规模不大,大规模、实力强的外商投资企业是云南和贵州引进外商投资的重点;内蒙古外商投资企业数和投资金额之间存在较强的相关性,说明其引进的外商投资企业类型存在较大雷同,多元化引进外商投资企业、提高外商投资规模是内蒙古下一步引进外商投资的重点;宁夏、青海和新疆3个省区不仅外商投资企业数量较少,投资额度也较少,提高外商投资生态环境,引进外商投资数量,是其外商资本引进的重点。

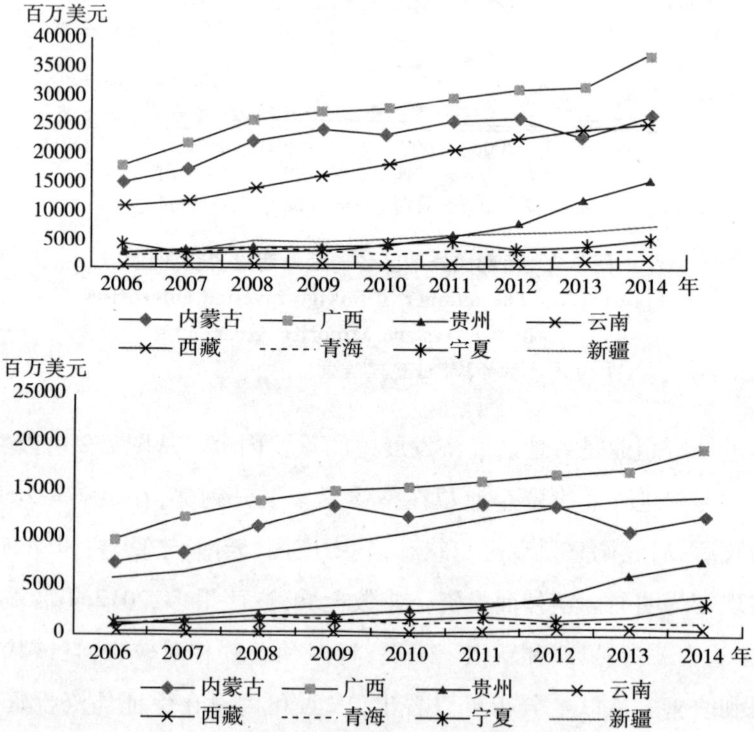

图7.3 西部民族地区各省区投资企业投资总额和注册资本

Figure 7.3 The total investment and the registered capital of the provinces in the Western Minority Areas

来源:作者经《中国统计年鉴》数据整理绘制。

7.1.2 外商企业引进效率评价

为了分析西部民族地区外商投资企业的引进效率,现构建基于产出角度的DEA方法中的VRS模型,分别用外商投资企业进出口总额作为产出变量,用外商投资企业数、投资总额和注册资本作为投入变量,对西部民族地区经济发展开放性进行测度。测度结果见表7.2。

表 7.2　西部民族地区外商投资引进效率

Table 7.2　The efficiency of foreign investment in the Western Minority Areas

项目	综合效率	纯技术效率	规模效率	规模报酬
内蒙古	0.65	0.718	0.905	*drs*
广西	1	1	1	—
贵州	0.607	0.741	0.82	*irs*
云南	0.371	0.405	0.917	*irs*
西藏	0.05	1	0.05	*irs*
青海	0.372	1	0.372	*irs*
宁夏	1	1	1	—
新疆	0.574	0.733	0.783	*irs*
均值	0.578	0.825	0.731	—

注:*crste* 表示综合效率;*vrste* 表示纯技术效率;*scale* 表示规模效率;*irs* 表示规模报酬递增;*drs* 表示规模报酬递减;"—"表示规模报酬不变。

来源:作者计算结果整理而得。

从表 7.2 可以看出,西部民族地区整体上的外资引进综合效率不够理想,仅为 57.8%,距离有效前沿还有 42.2%,其主要原因是部分省区效率过于低下,拉低了平均水平。纯技术效率和规模效率都在一定程度上影响了综合效率,其中规模效率的作用力更大。

从各省区情况来看,广西和宁夏 2 个自治区外商投资引入效率达到了有效前沿,占到了考察总体的 25%。在未达到有效前沿的省区中,西藏的外商投资效率仅为 5%,距离西部民族地区外商投资有效前沿还有 95% 的距离。除此之外,未达到有效前沿的省区之间存在较大差距,说明西部民族地区内部各省区在引入外商投资方面并没有形成可借鉴的规范化范式,部分省区引进外商投资效率还特别低下,开放发展较为粗放。

从外商引入效率分解值上看,西藏和青海 2 个省区外商投资效率低下的主要原因是规模效率低下,加大外商投资规模是西藏和青海下一步引进外资的重点。而云南和内蒙古引进外商投资效率低下的主要原因是纯技术效率低下,完善外资引入的相关法律法规体系,提高引进外商投资的管理水平,是云南和内蒙古提高引进外商投资质量的重点。

从规模效应上看,有贵州、云南、西藏、青海和新疆 5 个省区外商投资规模处于规模报酬递增阶段,占到了西部民族地区的 62.5%,仅有内蒙古处于规模报酬递减阶段,说明西部民族地区整体上外商投资的收益较好,优化外商投资生态环境,完善相关法律法规体系,提高相关管理水平,则会受到更多的外资企业青睐。

表 7.3　西部民族地区外商投资引入松弛性

Table 7.3　The slack of foreign investment in the Western Minority Areas

省区	外商投资企业数	外商投资企业投资总额	外商投资企业注册资本
内蒙古	0	-27.08%	-28.17%
广西	0	0	0
贵州	-18.93%	0	-3.85%
云南	-6.74%	-0.58%	0
西藏	0	0	0
青海	0	0	0
宁夏	0	0	0
新疆	0	0	-9.59%

来源:作者计算结果整理而得。

从外商投资引入松弛性角度看(见表 7.3),内蒙古外商投资企业投资总额和注册资本分别存在 27.08% 和 28.17% 的冗余,所以内蒙古需要大力引进外商企业数量,提高进出口总额;贵州外商投资企业数和注册资本分别存在18.93% 和 3.85% 的冗余,需要在现有的外商投资数量和注册资本的基础上,引导其提高投资总额;云南外商投资企业数和投资总额分别存在 6.74% 和0.58% 的冗余,程度并不明显,需要加大外商投资企业的注册资本和实力;新疆外商投资企业注册资本存在 9.59% 的冗余,说明注册资本较大的外商投资企业在新疆并没有实现高效率的投资,需要扩大外商投资企业数和投资额度。

从表 7.4 可以看出,外商投资质量中较为有效的省区是广西、西藏和宁夏,其他外商引进效率低下的省区在发展过程中参考最多的是广西,达到了 4 次,其次是西藏,参考了 3 次,宁夏为 2 次。从参考的权重看,西藏参考权重较大,贵州参考其比重达 91.3%,云南参照其权重为 78%,新疆参照其权重为 86.4%,说明西藏外商投资模式较好,且在西部民族地区具有较强的复制性。

表 7.4　西部民族地区外商投资参考标准
Table 7.4　The reference standards for foreign investment in the Western Minority Areas

省区	参考省区 1	参考省区 2	参考省区 3
内蒙古	广西(16.3%)	宁夏(83.7%)	—
贵州	广西(8.7%)	—	西藏(91.3%)
云南	广西(22.0%)	—	西藏(78.0%)
新疆	广西(7.1%)	宁夏(6.5%)	西藏(86.4%)

来源:作者计算结果整理而得。

7.2　地方进出口与国际旅游收入分析

7.2.1　经营单位所在地进出口评价

西部民族地区内部经营单位所在地进出口呈逐年上升的趋势,2014 年达到了 1325.64 亿美元,各省区之间差距表现较为明显,其中广西值最大,为 405.49 亿美元,青海最小,仅为 17.18 亿美元。现把经营单位所在地进出口总额超过 200 亿美元的称为第一梯队,100 亿 ~200 亿美元的称为第二梯队,100 亿美元以下的称为第三梯度,则在第一梯队有广西、云南(296.07 亿美元)和新疆(276.72 亿美元);第二梯队有内蒙古(145.56 亿美元)和贵州(107.71 亿美元);第三梯队有宁夏(54.35 亿美元)、西藏(22.55 亿美元)和青海。

西部民族地区境内目的地和货源地进出口总额在整体上也呈现较为明显的上升趋势,2014 年达到了 1308.91 亿元,内部各省区之间存在较大差异,其中广西值最大,达到了 448.88 亿美元,最小的是青海,仅为 6.2 亿美元,两者相差 72.4 倍。参照经营单位所在地进出口的梯队标准,第一梯队中有广西和新疆(388.89 亿美元);第二梯队中有云南(199.14 亿美元)和内蒙古(152.95 亿美元);第三梯队中有贵州(51.38 亿美元)、宁夏(40.13 亿美元)、西藏(21.36 亿美元)和青海。从梯队分布可以看出,西部民族地区经营单位所在地进出口总额与境内目的地和货源地进出口总额存在较强的相关性,各省区在 1995—2014 年两者的相关系数高达 0.9629(见图 7.4)。

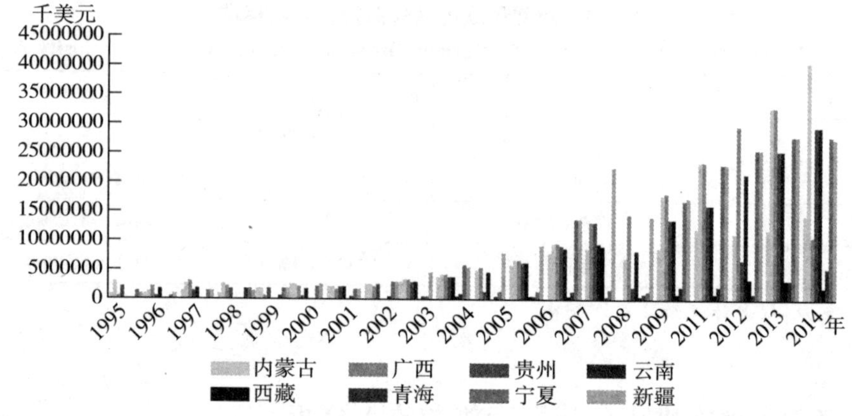

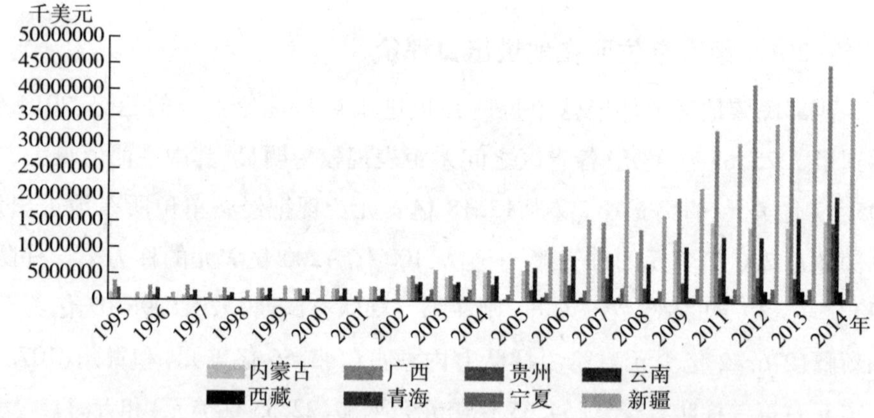

图 7.4　西部民族地区各省区 1995—2014 年经营单位所在地进出口总额和境内目的地和货源地进出口总额

Figure 7.4　The total amount of imports and exports and total imports and exports of domestic destinations and source of goods of each province in the Western Minority Areas where the business unit is located during 1995－2014

来源:作者经《中国统计年鉴》数据整理绘制。

7.2.2　国际旅游产出弹性评价

为了找出西部民族地区各省区接待国外旅游人次和旅游外汇收入的关系,现利用 Eviews 5.1 软件,采用普通最小二乘法(Ordinary Least Square, OLS)中面板数据分析方法对西部民族地区接待国外旅游人次对旅游外汇收入的影响程度进行分析,利用时间序列分析方法对各省区对应的影响程度进行分析,并在此基础上找出西部民族地区各省区经济开放发展中旅游发展的路径。由于 1996 年和 2001 年接待国际游客数据严重缺失,并未纳入本书分析范围。分析结果见表 7.5。

表 7.5　西部民族地区各省区接待外国旅游人次对旅游外汇收入的影响

Table 7.5　The influence of foreign tourists on Tourism Foreign Exchange Income in the Western Minority Areas

地区	估计值(美元)	*t* 值
内蒙古	523.2605	11.36025 *
广西	453.9603	9.344106 *
贵州	251.459	13.13908 *
云南	531.027	6.430981 *
西藏	488.5881	9.939545 *
青海	515.4928	9.215541 *
宁夏	449.6356	7.344486 *
新疆	1011.065	8.372457 *
西部民族地区	446.87	27.97096 *

注:" * "表示在 1% 水平下显著。

来源:作者计算结果整理而得。

面板数据(Panel Data)估计结果的参数为 446.87,说明 1995—2014 年西部民族地区接待国际旅游人次每增加 1 人,旅游外汇收入提升 446.87 美元。从各省区情况看,时间序列数据(Time Series Data)的估计结果可以看出:接待国际旅游人数对旅游外汇收入贡献最大的是新疆,平均每增加 1 个国际旅游人次,旅游外汇收入增加 1011.065 美元;最小的是贵州,平均每增加 1 个国际旅游人次对旅游外汇收入贡献参数仅为 251.459 美元。贵州作为西部民族地区中的旅游大省,国际旅游人次对外汇的贡献不足,应该大力提升国外旅游品质,提升外汇收入。

第 8 章　经济发展质量:共享

利益共享是指参与社会发展的不同利益主体对社会共同利益的分享,是实现社会公正与社会和谐的理念和实现方式。随着经济的发展,增长经历了"共享式增长"(Broad - Based Growth)、贫困人口友善增长(Pro - Poor Growth)和包容性增长(Inclusive Growth)3 个阶段①。全国各族人民共享社会经济发展成果是经济发展质量目标之一。但是我国大部分年份经济共享程度较低②,西部民族地区表现尤为突出。西部民族地区的农村大多处于山区,交通不便,分散居住,使得经济共享半径较大,成本较高,实现难度较大,存在明显的经济发展成果"排斥"现象。提升西部民族地区经济共享发展成为本书研究的重要内容。本书从 HDI、民族地区农村扶贫和公平实现路径 3 个方面对西部民族地区经济发展的共享性进行分析。

8.1　经济共享发展相关指数构建

经济发展的分享性是指经济发展的结果,主要表现为幸福指数的提高,包括教育、寿命、生活质量、安全、幸福和公共服务等指标,每个指标又分为较多的二级指标。由于涉及的二级指标较多,本书为了寻找西部民族地区分享经济成果的本质,选择指标参照联合国开发计划署(UNDP)在《1990 年人文发展报告》中提出的人类发展指数(Human Development Index,HDI)指

① 刘琳娜. 科学发展中的包容性增长研究[D]. 武汉:华中师范大学,2013.

② 卢现祥,徐俊武. 中国共享式经济增长实证研究[J]. 财经研究,2012(1):27 - 37.

标[①],即健康长寿、教育获得、生活水平 3 个指标。

8.1.1　健康长寿的生活

健康长寿用预期寿命来衡量。平均预期寿命根据人口普查数据计算,包括 2000 年和 2010 年两次数据,计算结果见表 8.1。

表 8.1　西部民族地区预期寿命

Table 8.1　The life expectancy in the Western Minority Areas　　单位:岁

	内蒙古	广西	贵州	云南	西藏
2010 年	74.44	75.11	71.1	69.54	68.17
2000 年	69.87	71.29	65.96	65.49	64.37
增幅	6.54%	5.36%	7.79%	6.18%	5.90%
	青海	宁夏	新疆	平均值	
2010 年	69.96	73.38	72.35	72.43	
2000 年	66.03	70.17	67.41	68.27	
增幅	5.95%	4.57%	7.33%	6.32%	

来源:作者经《中国统计年鉴》数据计算结果整理而得。

值得说明的是,在计算西部民族地区各省区预期寿命增长率的平均值时,较多文献采用简单算术平均数 $\bar{x} = \frac{x_1 + x_2 + \cdots + x_n}{n} = \frac{\sum_{i=1}^{n} x_i}{n}$ 计算,结果存在偏差,不能正确反映增长的情况,有的文献在此基础上改进,采用加权平均数 $\bar{x} = \frac{\sum_{i=1}^{k} x_i f_i}{\sum_{i=1}^{k} f_i}$,其中权数为各省人口占比[②]。本书采用的是加权几何平均数 $\bar{x}_g = \sqrt[f_1+f_2+\cdots+f_n]{x_1^{f_1} \times x_2^{f_2} \times \cdots \times x_n^{f_n}} = \sqrt[\sum_{i=1}^{n} f_i]{\prod_{i=1}^{n} x^{f_i}}$ 计算的结果,如果按照算数平均数则为 6.11%,加权算术平均数计算结果为 6.40%,若按照简单几何平均数计算则为 6.13%。可以看出,西部民族地区各省区平均寿命在不同

① United Nations Development Programme. Human Development Report 1990[M]. New York: Oxford University Press, 1990.

② 分别以 2000 和 2010 年为标准计算的结果相差不大,本书用的是 2010 年人口数据。

计算方法下存在较大差异。

(1)西部民族地区预期寿命增幅方面。总体来讲,西部民族地区预期寿命得到了较大增长,10 年间平均提高了 6.11%,从 2000 年的 68.27 岁提高到了 2010 年的 72.43 岁。最大增幅是贵州,10 年间增幅达到 7.79%;增幅最小的是宁夏,增幅也达到了 4.57%。把预期寿命增长幅度进行梯队划分,把预期寿命增长幅度超过 7% 的作为第一梯队,包括贵州和新疆 2 个省区;增长幅度处于 6% ~7%(包括 6%,不包括 7%)的作为第二梯队,包括内蒙古和云南 2 个省区;增长幅度 5% ~6%(包括 5%,不包括 6%)的作为第三梯队,包括广西、西藏和青海 3 个省区;增长幅度低于 5%(不包括 5%)的为第四梯队,包括宁夏。通过 4 个梯队的划分,可以看出西部民族地区预期寿命增长幅度呈明显的正态分布特征。

(2)平均预期寿命绝对值方面。在 2000 年,平均预期寿命最大是广西,为 71.29 岁;最小值是西藏,为 64.37 岁,70 岁以上的仅有宁夏和广西 2 个自治区,占西部民族地区研究对象的 25%。到 2010 年,广西的平均预期寿命达到了 75.11 岁,最小的是西藏,为 68.17 岁。超过 70 岁的有 5 个省区,占比62.5%,较 2000 年有大幅提高。西部民族地区平均预期寿命也从 2000 年的 68.27 岁,增加到 2010 年的 72.34 岁,整体增长了 4.16 岁。其中预期寿命增长绝对数最大的是贵州,10 年间增加了 5.14 岁,最小的是宁夏,增长 3.21 岁。超过西部民族地区增长平均值的有贵州(5.14 岁)、新疆(4.94 岁)和内蒙古(4.57 岁),低于西部民族地区预期寿命增长平均值的有云南(4.05 岁)、青海(3.93 岁)、广西(3.82 岁)、西藏(3.8 岁)和宁夏(3.21 岁)。

(3)评价预期寿命排序方面。从表 8.2 可以看出,西部民族地区预期寿命 2000 年与 2010 年的顺序在总体上变化不大,其中宁夏和内蒙古分别由 2000 年的第 2 位、第 3 位变为 2010 年的第 3 位和第 2 位;青海和贵州分别从 2000 年的第 5 位和第 6 位变成 2010 年的第 6 位和第 5 位。预期寿命值和增长幅度之间相关性较弱,如宁夏 2000 年预期寿命为 70.17 岁,排名第 2 位,2010 年预期寿命为73.38岁,排名第 3 位,但其增长幅度为 4.57%,排名第 8 位。

表 8.2　西部民族地区预期寿命排序

Table 8.2　The expected life order in the Western Minority Areas

省区	2010 年	排序	2000 年	排序	增幅	排序
广西	75.11	1	71.29	1	5.36%	6
宁夏	73.38	3	70.17	2	4.57%	8
内蒙古	74.44	2	69.87	3	6.54%	3
新疆	72.35	4	67.41	4	7.33%	2
青海	69.96	6	66.03	5	5.95%	5
贵州	71.10	5	65.96	6	7.79%	1
云南	69.54	7	65.49	7	6.18%	4
西藏	68.17	8	64.37	8	5.90%	7

来源:作者经《中国统计年鉴》数据计算结果整理而得。

综上,西部民族地区 2000—2010 年预期寿命得到了大幅提高,且增幅呈明显的正态分布特征,整个西部民族地区增长较为合理。但同时要意识到整个西部民族地区预期寿命值还不够理想,预期寿命 70 岁以下的还有青海、云南和西藏 3 个省区。预期寿命值排序在 2010 年较 2000 年变化不大,且预期寿命值和增长幅度之间相关性较弱,预期寿命较低的省区增长力量不足,仍然有较大的增长空间。

8.1.2　教育获得的程度

教育获得是人的基本权利,也是影响经济发展质量的重要指标。根据 HDI 的构建要求,教育获得 =(成人识字率)×2/3 权重 +(小学、中学、大学综合入学率)×1/3①。考虑到数据的可得性,本书的成人识字率指 15 岁以上识字者占 15 岁以上人口比率,通过 1 -(15 岁以上文盲比例)而得;综合入学率指学生人数占 6 ~ 21 岁人口比率,通过 1 -(6 岁及以上未上过学人口数/6 岁及以上人口数)计算而得。

① 《2010 人类发展报告》中用平均受教育年限取代了识字率,预期受教育年限取代了毛入学率。

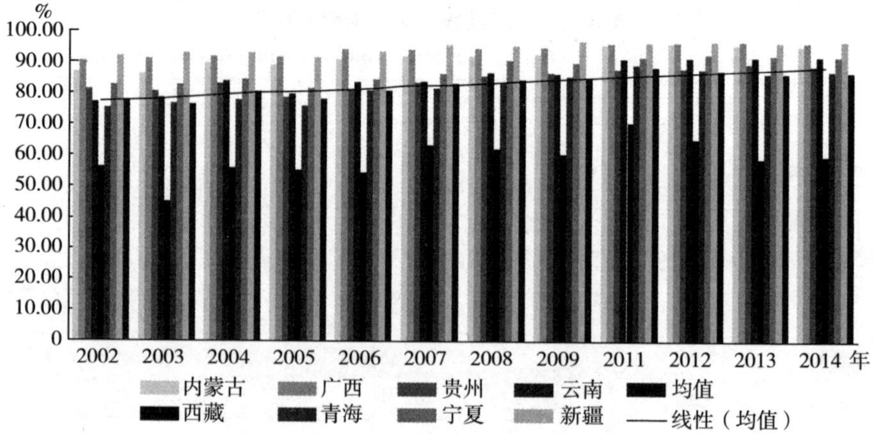

图 8.1　西部民族地区成人识字率

Figure 8.1　The adult literacy rate in the Western Minority Areas

来源:作者经《中国统计年鉴》数据整理绘制。

2002—2014 年西部民族地区成人识字率整体呈上升趋势(见图8.1),从 2002 年的 77.78% 上升到 2014 年的 86.56%,上升了 8.78%。详细数据见附录。从各省区情况来看,西藏 2002—2014 年成人识字率最低,仅为 58.94%,最高的是新疆,为 94.68%,极差达到 35.74%。成人识字率从高到低进行排序分别是新疆(94.68%) > 广西(93.97%) > 内蒙古(91.72%) > 宁夏(87.47%) > 云南(85.46%) > 贵州(84.52%) > 青海(82.25%) > 西藏(58.94%)。西部民族地区各省区之间的成人识字率存在明显差异,最需要提升成人识字率的是西藏,贵州、云南和宁夏也需要提高成人识字。

2002—2014 年西部民族地区综合入学率呈明显的上升趋势(见图8.2),从 2002 年的 82.5% 上升至 2014 年的 88.22%,增幅为 5.72%。从各省区的情况看,新疆的综合入学率最高,为 94.63%,最低的是西藏,为 61.45%,极差为 33.18%。综合入学率按照降序排列为:新疆(94.63%) > 广西(94.05%) > 内蒙古(92.01%) > 宁夏(88.76%) > 云南(86.71%) > 贵州(86.29%) > 青海(83.09%) > 西藏(61.45%)。西部民族地区各省区成人识字率存在一定差异,超过 90% 的有新疆、广西和内蒙古,80% ~90% 的有宁夏、云南、贵州和青海。值得注意的是西藏仅为 61.45%,仍有较大的增长空间,需要大力提升综合入学率。

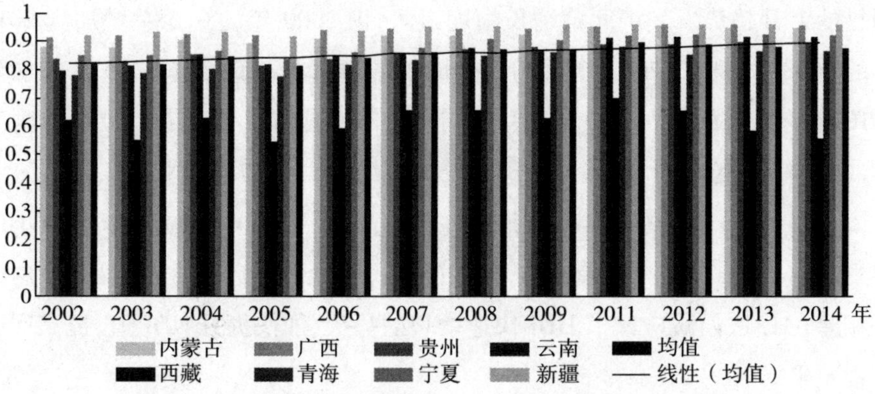

图 8.2　西部民族地区综合入学率

Figure 8.2　The integrated enrollment rate in the Western Minority Areas

来源:作者经《中国统计年鉴》数据整理绘制。

西部民族地区生活质量。增长分享性中生活水平用实际人均 GDP 表现。在第 4 章中对实际人均 GDP 有详细分析,此处不再展开。

8.1.3　人类发展指数

HDI 计算技术存在较多文献,本书不再累述,数据参照王筱磊(2014)硕士论文关于 HDI 计算结果①,经整理而得。结果见图 8.3。

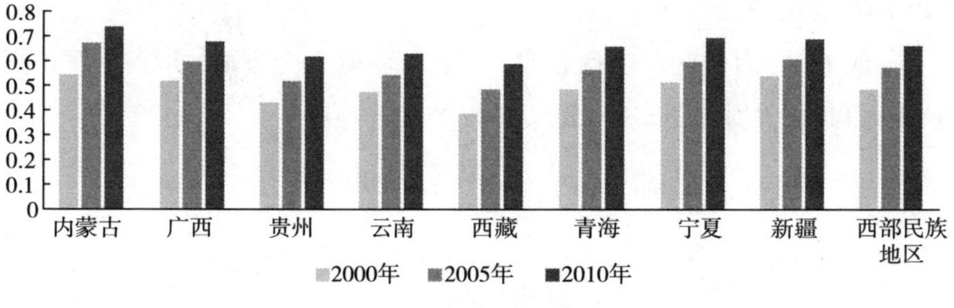

图 8.3　西部民族地区 HDI

Figure 8.3　The HDI of the Western Minority Areas

来源:作者经王筱磊(2014)研究成果整理绘制。

从图 8.3 可以看出,西部民族地区各省区 HDI 之间相差不大,整体上呈

① HDI 数据研究较为成熟,本书数据来源于:王筱磊. 中国社会经济发展状况分析——基于人类发展指数(HDI)的研究[D]. 长春:吉林大学,2014:13 - 14. 经整理而得。

明显的上升趋势。其中西藏增长幅度最大,由2000年的0.384增加到2010年的0.588,增长0.204;增长幅度最小的是新疆,由2000年的0.539增加到2010年的0.686,增加了0.147。增幅进行降序排序为西藏(0.204)>内蒙古(0.194)>贵州(0.185)>宁夏(0.18)>青海(0.174)>广西(0.156)>云南(0.155)>新疆(0.147)。值得注意的是,西藏HDI增幅最大,但其HDI值本身并不大,2010年为0.588,排在西部民族地区最后一位,与最大值内蒙古相差0.151,西藏应该借HDI快速增长的势头,加快提升HDI值,提高居民幸福水平。

8.2 经济共享发展优化路径

8.2.1 HDI影响因素分析

本书用DEA方法对西部民族地区HDI的构成进行修订。理论上讲,HDI越高越好,但同时应该考虑到HDI各成分的优化需要相应的成本,所以在考虑HDI的构成时需要加入价格因素,本书运用基于DEA方法的模型对西部民族地区HDI的构成进行修订,并找出影响HDI的外生因素,针对性地找出HDI优化路径。

一般来讲,HDI投入包括教育、健康和环境3个方面,每个方面包括人力、物力和财力的投入。现对每项投入要素进行界定:

$$HDI = f\left\{EDU \times (P_{edu})^T, HEA \times (P_{hea})^T, ENVI \times P_{envi}\right\}$$

$$EDU = (LAB_{edu}, ASSET_{edu}, FINA_{edu})$$

$$HEA = (LAB_{hea}, ASSET_{hea}, FINA_{hea})$$

$$(P_{edu})^T = (P_{lab}^{edu}, P_{asset}^{edu}, P_{fina}^{edu})^T$$

$$(P_{hea})^T = (P_{lab}^{hea}, P_{asset}^{hea}, P_{fina}^{hea})^T$$

其中EDU为教育投入向量,HEA为健康投入向量,P为价格,LAB为人力投入向量,$ASSET$为固定资产投入向量,$FINA$为财政支出向量,$ENVI$为环境,考虑到数据的可获得性,环境仅考虑投资,P_{envi}为环境投资的价格。

各个指标价格指标数据选取上,劳动的价格选取从业人员平均工资,固定资产投资价格选择固定资产投资价格指数,财政支出和工业污染治理完成投资价格选取通货膨胀率(居民消费价格指数)。其中劳动价格用加权平均数计算:

$$(P_{lab})^T = \sum f_i \times P_i$$

居民消费价格指数计算选择调和平均数:

$$\bar{p} = \frac{\sum f_i}{\sum (\frac{1}{p_i} f_i)}$$

调和平均数也称“倒数平均数”,它是对变量值的倒数求算术平均,然后再取倒数而得的平均数,记作 $\bar{x}_h$ ①。

考虑到西部民族地区 HDI 样本数据仅有 8 个,所以在用 DEA 计算时,把物力和财力作为一个投入向量,其价格为:

$$\bar{\bar{p}} = \sum (p_{asset} \times f_{asset}, \bar{p} \times f_{(fina+envi)})$$

在数据资料收集中,2010 年西藏固定资产投资指数缺失,用其 2010 年工业生产者出厂价格指数替代。2010 年工业污染治理完成投资数据缺失,采用工业占全国比值 × 全国工业污染治理完成投资额估算而得。物力财力价格采用调和平均数进行结算而得。通过计算,得出西部民族地区 2010 年 HDI 投入数据,见表 8.3。

表 8.3　西部民族地区 2010 年 HDI 投入

Table 8.3　The HDI input of the Western Minority Areas in 2010

项目	人力投入	人力成本	物力、财力和环境投入	物力、财力和环境价格指数
内蒙古	47.3072	4.2059	660.7700	1.0387
广西	74.6960	3.2386	791.1145	1.0300
贵州	50.5975	3.0385	493.0480	1.0287

① $\bar{x}_h = \frac{m_1 + m_2 + \cdots + m_k}{\frac{m_1}{x_1} + \frac{m_2}{x_2} + \cdots + \frac{m_k}{x_k}} = \frac{\sum_{i+1}^{k} m_i}{\sum_{i+1}^{k} \frac{m_i}{x_i}}$,其中 $x_i (i=1,2,\cdots,k)$ 为变量值,$m_i (i=1,2,\cdots,k)$ 为权数。

续表

项目	人力投入	人力成本	物力、财力和环境投入	物力、财力和环境价格指数
云南	66.5264	3.1568	817.4172	1.0339
西藏	5.0200	5.1869	108.5847	1.0270
青海	10.0335	4.1103	152.0847	1.0508
宁夏	10.8751	3.4721	167.1996	1.0413
新疆	46.3545	3.4292	512.2813	1.0435
Max	74.6960	—	817.4172	—
Min	5.0200	—	108.5847	—
Average	38.9263	—	462.8125	—
SD	25.1847	—	270.5299	—

来源：作者计算结果整理而得。

西部民族地区 HDI 人力投入最大的是广西，为 74.70，最小的是西藏，仅为 5.02，极差为 69.68。可以看出在 HDI 发展中，西藏人力资本投入明显不足，加强人才引进是西藏的 HDI 的重要内容。西部民族地区 HDI 人力投入均值为 38.93，高于均值的有内蒙古、广西、贵州、云南和新疆 5 个省区，占到了 62.5%，说明西部民族地区大部分省区 HDI 人力投入较为充足。西部民族地区 HDI 人力成本最大的是西藏，为 5.19，最小的是贵州，为 3.04，极差为 2.15。西藏 HDI 人力成本过大可能是导致其 HDI 人力不足的重要原因。整个西部民族地区 HDI 人力投入和 HDI 人力资本的相关系数达到了 -0.68，说明西部民族地区 HDI 人力投入在一定程度上受到了 HDI 人力成本的制约。

西部民民族地区 HDI 物力、财力和环境投入最大的是云南，为 817.42，最小的是西藏，为 108.58，极差为 708.84。可以认为西藏的物力、财力和环境投入也存在不足的情况。西部民族地区 HDI 物力、财力和环境投入均值为 462.81，大于均值的有内蒙古、广西、贵州、云南和新疆 5 个省区，占总体样本的62.5%，说明西部民族地区 HDI 物力、财力和环境投入较为充足。从投入成本上看，西部民族地区 HDI 物力、财力和环境价格指数相差不大，投入数量和价格的相关系数为 -0.30，两者的关联性并不大，说明影响西部民族地区 HDI 物力、财力和环境投入的并不是价格因素。

8.2.2　HDI 成本因素实证分析

现构建加入成本变量的 Cost - DEA 模型,在 4.2.1 节中生产可能集 T 中 $X_j \in R^m$ 、$X_j > 0$, $Y_j \in R^s$ 、$Y_j > 0$,现在投入向量 $X_j \in R^m$ 中加入成本因素,则有 $\bar{x} = (\bar{x}_1, \bar{x}_2, \cdots, \bar{x}_j)$,其中 $\bar{x}_j = (c_{1j}x_{1j}, c_{2j}x_{2j}, \cdots, c_{mj}x_{mj},)$ 。根据基于可变规模报酬的 Cost - V 模型,从产出角度计算西部民族地区经济 HDI 共享效果,计算结果见表 8.4。

表 8.4　西部民族地区各省区 2010 年 HDI 成本效率

Table 8.4　The HDI cost efficiency of the provinces in the Western Minority Areas in 2010

省区	成本效率	排名
内蒙古	1	1
广西	0.1841	7
贵州	0.2258	6
云南	0.1507	8
西藏	1	1
青海	0.9501	4
宁夏	1	1
新疆	0.2975	5

来源:作者计算结果整理而得。

2010 年西部民族地区 HDI 成本效率有效的省区有内蒙古、西藏和宁夏,占西部民族地区的 37.5%。最小的是云南,仅为 15.07%,距离有效前沿还有 84.93%。值得注意的是,西部民族地区 HDI 成本效率未达到有效前沿的省区之间差距较大,广西、云南、贵州和新疆 HDI 成本效率很低,说明西部民族地区内部经济发展共享性在区域分布上存在明显的区域二元特征。

从西部民族地区 HDI 成本效率的空间分布来看,把西部民族地区分为 A 区域(内蒙古、西藏、宁夏和青海)、B 区域(新疆)和 C 区域(广西、贵州和云南),A 区域成本效率值明显高于 B 和 C 区域,B 区域略高于 C 区域,最小的 C 区域存在 HDI 成本效率低下的聚集区。

表 8.5　西部民族地区 HDI 成本效率未达到有效前沿省区的内部参照

Table 8.5　The HDI cost efficiency of the Western Minority Areas has not reached the internal reference of the effective frontier provinces

省区	参照省区及权重	
广西	西藏(16.19%)	宁夏(83.81%)
贵州	西藏(71.43%)	宁夏(28.57%)
云南	西藏(60.95%)	宁夏(39.05%)
青海	西藏(34.29%)	宁夏(65.71%)
新疆	西藏(6.67%)	宁夏(93.33%)

注:“()”为参考权重。

来源:作者计算结果整理而得。

从西部民族地区 HDI 成本效率低下省区的内部参考看(见表 8.5),西藏和宁夏是西部民族地区中 HDI 成本效率未达到有效前沿重点参考的省区。其中贵州和云南重点参考西藏,广西、青海和新疆重点参考宁夏,可以看出,参考省区也呈现向相邻高成本效率省区参考的趋势。值得注意的是,内蒙古 2010 年 HDI 成本效率达到有效前沿,但其发展比较特殊,并不具备参考性和复制性。

表 8.6　西部民族地区 HDI 成本效率松弛

Table 8.6　The cost efficiency relaxation of HDI in the Western Minority Areas

投入	广西	贵州	云南	青海	新疆
成本	-81.59%	-77.42%	-84.93%	-4.99%	-70.25%
人力投入	-86.71%	-86.77%	-89.02%	-11.62%	-77.38%
物力、财力与环境投入	-80.06%	-74.58%	-83.92%	-3.28%	-68.12%

来源:作者计算结果整理而得。

从表 8.6 可以看出,广西的 HDI 投入成本松弛性最大,为 81.59%,青海最小,为 4.99%。除青海外,广西、贵州、云南和新疆均存在较大的 HDI 成本冗余,在保持 HDI 快速发展的同时,如何有效控制 HDI 投入成本,是该 4 省区考虑的重要问题。人力投入,物力、财力与环境投入方面,除了青海冗余的 11.62% 和 3.28% 外,广西、贵州、云南和新疆均存在较大的 HDI 人力,物力、财力与环境投入冗余,在加快提升 HDI 的同时,如何提高 HDI 投入产出效率、控制 HDI 投入成本,将是广西、贵州、云南和新疆 4 个省区重点考虑的问题,如果不能有效解决该问题,更多的 HDI 投入将会造成更多的资源浪费。

表 8.7　西部民族地区 HDI 成本效率分解

Table 8.7　The decomposition of HDI cost efficiency in the Western Minority Areas

省区	技术效率	配置效率	成本效率
内蒙古	1	1	1
广西	0.199	0.924	0.184
贵州	0.254	0.888	0.226
云南	0.161	0.937	0.151
西藏	1	1	1
青海	0.967	0.982	0.95
宁夏	1	1	1
新疆	0.319	0.933	0.298

来源:作者计算结果整理而得。

从成本效率分解值上看(见表 8.7),西部民族地区 HDI 成本效率低下主要是技术效率低下所致。配置效率整体较高,说明西部民族地区 HDI 成本效率存在帕累托改进的空间较小,其中交换最优程度高于生产最优程度。如何提升西部民族地区 HDI 的综合效率,完善相关法律法规制度,提升 HDI 投入产出管理水平,是广西、贵州、云南和新疆 4 个省区下一步提升 HDI 的重点。

8.3　西部民族地区扶贫路径选择

一个国家的经济运行状态有可能无限接近其潜能,在其生产可能性曲线上运行,然而普遍的贫困依然是一个规律(A. M. Sharp,2000)。贫困是一个相对概念,只能用不贫困来衡量。只有当一部分人不贫困时,才有贫困的问题。西部民族地区在经济发展质量建设中相对滞后,贫困①问题显得尤为突出。由于绝对贫困多发生在西部民族地区的农村,本书贫困考察对象为西部民族地区的农村。

经济发展将降低贫困的发生率,使得居民的纯收入增加,收入的增加使

① 中国贫困问题的一个重要特征是农村贫困问题,本书研究的贫困主要指西部民族地区农村贫困问题。

得原来位于贫困线以下的人口位于贫困线以上,从而降低了贫困发生率,经济发展会给包括穷人在内的所有人带来好处。除此之外,收入的分配对贫困的影响非常重要,经济发展能否减少贫困,不仅取决于经济发展带来的新增收入,更重要的是看穷人能否从新增收入中获得好处。本书也认为贫困仅是个人(家庭)的低收入现象。解决贫困问题等同于提高贫困个人(家庭)的可支配收入,个人(家庭)的可支配收入则意味着经济的增长①。通过对西部民族地区农村经济发展视角的剖析,寻找“三农”层面解决贫困的有效路径,借助经济发展的桥梁,可把贫困与“三农”问题的研究联系起来,且认为经济发展减少贫困。

8.3.1 贫困测度与影响因素分析

关于分配收入的测度,从理论上看,可以直接从农户的调查中获取家庭收入与支出等关键数据,但是在通常情况下,统计资料中只是提供间接的群体性数据,若直接抽样调查需花费大量的人力、物力、财力,所以本书采用 Foster、Greer 和 Thorbecke 提出的 FGT 指数测度西部民族地区贫困程度。FGT 指数表示为:

$$P_{\alpha} = \frac{1}{n}\sum_{i=1}^{q}\left(\frac{z-y_i}{z}\right)^{\alpha}$$

其中 $\alpha \in (0,1,2)$,q 为贫困人口数,n 为全部人口数,z 为贫困线,y_i 为第 i 个人的收入,$z-y_i$ 为收入缺口。

$$\begin{cases} P_0 = \dfrac{q}{n} = H & (\alpha = 0) \\ P_1 = \dfrac{\sum_{i=1}^{q}(z-y_i)}{nz} = PG & (\alpha = 1) \\ P_2 = \dfrac{1}{n}\sum_{i=1}^{q}\left(\dfrac{(z-y_i)}{z}\right)^2 = SPG & (\alpha = 2) \end{cases}$$

其中,H 表示贫困发生率,即收入低于贫困线的人口占总人口数的百分比。PG 是反映贫困深度的贫困缺口指标,表示贫困人口收入与贫困线间的平均距

① 根据国务院扶贫办数据,贫困人口减少与经济增长的弹性系数为0.8。

离;*SPG*是反映贫困人口权重的加权贫困缺口指标,表示贫困严重程度。

一般认为,经济发展对减少农村贫困发生率、贫困深度与贫困强度具有很强的正相关性,为了寻找影响西部民族地区贫困变动与经济发展的关系,本书首先采用以上贫困变动指标作为因变量,以各影响因素作为自变量建立Tobit回归模型。减贫因素一般包括产业扶贫、教育扶贫、科技扶贫和卫生扶贫,包括农业基本建设(一般指农业生产相关的农田改造、灌溉、自然灾害防治等方面的建设)、农村生活基础设施(指农村道路、电力、通信、饮水、电视节目等方面)和农民自身发展方面。在兼顾样本数据的可比性、可得性和科学性的前提下,本书选取了农业机械总动力作为农业影响因素,以农村电视节目覆盖率作为农村影响因素,以农村乡镇卫生院床位数、农村中等技校师生比和农民人均纯收入作为农民影响因素。其中新疆和西藏牧区农业机械总动力包括牧业;单独反映农村发展水平的面板数据较少,本书采用农村电视覆盖率替代;由于没有单独农民预期寿命和入学率指标,本应采用因变量的指标采用农村乡镇卫生院床位数和农村中等技校师生比代替。反贫困指标,即用(100-贫困相关指标)表示扶贫指标。数据来自《中国统计年鉴》(2012年),经整理而得。农村中等技校师生比指标由职高和中专师生比平均而得,贫困线按照每日2美元的标准,年收入在4200元人民币以下为贫困人口。广西与云南数据不全,不纳入分析。

8.3.2　贫困实证结果评价

利用世界银行提供的Povcal软件,把西部民族地区的农村居民收入分组数据代入求解,结果见表8.8。

表8.8　西部民族地区贫困相关指数预测结果

Table 8.8　The forecast results of poverty related indexes in the Western Minority Areas

	H	*PG*	*FGT2*		*H*	*PG*	*FGT2*
内蒙古	18.0793	11.5673	9.1261	青海	24.4877	11.9812	8.9171
西藏	5.9168	0	0.7858	均值	12.4253	8.6606	16.0228
宁夏	8.3955	16.9125	59.844	标准差	9.6449	6.8253	22.1746
新疆	1.4021	1.1564	1.7613	离散系数	0.7762	0.7881	1.3839
贵州	28.3326	13.6666	8.597	全国均值	12.3063	4.8533	2.5068

来源:作者计算结果整理而得。

(1)贫困发生率(H)。从表8.8可以看出,西部民族地区贫困发生率整体上略大于全国水平0.12%,高于全国平均水平的有3个省区,占整个样本地区的50%。且各地区存在较大的差异性,标准差达到9.64%,其中贫困发生率最大的是贵州,达到28.33%,最低的是新疆,仅为1.40%。

(2)贫困缺口(PG)。从表8.8可以看出,西部民族地区贫困缺口高于全国平均水平3.81%,高于全国平均水平的省区有4个,达66.67%。值得注意的是,宁夏虽然贫困发生率低于全国平均水平,但其贫困深度远远高于全国平均水平,且在整个西部民族地区最高。说明宁夏贫困人口的收入过低,建立较低收入生活保障成为该省扶贫的重点。从各地区来看,地区之间存在较大差异,标准差达到6.82,且离散系数高于贫困发生率。其中贫困深度最小的西藏,接近于0,说明西藏的贫困人口虽然有5.92%,但其收入均比较接近贫困线,不存在特困人口,扶贫重点应该是科技和文化扶贫。

(3)加权贫困缺口($FGT2$)。从表8.8可以看出,西部民族地区的贫困严重程度大部分高于全国水平,其中最大的是宁夏,特困人口占比较大,贫困严重程度最大。绝对贫困是困扰宁夏发展的最大阻力,给予其物质和资金援助是扶贫的重点。

在分析扶贫影响因素时,利用Eviews 5.1软件,借鉴向琳(2014)分析结果,认为农村经济的发展对贫困的减少存在较大的关系,且这种关系是正向的,说明农村经济的发展确实减少了贫困。该结论与曹文道①(2000)研究一致。其中农业发展对贫困深度和贫困严重程度减少作用较大,农村的发展对贫困深度的减少作用最大,农民发展对减缓贫困深度作用最大,但其健康状况指标对贫困的减少在1%的水平下不显著,即贫困严重程度减少主要靠农业,贫困深度的改善主要靠农村的发展和农民素质的提高,贫困率的减少对农村、农民与农业的依赖性相当。

---

① 曹文道(2000)对1979—1998年中国经济增长与贫困发生率进行回归分析,认为其弹性系数为0.56。国务院扶贫办结果表明弹性为0.8。

8.3.3　扶贫路径建议

西部民族地区贫困发生率整体上高于全国水平,其中宁夏贫困人口的收入过低,建立较低收入生活保障成为其扶贫的重点,且绝对贫困是困扰其发展的最大阻力,给予其物质和资金援助是主要扶贫方式。西藏贫困人口的收入均比较接近贫困线,不存在特困人口,扶贫重点应该是科技和文化扶贫。在扶贫的经济影响因素方面,本书认为农村经济的发展确实减少了贫困,但各要素的作用重点不一致,贫困严重程度减少主要靠农业的发展,贫困深度的改善主要靠农村的发展和农民素质的提高,贫困率的减少对农村、农民与农业的依赖性相当。西部民族地区各地方政府应根据当地实际情况,考虑各经济因素对扶贫的作用边界,才能产生真正意义上的扶贫效果。

8.4　社会公平与效率路径选择

在提出西部民族地区农村集约高效发展方法的同时,提高效率会不会引起更多的不公平,进而降低西部少数民族同胞的幸福感? 现分析西部民族地区农村经济发展中效率和公平的关系,在提高效率的同时促使公平,让全国各族人民共享小康社会成果。

8.4.1　效率与公平的测度

运用 DEA 模型评价西部民族地区农村经济发展效率时,首先要确定经济发展的各项投入产出指标。经济发展的关键是在一定的人力、物力与财力的投入水平下,当地经济的实际增长。本书兼顾样本数据的科学性、重要性和可得性,选取农业就业人口、农业固定资产投资和财政支农作为投入变量,各地区第一产业人均生产总值、农民人均收入与家庭人均消费支出作为输出指标。其中各地区第一产业人均生产总值能整体反映当地经济的发展状况,但是该指标并不能直接反映当地农民生活水平的提高;农民人均收入能整体反映当地农民生活水平的提高,但是收入的提高并不代表实际生活的改善;家庭人均消费支出能反映各地区农民实际生活的改善。也就是说,以上 3 个指标能全面反映农村经济发展结果。

为了讨论提高效率是否影响公平程度,本书以 2011 年为例,对公平和效率的关系进行相关性分析。在发展经济学的研究文献中，洛伦茨曲线(Lorenz Curve)是描述农村收入分配状况的基本方法。Lorenz 曲线方程可以表达为：$L=L(P;\pi)$，其中 L 代表累积收入分布的百分比，P 代表累积人口的百分比，π为待估的参数向量。测度农村收入分配状况的模型是建立在洛伦茨曲线上的基尼系数(Gini Index)：$\mathrm{Gini}=1-2\int_0^1 L(P;\pi)\,\mathrm{d}p$。从理论上讲，公平的测度可以直接从农户的普查中得到人口与收入的数据，但普查显然是不现实的，现存的统计年鉴中有间接的分组数据，根据统计学方法整理后即可计算出西部民族地区农村公平程度。

测度公平的数据来源于 2012 年各省区统计年鉴，其中缺上限的开口组组中值 = 下限 + (邻组组距/2)。效率测度的数据来源于《中国统计年鉴》(2012 年)。其中"第一产业人均生产总值"由各地区第一产业生产总值与农、林、牧、渔业就业人数之比表示。内蒙古数据是农村牧区居民家庭纯收入，新疆是各地区调查户数与农村居民家庭纯收入情况，西藏按照收入等级分组城镇居民家庭人均消费支出情况。宁夏按照各地区人数选取比例。云南与广西数据不全，不纳入本书分析范围。通过运用世界银行提供的 Povcal 软件计算出基尼系数，用 Excel 计算出效率和公平的相关系数。结果见表 8.9。

表 8.9 民族地区经济发展的公平与效率实证结果

Table 8.9 The empirical results of the fairness and efficiency of economic development in the Western Minority Areas

项目	Gini index (%)	*crste*	*vrste*	*scale*	项目	Gini index (%)	*crste*	*vrste*	*scale*
内蒙古	42.5008	0.352	1	0.352	新疆	25.498	0.384	0.401	0.958
西藏	36.5772	1	1	1	贵州	42.2109	1	1	1
宁夏	29.3257	1	1	1	青海	39.4916	1	1	1
相关系数	0.1890								

来源：作者计算结果整理而得。

西部民族地区农村公平程度整体较好，但各地区存在较大差异，其中最公平的是新疆，其基尼系数仅为 25.5%，公平程度最差的是内蒙古，基尼系数达到 42.5%,高出新疆 17%,且高出了收入分配差距警戒线的38.2%①。西部民族地区技术效率和基尼系数的相关系数仅为 0.1890,说明西部民族地区农村经济总量与地区公平程度是相互独立的,但在一般情况下,经济总量越大的地区公平程度越低。

8.4.2　公平和效率关系分析

从表 8.9 可以看出,一是基尼系数与效率的相关系数仅为 0.1890 <0.3,说明两者之间的相关性很弱,效率的提高并不能产生不公平,公平也不能导致效率低下。效率公平关系的两难窘境在民族地区农村经济发展中不存在。二是适度的公平才会产生高效率,但高效率并不能引起公平程度的提升。

8.4.3　公平与效率路径选择

(1)从西部民族地区整体上看,农村经济发展的公平程度和效率水平均较高,但除西藏外均未达到生产有效前沿,且地区之间存在较大差异。宁夏的重点在于优化产业内部结构,甘肃主要需要扩大农业生产规模,实现规模经济。其他地区需要同时优化结构和调整规模。如何针对不同地区的实际情况安排公平与效率政策,是当今西部民族地区农村经济发展的重点。

(2)从公平角度看,西部民族各地区的第一产业值并不直接影响公平程度,但在通常情况下,第一产业产值越高的地区公平程度越低。从效率的角度看,西部民族地区农村经济发展效率存在明显二元差异,西藏、宁夏、贵州和青海效率值达到综合效率前沿,但内蒙古和新疆的效率值还未达到 50%,造成效率低下的因素既包括管理水平低下与法律法规不健全,也包括规模水平的低下和要素投入结构不合理。各地区应根据自己的实际情况,针对性地提高公平和效率水平。

(3)从农村经济发展的公平和效率关系的角度讲,西部民族地区两者相关性很弱,并不存在公平与效率的两难窘境。

---

① 基尼指数通常把 0.4 作为收入分配差距的"警戒线",根据黄金分割律,其准确值应为 0.382。

第9章　结论与研究展望

本书以西部民族地区经济发展质量为研究对象，根据“十三五”期间经济发展要求，从经济创新发展、协调发展、持续发展、开放发展和共享发展5个方面对西部民族地区经济发展做了系统分析，得出了西部民族地区各省区经济发展质量综合指数，并针对性地提出了建议。

9.1　西部民族地区经济发展质量综合评估

第4—8章分别对西部民地区经济发展质量的创新性、协调性、可持续性、开放性和共享性进行了实证分析，现构建西部民族地区经济发展质量综合指数，分析各省区经济发展质量整体水平。由于本书全篇基于包络数据分析方法，在分析技术使用上保持一致，经济发展质量综合指数可由各构成部分通过几个平均数计算而得，结果见表9.1。

表9.1　西部民族地区经济发展质量综合指数

Table 9.1　The comprehensive index of the quality of economic development in the Western Minority Areas

省区	创新	协调	绿色	开放	共享	综合指数
内蒙古	1.000	0.990	0.826	0.650	1.000	0.881
广西	1.000	0.862	0.934	1.000	0.184	0.683
贵州	1.000	0.746	0.595	0.607	0.226	0.571
云南	0.936	0.789	0.779	0.371	0.151	0.503
西藏	0.692	0.391	0.988	0.050	1.000	0.422
青海	0.459	0.827	0.599	0.372	0.950	0.604
宁夏	1.000	0.919	0.484	1.000	1.000	0.850
新疆	0.726	0.803	0.827	0.574	0.298	0.607

来源：作者计算结果整理而得。

通过表9.1可以看出,西部民族地区经济发展质量区域间存在较大差异,其中内蒙古经济发展质量指数最高,达到了0.881,而西藏仅为0.442,其中协调发展对西藏经济发展质量制约最大。西部民族地区各省区在经济发展过程中,要充分考虑发展质量各要素的作用边界,以从根本上提升经济发展质量水平。

9.2 本书研究的主要结论

9.2.1 经济创新效率亟待优化

(1)西部民族地区劳动生产率整体上呈上升趋势,各省区劳动生产率离散程度的绝对值并无显著差异,加强西部民族地区整体劳动力质量的提升,加快产业结构调整,并结合产业结构提高劳动力素质,是今后西部民族地区提高劳动生产率的重要途径。各省区劳动生产率呈类似于矩形的均匀分布,表明西部民族地区劳动生产率一直处于探索阶段,并未形成规范性的提升劳动生产率范式。

(2)西部民族地区各省区资本生产率并不集中,资本高效投入一直处于探索阶段,并未形成规范性的投资范式,西部民族地区今后在加大资本投入的同时,应探索科学合理的资本管理模式,提高资本利用效率。

(3)西部民族地区GDP均值大于中位数,数据右偏分布,数据存在极端大值,使均值偏高。峰度和偏态均呈上升趋势,尖峰和非对称右偏分布更加明显,高GDP省区占一定比例,且呈现逐渐集中的趋势。极差和四分位差均呈现明显的下降趋势,西部民族地区GDP呈现集中趋势。

(4)西部民族地区提升经济增长速度的第一梯队为广西、云南、贵州;第二梯队为宁夏、青海;第三梯队为新疆、西藏;第四梯队为内蒙古。

(5)在1995—2004年,西部民族地区人均GDP分布为非对称左偏分布,2004—2014年为非对称右偏分布,频数分布高峰向左偏移,长尾向右延伸,且右偏趋势明显加大,说明人均GDP较低的地区占一定比例,且偏斜程度越来越大。西部民族地区人均GDP先为平峰分布,即较高人均GDP占一定比例,但集中程度有限,后呈现尖峰分布,西部民族地区人均GDP存在较多的极端值,且这种趋势越来越明显。

(6)除了内蒙古外,西部民族地区其余省区的地区 GDP 指数较为均衡。GDP 指数从大到小排列为:内蒙古(113.98)>西藏(112.44)>青海(111.09)>广西(110.95)>宁夏(110.79)>贵州(110.77)>云南(110.30)>新疆(109.78)。

(7)西部民族地区八省区的 TFP 呈上升趋势,在 1995—2014 年 20 年间平均每年上升 0.6%。TFP 的进步主要依靠技术进步拉动,技术进步在西部民族地区 TFP 提高中起到至关重要的作用。

(8)全要素生产率、技术进步和综合效率值在西部民族地区各省区之间均表现为“聚类”的趋势,各年份之间存在较强的惯性。全要素生产率和技术进步均以 2008 年为“分水岭”,之前整体大于 1,之后小于 1。综合效率值也分为三个阶段:第一个阶段为 1996—2013 年,综合效率大于 1;第二个阶段为 2004—2008 年,综合效率小于 1,未达到技术效率有效前沿;第三个阶段为 2009—2013 年,综合效率小于 1。综合来看,1995—2008 年,西部民族地区全要素生产率在技术进步的推动下整体趋于增长,但在 2009—2014 年,由于技术进步未达到有效前沿,全要素生产率受到较大影响。

(9)西部民族地区综合效率主要受到纯技术效率的影响。西部民族地区创新推动经济发展要加大创新资源投入,巩固规模效率成果,更重要的是提高创新资源配置的管理水平,完善创新经济的法律法规,提高纯技术效率,才能从根本上提升西部民族地区创新经济综合效率。

(10)西部民族地区纯技术效率时间序列分布数据为平峰分布,说明西部民族地区创新经济纯技术效率的集中程度并不高;其余指标为尖峰分布,集中程度相对较高。

(11)西部民族地区创新经济效率中的全要素生产率主要由技术进步决定,技术进步高的省区综合效率低,综合效率高的省区技术进步低,经济创新发展中资源配置效率和创新的配合程度并不好。

(12)广西和云南的创新效率分别有 3.8% 和 2.5% 的增长空间,创新发展的首要任务是加强技术进步,包括自身技术研发和技术引进。贵州技术进步和综合效率距离有效前沿分别有 5.4% 和 0.5% 的距离,在提高技术进步的同时,需要提升创新经济综合效率。贵州、青海和新疆应该同时加大创新投入和提高创新管理水平,宁夏则需要增加创新投入。

(13)1995—2014年西部民族地区各省区综合效率值随时间逐步呈集中趋势。但在集中过程中,贵州波动较大,2007年后经调整与其他省区逐步集中。广西出现极值点最多,创新经济系统并不稳定,合理进行创新经济资源配置能产生较大效果。

(14)西部民族地区各省区之间技术进步存在明显的“惯性”现象,1995—2014年内蒙古技术进步整体较好,贵州整体较差。从总的趋势来看,1995—2010年西部民族地区技术进步呈发散趋势,2010年后经过调整逐步集中。

(15)西部民族地区各省区全要素生产率存在一定差距,且呈现逐步集中的趋势,西部民族地区内部区域较为均衡。

(16)创新投入占比呈上升趋势。科技活动人员占比呈逐年上升趋势,R&D和教育经费投入呈曲折上升趋势,两者呈明显的互补性,说明整个创新投入发展势头良好。专利申请率和高新技术产业增加值占比的相关系数达到99.87%,科技转化率较高。

(17)2008—2014年创新投入产出效率达到有效前沿的省区有内蒙古、广西、贵州和宁夏。创新投入产出效率最低的是青海,纯技术效率低下是主要原因。首先应该提高管理水平,完善相关法律法规,否则随着创新资源的更多投入,将会进一步制约青海创新的发展。西藏和新疆创新投入产出低效率主要是由纯技术效率决定,当前创新主要工作应该放在纯技术效率上。云南、青海和新疆创新投入正处在规模报酬递增的阶段,现阶段加大创新资源投入能产生更多的规模报酬。西藏规模效率虽未达到有效前沿,但创新投入处于规模报酬递减阶段,创新资源投入产生较少的规模报酬,创新资源加倍投入的产出增加比例少于创新资源投入增加的比例。

(18)西部民族地区创新投入中,科技活动人员并不过多,其余指标均存在投入过多的情况,特别是R&D投入整体偏多,而技术进步相对偏低。

(19)内蒙古、广西、贵州和宁夏创新资源投入不存在不足和冗余;云南R&D投入相对过多,与之相对应的技术进步转化相对较少;西藏创新投入存在较大浪费,或者是在现有创新投入水平下,转化成实际产出的效率很低;而青海除了 R&D 投入占 GDP 比重冗余外,更多地表现为创新产出不足,存在较低的创新转化能力和机制;新疆主要表现为在现有的创新产出水平下,R&D 投入占 GDP 比重投入过高。

(20)云南创新投入产出效率更多借鉴广西、贵州和宁夏;西藏借鉴贵州、宁夏和内蒙古安排创新投入;青海主要借鉴内蒙古;新疆借鉴宁夏、广西和内蒙古,3 个省区借鉴作用力相当。

9.2.2 投资和消费是经济协调发展的重点

(1)西部民族地区第一产业比较劳动生产率最高,第三产业比较劳动生产率最低。第一、第二产业比较劳动生产率高于 1,第三产业比较劳动生产率小于 1,且各产业间比较劳动生产率差距较大,西部民族地区仍然存在较大的二元性,但这种差距自 2010 年后有逐步缩小的趋势,2010 年后第一产业比较劳动生产率逐年大幅提高。

(2)西部民族地区固定资产投资正趋于地区差异化,趋同性减弱。投资率和消费率表现为下降趋势。其中消费率下降较为平缓,投资率的下降分为两个阶段,第一阶段为 1999—2005 年,该阶段投资率出现加快速度下降,第二阶段为 2006—2014 年,投资率虽下降,但速度较慢。西部民族地区第一阶段的投资效果时滞,在第二阶段体现出来。

(3)西部民族地区二元对比系数呈逐年上升的趋势,第一产业比较劳动生产率逐年提高,且提高的速度快于第二、第三产业比较劳动生产率提高的速度。总量上第一产业比较劳动生产率整体高于第二、第三产业比较劳动生产率。内蒙古和新疆二元对比系数较小,存在明显的三次产业间的二元性。西藏、宁夏和新疆在二元对比系数增长的过程中,存在较大波动,三次产业比较劳动生产率并不稳定。

(4)西部民族地区二元反差系数整体上为负值,表明第一产业产值占比大于劳动力占比,第一产业效益较好,且呈逐年上升的趋势,第一产业效益得到了提高。其中 2010 和 2011 年有下降的趋势,说明第一产业效益增长还存在一定的风险,缩小产业间的二元差距需要稳定第一产业效益。内蒙古第一产业在 2013 年后已经产生了较好效益，新疆第一产业效益虽然逐年增长，但现仍然处于低效益阶段，其中效益最高的是广西，最小的是宁夏。

(5)非规范审查回归模型分析结果显示，三次产业比较劳动生产率、二元性对西部民族地区经济协调发展影响不显著，投资和消费对城镇化影响显著。投资率对城镇化的弹性为 0.1817，消费率的弹性为 -0.4594。投资和消费的无效率会随时间推移呈递减速度下降，下降速度递减。

(6)西部民族地区经济协调发展效果略有下降，但下降幅度不大。投资逐年加大，但投资效果反应存在一定时滞。在加大对西部民族地区投资的同时，更多的是提高投资利用效率，提高经济协调发展力度，否则更多的投入将会造成更大的浪费。内蒙古的经济协调发展效果最佳，效果最差的是西藏，西部民族地区内部各省区之间经济协调发展效率存在明显的差距。

(7)西部民族地区经济协调效率值中位数均大于平均值，经济协调发展效果数据是左偏分布的，存在极端小值，使得均值偏低；极差较大，内部省区之间协调效果并不理想；变异系数处于(0.20,0.22)之间，相差不大，各省区经济协调发展效率代表性相当；偏态为 -1.78，数据分布为非对称左偏分布，说明协调效果较好的省区占有一定比例；峰度为 4.26，为典型的尖峰分布，说明协调效果较好的省区占有较大比例。

(8)西部民族地区各省区经济协调发展效率值的代表性并不一致，其中内蒙古代表性最好，贵州最差；协调效果较好的年份占一定比例，但偏斜程度不大；协调效果分布并不集中，经济协调系统并不稳定。

9.2.3　经济发展中节能减排任重道远

(1)西部民族地区电力消费总量呈大幅上升趋势，但单位产值电力消费量呈逐年下降的趋势，经济发展过程中能源利用效率得到提升。

(2)随着经济的发展，西部民族地区废水排放总量逐年增加，但同时经济增长大大超过废水排放量增长，单位产值废水排放量呈逐年下降的趋势，单位产值废水排放得到了较大改善。广西不仅废水排放总量大，单位产值废水排放量也大，需要降低废水排放量。

(3)西部民族地区二氧化硫排放总量呈逐年上升趋势，但上升幅度不大,各省区之间也存在较大差异,内蒙古二氧化硫年平均排放总量最大,西藏最小。单位产值二氧化硫排放呈逐年下降趋势,减排效果明显。其中单位产值二氧化硫排放年平均值最大的贵州,需要进一步加强减排工作。

(4)西部民族地区经济发展持续性较好,但内部发展持续性并不均衡。即使多年都达到有效前沿的省区,镜像参考的频率也并不一致。其中参考次数最多的是 2008 年的新疆和 2012 年的内蒙古,其经济持续性是最合理的,西部民族地区各省区在考虑自身持续发展时,可以重点参考这 2 个自治区在 2008 和 2012 年的经济持续发展模式。

(5)2014 年西部民族地区中内蒙古、广西和西藏的经济持续发展达到有效前沿,贵州劳动力投入过多,青海和宁夏劳动力投入较为合理;新疆、宁夏、青海和贵州资本投入过多,云南经济持续发展资本投入较为合理;能源消耗未达到前沿的各省区之间存在较大差异,其中能源消耗与产出不匹配程度最大的是青海和宁夏,经济发展产业结构、管理水平等存在较大问题,还处于粗放型发展阶段。非期望产出效率值最小的是贵州,能源消耗与产出比较合理,经济发展较为集约。

(6)废水排放松弛最大的是宁夏,其次是贵州和新疆,最小的是云南。云南虽然经济持续发展并未达到有效前沿,但是其非期望产出中废水排放量并不过多;宁夏二氧化硫排放过多,发展粗放,废水与二氧化硫排放量远超过西部民族地区其他省区,当前解决可持续发展问题是宁夏经济发展的重点。

(7)西部民族地区经济持续发展未达到有效前沿的省区中,在现有的产值下,能源投入冗余度存在一定的差异。其中宁夏和青海的能源投入在现有产值下存在较大冗余,能源利用效率低下。贵州和云南也存在部分冗余,但程度较宁夏和青海低。西部民族地区经济持续发展中能源消耗松弛存在明显的空间性,空间上相互临近的宁夏和青海为冗余最大区域,贵州和云南为第二大区域。

(8)二氧化硫排放冗余最大的是贵州、内蒙古、宁夏和青海,广西、新疆和云南部分年份也存在少量冗余。废水排放冗余最大的是贵州、宁夏和青海,内蒙古、新疆和云南部分年份存在废水排放冗余,但程度较低。宁夏和青海不仅能源消耗存在大量冗余,非期望产出的冗余度也高于西部民族地区其他省区,深化节能减排工作是宁夏和青海2省区经济持续发展的重点。西部民族地区废气和废水排放整体上具有较强的相关性,减排工作应该系统协调,才能巩固减排效果。

9.2.4 经济开放强调省际均衡互补发展

(1)西部民族地区外商投资企业进出口总额整体上呈逐年上升的趋势,但各省区外商投资状态并不稳定,在各年份存在一定的波动。各省区在开放经济发展中应当审时度势,在不同的环境下制定相应的政策,切实保证外商投资企业在当地的发展,从而辐射当地经济发展。

(2)西部民族地区引进外商投资企业数在2007—2009年的快速增长后,经调整后呈现平稳状态。其中广西和贵州在保证外资投资企业数量的同时,更需要提高外资企业引进质量,维护外资企业引进成果;宁夏、青海和新疆3个省区当前首先需要解决的问题是提高外资企业引进数量。

(3)广西在引进外资时已经从追求数量转向了对质量的追求;云南和贵州引进外商投资企业规模不大,引进大规模、实力强的外商投资企业是其引进外商投资的重点;内蒙古引进外商投资企业存在较大雷同,多元化引进外商投资企业、提高外商投资规模是内蒙古下一步引进外商投资的重点;宁夏、青海和新疆的重点在于提高外商投资生态环境,引进外商投资数量。

(4)通过外商投资效率的分析发现,西部民族地区内部各省区在引入外商投资方面并没有形成可借鉴的规范化范式,部分省区引进外商投资效率特别低下。西藏和青海2省区外商投资效率低下的主要原因是规模效率,加大外商投资规模是西藏和青海下一步引进外资的重点;而云南和内蒙古引进外商投资效率低下的主要原因是纯技术效率低下,完善外资引入的相关法律法规体系,提高引进外商投资的管理水平,是云南和内蒙古提高引进外商投资质量的重点。

(5)从外商投资引入松弛性角度看,内蒙古需要大力提高引进外商企业数量,提高进出口总额;贵州需要在现有的外商投资数量和注册资本的标准上,引导其提高投资总额;云南需要加大外商投资企业的注册资本和实力;

新疆需要扩大外商投资企业数和投资额度。

(6)外商投资质量中较为有效的省区是广西、西藏和宁夏。参考权重最大的是西藏,说明西藏引入外商投资模式较好,且在西部民族地区具有较强的复制性。

(7)西部民族地区中经营单位所在地进出口呈逐年上升的趋势,2014 年第一梯队为广西、云南和新疆;第二梯队有内蒙古和贵州;第三梯队有宁夏、西藏和青海。境内目的地和货源地进出口总额整体上也呈现较为明显的上升趋势,2014 第一梯队中有广西和新疆;第二梯队中有云南和内蒙古;第三梯队中有贵州、宁夏、西藏和青海。从梯队分布可以看出,两者存在较强的相关性,各省区 1995—2014 年两者的相关系数高达 0.96。

(8)西部民族地区 1995—2014 年接待国际旅游人次每增加 1 人,旅游外汇收入提升 446.87 美元。新疆接待国际旅游人数对旅游外汇收入贡献最大,平均每增加国际旅游 1 人次,旅游外汇收入增加 1011.065 美元。贵州接待国际旅游人次对旅游外汇收入贡献参数最小,仅为 251.459 美元。贵州作为西部民族地区中的旅游大省,国际旅游人次对外汇的贡献不足,应该大力提升其国外旅游品质,提升外汇收入。

9.2.5 贫困仍是经济共享发展的制约因素

(1)总体来讲,西部民族地区预期寿命得到了较大增长,10 年间平均提高了 6.11%,增幅最大的是贵州,10 年间增幅达到 7.79%;增幅最小的是宁夏,增幅也达到了 4.57%。把预期寿命增长幅度进行梯队划分,把预期寿命增长幅度超过 7% 的作为第一梯队,包括贵州和新疆 2 个省区;增长幅度处于 6% ~7%(包括 6%,不包括 7%)的作为第二梯队,包括内蒙古和云南 2 个省区;增长幅度 5% ~6%(包括 5%,不包括 6%)的作为第三梯队,包括广西、西藏和青海 3 个省区;增长幅度低于 5%(不包括 5%)的为第四梯队,包括宁夏。可以看出西部民族地区预期寿命增长幅度呈明显的正态分布特征,整个西部民族地区增长较为合理。

(2)平均预期寿命绝对值得到提升。但同时要意识到整个西部民族地区预期寿命值还不够理想,预期寿命 70 岁以下的还有青海、云南和西藏 3 个省区。预期寿命值排序2010年较2000年变化不大,且预期寿命值和增长幅度之间相关性较弱,预期寿命较低的省区增长力量不足,仍然有较大的增长空间。

(3)西部民族地区成人识字率整体呈上升趋势。成人识字率西藏最低,新疆最高。各省区之间存在明显差异,最需要提升成人识字率的是西藏,贵州、云南和宁夏也需要提高成人识字率。

(4)西部民族地区综合入学率呈明显的上升趋势,综合入学率新疆最高,西藏最低。西藏综合入学率仍有较大的增长空间,需要大力提升综合入学率。

(5)西部民族地区各省区 HDI 之间相差不大,整体上呈明显的上升趋势。西藏增长幅度最大,新疆增长幅度最小。西藏 HDI 增幅最大,但其 HDI 值本身并不大,应该借 HDI 快速增长势头,加快提升 HDI 值,提高居民幸福水平。

(6)人力投入最大的是广西,西藏人力资本投入明显不足,加强人才引进是西藏的 HDI 的重要内容。西部民族地区大部分省区 HDI 人力投入较为充足。HDI 人力成本最大的是西藏,最小的是贵州,西藏 HDI 人力成本过大可能是导致其 HDI 人力不足的重要原因。整个西部民族地区的 HDI 人力投入在一定程度上受到了 HDI 人力成本的制约。

(7)云南的 HDI 物力、财力和环境投入最大,西藏的 HDI 物力、财力和环境投入存在不足的情况。整个西部民族地区的 HDI 物力、财力和环境投入较为充足,且影响西部民族地区物力、财力和环境投入的并不是价格因素。

(8)2010年西部民族地区 HDI 成本效率达到有效的有内蒙古、西藏和宁夏3个自治区。HDI 成本效率未达到有效前沿的省区之间差距较大,广西、云南、贵州和新疆 HDI 成本效率很低,西部民族地区内部经济发展共享性在区域分布上存在明显的区域二元特征。

(9)西部民族地区中,A 区域(内蒙古、西藏、宁夏和青海)成本效率值明显高于 B 区域(新疆)和 C 区域(广西、贵州、云南),最小的 C 区域存在 HDI 成本效率低下的聚集区。

(10)西藏和宁夏是西部民族地区中HDI成本效率未达到有效前沿重点参考的自治区。其中贵州和云南重点参考西藏,广西、青海和新疆重点参考宁夏,参考省区也呈现向相邻高成本效率省区参考的趋势。内蒙古2010年HDI成本效率达到有效前沿,但其发展比较特殊,并不具备参考性和复制性。

(11)广西的HDI投入成本松弛性最大,青海最小。除青海外,广西、贵州、云南和新疆均存在较大的HDI成本冗余,在保持HDI快速发展的同时,如何有效控制HDI投入成本,是该4省区考虑的重要问题。广西、贵州、云南和新疆均存在较大的HDI人力,物力、财力与环境投入冗余,在加快提升HDI的同时,如何提高HDI投入产出效率、控制HDI投入成本,将是广西、贵州、云南和新疆4个省区重点考虑的问题。

(12)西部民族地区HDI成本效率低下主要是技术效率低下所致。成本效率存在帕累托改进的空间较小,其中交换最优程度高于生产最优程度。如何提升西部民族地区HDI的综合效率,完善相关法律法规制度,提升HDI投入产出管理水平,是广西、贵州、云南和新疆4个省区下一步提升HDI的重点。

(13)农村经济的发展对贫困的减少存在较大的关系,且这种关系是正向的,农村经济的发展确实减少了贫困。其中农业发展对贫困深度和贫困严重程度减少作用较大,农村的发展对贫困深度的减少作用最大,农民素质的提高对减缓贫困深度作用最大,贫困严重程度减少主要靠农业,贫困深度的改善主要靠农村的发展和农民素质的提高,贫困率的减少对农村、农民与农业的依赖性相当。

(14)西部民族地区贫困发生率整体上高于全国水平,其中宁夏贫困人口的收入过低,建立较低收入生活保障成为该省扶贫的重点,且绝对贫困是困扰其发展的最大阻力,给予其物质和资金援助是主要扶贫方式。西藏贫困人口的收入比较接近贫困线,不存在特困人口,扶贫重点应该是科技和文化扶贫。在扶贫的经济影响因素方面,各要素的作用重点不一致,贫困严重程度减少主要靠农业的发展,贫困深度的改善主要靠农村的发展和农民素质的提高,贫困率的降低对农村、农民与农业的依赖性相当。西部民族地区各地方政府应根据当地实际情况，考虑各经济因素对扶贫的作用边界，才能产生真正意义上的扶贫效果。

(15)西部民族地区农村经济发展的公平程度和效率水平均较高，地区之间存在较大差异。宁夏需要重点优化产业内部结构，甘肃需要扩大农业生产规模，实现规模经济。其他地区需要同时优化结构和调整规模。如何针对不同地区的实际情况安排公平与效率政策，是当今西部民族地区农村经济发展的重点。

(16)从公平角度看，西部民族地区的第一产业产值并不直接影响公平程度，但在通常情况下，第一产业产值越高的地区公平程度越低。从西部民族地区农村经济发展的公平和效率关系的角度讲，西部民族地区两者相关性很弱，并不存在公平与效率的两难窘境。

9.3　本书的不足与进一步研究方向

(1)本书考虑到西部民族地区经济发展质量问题，但并没有构建各发展指标的权重从而构建各省区的经济发展质量指数，原因是现有文献和现有技术对权重的确定大多不精确，若按现存方法构建指数可能对相关政策制定产生误导。后期研究将试图寻找合适的权重确定方法。

(2)创新效率测度时，一般采用(专利申请率，高新技术产业增加值占比，……)^{T}作为产出指标，本书考虑到数据的可得性，仅采用专利申请率作为产出指标，该结论是否与多纳入产出指标的结论一致，需要后期研究进一步证实。

(3)在做西部民族地区经济发展协调性实证分析时，考虑到西部民族地区经济发展的特殊性，且西部民族地区城镇化明显滞后于经济发展，近10年逐步呈现城镇化推动经济发展的迹象，所以在产出表现结果不考虑工业化，以城镇化率作为西部民族地区经济协调发展的产出指标。用(城镇化，工业化)^{T}作为产出指标，用非参数估计得到西部民族地区经济协调发展结果是否存在显著差异，需要下一步研究。

(4)一般认为GDP是最直接、最有效的Good - Output产出衡量指标；选择废水和废气排放量作为非期望 Bad - Output 产出指标，其中废气主要指二氧化硫，废气排放量用二氧化硫排放量代替。原则上讲，非期望产出还应该包括固体废物排放，已有文献表明少数民族省区经济增长与固体废弃物污染量间整体上存在正相关趋势，各少数民族省区工业固废污染量并没有随着经济的发展得到有效的控制①。基于数据可得性和重要性考虑，为了实证结果估计的无偏性，本书并未纳入分析。需要后期做进一步的研究。

（5）在做 HDI 影响因素分析时，由于样本较少，结果可能存在小的偏差，考虑到本书找出西部民族地区 HDI 发展的方向，该问题并未充分考虑。建议以后研究从 Bootstrap - DEA 方法测度更加准确的结果。

（6）本书经济发展质量所有指标并未与其他区域和全国水平进行比较，原因是西部民族地区的差距是客观存在的，比较的结果不具备参照性，西部民族地区应该根据自己的实际情况出发，提高经济发展质量。后期研究可以从较好的视角进行差距分析，如差距预警研究等。

① 辛毅，曹斌，吴燕红．民族地区经济发展与工业固体废弃物污染的库兹涅茨曲线分析[J]．中国人口．资源与环境，2014(11)：83 - 86.

参考文献

一、论文

[1]姚源东.民族地区发展的关键——发展科学技术提高劳动生产率[J].贵州民族研究,1993(3):28-31.

[2]蒋清海.区域经济发展的若干理论问题[J].财经问题研究,1995(6):50-56.

[3]蔡思复.我国区域经济协调发展的科学界定及其运作[J].中南财经大学报,1997(3):21-25.

[4]吕拉昌.人地关系与西部少数民族地区的可持续发展[J].经济地理,1997(3):15-18.

[5]王雅林,何明升.论现代化的发展质量[J].社会学研究,1997(3):34-42.

[6]肖红叶,李腊生.我国经济增长质量的实证分析[J].统计研究,1998(4):8-14.

[7]何明升.评价发展质量的五个判据[J].改革与发展理论研究,1998(4):71-73.

[8]徐学敏.发展经济重在质量[J].财经问题研究,1998(12):9-11.

[9]蒋伏心.经济增长方式转变:本质和关键[J].江苏社会科学,1999(5):24-27.

[10]刘顺忠,官建成.区域创新系统创新绩效的评价[J].中国管理科学,2002(1):75-78.

[11]张锦鹏.西部大开发中多民族地区公平与效率关系研究[J].内蒙古社会科学,2002(2):33-36.

[12]张金昌.中国的劳动生产率:是高还是低?——兼论劳动生产率的计算方法[J].中国工业经济,2002(4):34-40.

[13]费孝通.民族生存与发展——第六届社会学人类学高级研讨班上的讲演[J].民族社会研究通讯,2001(26):9-10.

[14]秦存素.关于西部多民族地区公平与效率关系的探讨[J].徐州教育学院学报,2002(4):62-63.

[15]高志刚. 中国区域经济发展及区域经济差异研究述评[J]. 当代财经,2002(5):7-12.

[16]高志刚. 区域经济差异预警:理论、应用和调控[J]. 中国软科学,2002(11):93-97.

[17]张冬平,白菊红. 农村劳动力受教育水平差异分析[J]. 中国农村观察,2003(1):40-42.

[18]蔡昉. 中国经济增长如何转向全要素生产率驱动型[J]. 中国社会科学,2003(1):56-71.

[19]包群,许和连,赖明勇. 出口贸易如何促进经济增长——基于全要素生产率的实证研究[J]. 上海经济研究,2003(3):2-10.

[20]李琳,刘一良. 西部贫困地区可持续发展的障碍与对策研究[J]. 西安财经学院院报,2003(3):23-27.

[21]马拴友,于红霞. 地方税与区域经济增长的实证分析——论西部大开发的税收政策取向[J]. 管理世界,2003(5):36-43.

[22]孙丽文,金浩,等. 区域经济协调发展研究[J]. 工业技术经济,2003 (6):23-25.

[23]周云波. 我国农村二元经济转换及其对收入差别的影响[J]. 经济学家,2004(1):52-58.

[24]谢晶晶,罗乐毅. 城市化对投资和消费需求的拉动效应分析[J]. 改革与战略,2004(3):12-15.

[25]单纬东. 少数民族文化旅游资源保护与产权合理安排[J]. 人文地理杂志,2004(4):2-29.

[26]颜鹏飞,王兵. 技术效率、技术进步与生产率增长: 基于 DEA 的实证分析[J]. 经济研究,2004(12):55-65.

[27]徐现祥,舒元. 协调发展一个新的分析框架[J]. 管理世界,2005(2):27-35.

[28]官建成,何颖. 基于 DEA 方法的区域创新系统的评价[J]. 科学学研究,2005(2):265-272.

[29]郑京海,胡鞍钢. 中国改革时期省际生产率增长变化的实证分析:1979—2001[J]. 经济学(季刊),2005(4):159-171.

[30]陈栋生. 论区域协调发展[J]. 工业技术经济,2005(4):2-6.

[31]王铁志.人口较少民族研究的意义[J].黑龙江民族丛刊,2005(5):104-112.

[32]闫冰,冯根福.基于随机前沿生产函数的中国工业R&D效率分析[J].当代经济科学,2005(6):14-18.

[33]郭庆旺,贾俊雪.中国全要素生产率的估算:1979—2004[J].经济研究,2005(6):51-60.

[34]窦丽琛,李国平.劳动生产率与比较优势的判定——兼对中国劳动生产率高低之争的解释[J].云南财贸学院学报,2006(1):54-59.

[35]陈秀山.区域经济协调发展要建立区域互动机制[J].党政干部学刊,2006(1):27-29.

[36]王志刚,龚六堂,陈玉宇.地区间生产效率与全要素生产率增长率分解(1978—2003)[J].中国社会科学,2006(2):55-66.

[37]李小平,朱钟棣.国际贸易、R&D溢出和生产率增长[J].经济研究,2006(2):31-43.

[38]张金鹏,李嵘.我国民族聚居区社会文化特征分析[J].宁夏大学学报(人文社会科学版),2006(3):107-110.

[39]吴延兵.R&D存量知识函数与生产效率[J].经济学(季刊),2006(4):1129-1156.

[40]黎金凤,沈道权.民族地区经济可持续发展必须处理好效率和公平的关系[J].黑龙江民族丛刊,2006(4):48-52.

[41]赵英才,张纯洪,刘海.转轨以来中国经济增长质量的综合评价研究[J].吉林大学社会科学学报,2006(3):27-35.

[42]岳书敬,刘朝明.人力资本与区域全要素生产率分析[J].经济研究,2006(4):90-96.

[43]肖灵机,王少东,李钊.对江西第三产业内部各行业比例结构的评价——从比较劳动生产率视角[J].江西社会科学,2006(9):248-251.

[44]徐瑛,陈秀山.以科学发展观为指导,全面评价区域经济质量[J].2006(11):28-34.

[45]钟昌标,李富强,王林辉.经济制度和我国经济增长效率的实证研究[J].数量经济技术经济研究,2006(11):13-21.

[46]朱有为,徐康宁.中国高技术产业研发效率的实证研究[J].中国工业经济,

2006(11):38-45.

[47]许和连,亓朋,祝树金.贸易开放度、人力资本与全要素生产率:基于中国省际面板数据的经验分析[J].世界经济,2006(12):3-10.

[48]徐玉德.统筹城乡合理规划推动农村义务教育均衡发展——四川省遂宁市三县两区农村义务教育发展情况的调研[J].经济研究参考,2006(78):29-38.

[49]郑玉歆.理解全要素生产率[J].数量经济技术经济研究,2007:1-9.

[50]单纬东,林伦伦,许秋红.资源理论与少数民族地区旅游经济的竞争优势——以广东连南瑶族自治县为例[J].贵州民族研究,2007(1):72-78.

[51]王志平."人类发展指数"(HDI):含义、方法及改进[J].上海行政学院学报,2007(3):47-56.

[52]金相郁.中国区域全要素生产率与决定因素:1996—2003[J].经济评论,2007(5):107-112.

[53]傅晓霞,吴利学.前沿分析方法在中国经济增长核算中的适用性[J].世界经济,2007(7):56-66.

[54]李习保.区域创新环境对创新活动效率影响的实证研究[J].数量经济技术经济研究,2007(8):13-24.

[55]林毅夫,任若恩.东亚经济增长模式相关争论的再探讨[J].经济研究,2007(8):1-12.

[56]李俊霖.经济增长质量的内涵与评价[J].生产力研究,2007(15):9-10.

[57]王俊.经济增长质量理论述评[J].生产力研究,2007(18):144-146.

[58]赵志耘,吕冰洋,郭庆旺,贾俊雪.资本积累与技术进步的动态融合:中国经济增长的一个典型事实[J].经济研究,2007(12):15-31.

[59]刘艺容.中国城市化水平与消费增长的实证分析[J].湖南社会科学,2008(2):99-103.

[60]田辉,孙剑平,朱英明.我国各地区经济社会发展的综合测度分析——基于HDI的研究[J].经济管理,2008(2):69-76.

[61]涂正革.环境、资源与工业增长的协调性[J].经济研究,2008(2):93-104.

[62]胡联合,胡鞍钢.民族问题影响社会稳定的机理分析[J].人文杂志,2008(2):164-174.

[63]冷崇总.关于构建经济发展质量指标体系的思考[J].陕西综合经济,2008

(3):14－16.

[64]曾秀兰.论民族地区发展中的效率与公平问题[J].中央民族大学学报(哲学社会科学版),2008(3):31－35.

[65]李云娥,周云波,郭震洪.我国城乡二元反差程度未来发展趋势预测[J].天津大学学报(社会科学版),2008(4):289－293.

[66]冷崇总.构建经济发展质量评价指标体系[J].宏观经济管理,2008(4):43－45.

[67]岳书敬.中国区域研发效率差异及其影响因素——基于省级区域面板数据的经验研究[J].科研管理,2008(5):173－179.

[68]吴和成.高技术产业R&D效率分析[J].研究与发展管理,2008(5):83－89.

[69]郭岚.中国区域差异演变新特征及未来变动趋势分析[J].经济体制改革,2008(5):86－90.

[70]谢东梅.基于Lorenz曲线的农村贫困和收入分配状况测度[J].中国农学通报,2008(5):489－495.

[71]章祥荪,贵斌威.中国全要素生产率分析:Malmquist指数法评述与应用[J].数量经济技术经济研究,2008(6):111－122.

[72]李声明,雷国雄.经济增长方式与区域可持续发展——以民族自治地方为例[J].广西社会科学,2008(6):79－85.

[73]吴延瑞.生产率对中国经济增长的贡献:新的估计[J].经济学(季刊),2008(7):258－272.

[74]胡鞍钢,郑京海,高宇宁,等.考虑环境因素的省级技术效率排名(1999—2005)[J].经济学(季刊),2008,7(3):933－960.

[75]李永友.经济发展质量的实证研究:江苏的经验——基于经济发展质量指标体系的分析[J].财贸经济,2008(8):113－118.

[76]毛燕玲,肖教燎,傅春.中部6市经济增长质量的综合比较[J].统计与决策,2008(9):121－122.

[77]邓小红,罗浩.中部6省经济增长质量的实证分析[J].金融与经济,2008(12):59－63.

[78]王小鲁,樊纲,刘鹏.中国经济增长方式转换和增长可持续性[J].经济研究,2009(1):4－16.

[79]程虹,李清泉.我国区域总体质量指数模型体系与测评研究[J].管理世界,

2009(1):2-9.

[80]刘月兰,李豫新.新疆产业结构效益的实证分析[J].地理与地理信息科学,2009(2):71-78.

[81]刘秉镰,李清彬.中国城市全要素生产率的动态实证分析:1990—2006——基于DEA模型的Malmquist指数方法[J].南开经济研究,2009(3):139-152.

[82]史锦华.民族地区能源经济与环境系统协调评价研究[J].广西民族研究,2009,3(97):178-183.

[83] 王文斌,王雅华.中部地区6省经济增长质量的评价与分析[J].价值工程,2009(4):28-30.

[84]龙远蔚.民族经济研究30年概述[J].内蒙古师范大学学报(哲学社会科学版),2009(4):59-64.

[85]周晓艳,韩朝华.中国各地区生产效率与全要素生产率增长率分解:1990—2006[J].南开经济研究,2009(5):26-48.

[86]罗序斌,周绍森,杨建仁.中部地区实现新跨越的困境与出路——基于经济发展评价指标体系的分析[J].晋阳学刊,2009(5):50-54.

[87]谢玉红.广东少数民族地区经济协调发展机制创新[J].广东技术师范学院学报,2009(5):28-31.

[88]陈庆德,潘春梅.民族经济研究的理论溯源[J].民族研究,2009(5):44-51.

[89]傅勇,白龙.中国改革开放以来的全要素生产率变动及其分解(1978—2006)[J].金融研究,2009(7):38-50.

[90]朱承亮,岳宏志,李婷.中国经济增长效率及其影响因素的实证研究:1985—2007年[J].数量经济技术经济研究,2009(9):52-63.

[91]白俊红,江可申,李婧.应用随机前沿模型评测中国区域研发创新效率[J].管理世界,2009(10):51-60.

[92]李静.中国区域环境效率的差异与影响因素研究[J].南方经济,2009(12):24-34.

[93]高丙吉.转轨以来甘肃经济增长质量的评价[J].经营管理者,2009(21):119-120.

[94]陶长琪,齐亚伟.中国全要素生产率的空间差异及其成因分析[J].数量经济技术经济研究,2010(1):9-22.

[95]刘渝琳,陈天伍.外贸依存度对全要素生产率影响的区域差异性——基于我国省际数据[J].重庆理工大学学报(社会科学版),2010(1):34-39.

[96]单纬东.少数民族地区旅游发展的战略联盟与网络构建:以广东连南瑶族自治县为例[J].人文地理杂志,2010(2):154-157.

[97]张美涛.西部少数民族地区农村居民生活质量"幸福指数"实证调查[J].贵州财经学院学报,2010(2):104-110.

[98]程守艳.少数民族地区社会规范对政府管理的影响分析[J].红河学院学报,2010(3):22-25.

[99]韩丽彦.社会主义和谐社会构建中的民族问题思考[J].甘肃理论学刊,2010(4):15-18.

[100]王兵,吴延瑞,颜鹏飞.中国区域环境效率与环境全要素生产率增长[J].经济研究,2010(5):95-109.

[101]龙少波,罗添元.民族地区经济增长与环境污染的环境库兹涅茨曲线实证分析——基于民族地区面板数据[J].贵州财经学院学报,2010(5):87-93.

[102]舒燕飞.TFP对少数民族八省区经济增长贡献研究[J].湖北社会科学,2010(6):101-104.

[103]高帆.中国各省份经济增长的因素分解与劳动结构效应:1978—2007年[J].数量经济技术经济研究,2010(7):21-37.

[104]洪银兴.对新中国经济增长质量的系统评价[J].福建论坛(人文社会科学版),2010(7):164-165.

[105]陈修德,梁彤缨.中国高新技术产业研发效率及其影响因素——基于面板数据SFPF模型的实证研究[J].科学学研究,2010(8):1198-1205.

[106]周学智.基于比较劳动生产率视角的吉林省产业结构分析——长吉图开放先导区战略下的政策建议[J].工业技术经济,2010(9):118-121.

[107]陈昌兵.城市化与投资率和消费率间的关系研究[J].经济学动态,2010(9):42-48.

[108]陈诗一.中国的绿色工业革命:基于环境全要素生产率视角的解释(1980—2008)[J].经济研究,2010(11):21-34.

[109]李吉雄.我国财政对居民收入再分配的绩效分析——基于贫困度和基尼系数的测度[J].经济问题,2010(12):25-29.

[110]曾芸.贵州民族文化产业特色发展道路探讨[J].当代经济,2010(15):78-79.

[111]龙美林,向南平.30年来中国区域经济发展差异分析[J].中国西部科技,2011(1):52-54.

[112]郑长德.中国少数民族地区经济发展质量研究[J].民族学刊,2011(1):1-11.

[113]朱宏伟.民族经济政策研究的若干问题[J].广西民族大学学报,2011(1):46-50.

[114]毛其淋,盛斌.对外经济开放、区域市场整合与全要素生产率[J].经济学(季刊),2011(1):181-210.

[115]唐剑,贾秀兰.西藏民族文化旅游资源的保护性开发:基于产权经济理论和关联博弈理论双重视角[J].财经科学,2011(1):109-116.

[116]余泳泽.创新要素集聚、政府支持与科技创新效率——基于省域数据的空间面板计量分析[J].经济评论,2011(2):93-101.

[117]柳江,常云昆.中国地区经济差距的测度及其分解:新的变化[J].理论导刊,2011(3):89-91.

[118]刘有章,刘潇潇,向晓祥.基于循环经济理念的经济增长质量研究[J].统计与决策,2011(4):105-108.

[119]李俊杰,刘渝.民族地区税收优惠政策评价指标体系构建及绩效分析[J].青海民族大学学报(社会科学版).2011(4):82-86.

[120]冯宗宪,等.政府投入、市场化程度与中国工业企业的技术创新效率[J].数量经济技术经济研究,2011(4):3-17.

[121]钞小静,任保平.中国经济增长质量的时序变化与地区差异分析[J].经济研究,2011(4):26-40.

[122] 钟海燕.“十二五”时期促进民族地区经济社会发展的基本思路[J].民族学刊,2011(5):73-79.

[123] 郑长德.中国少数民族地区包容性发展研究[J].西南民族大学学报(人文社会科学版),2011(6):120-127.

[124]吴开松.社会资本与民族地区农村社会管理创新[J].华中师范大学学报(人文社会科学版),2012(2):15-22.

[125]刘小宁.关于经济发展质量若干巧题的思考——以黑龙江为例[J].黑龙江社会科学,2012(3):58-60.

[126]王建军,陈跃华.河南三次产业比较劳动生产率的实证研究[J].山西财经大学学报,2012(3):89-90.

[127]郎志正.大质量概念、发展质量与品牌[J].交通企业管理,2012(4):18-19.

[128]向其凤.微观消费环境与西部民族地区农户的生活消费支出——基于多水平模型的研究[J].云南财经大学学报.2012(5):138-144.

[129]刘建国,李国平,张军涛,孙铁山.中国经济效率和全要素生产率的空间分异及其影响[J].地理学报,2012(8):1069-1084.

[130]程虹.2012年中国质量状况——消费者感知与模型构建[J].宏观质量研究,2013(1):33-48.

[131]王永莉,旦增遵珠.政府管理体制改革视角下民族地区经济发展方式转变[J].民族学刊;2013(1):17-23.

[132]钟海燕.城镇化、工业化与民族地区经济发展方式转变[J].广西民族研究,2013(2):134-141.

[133]程前昌.中国二元对比系数的区域差异及影响因素研究[J].资源环境与发展,2013(4):19-25.

[134]白维军.民族地区社会风险与公共危机:内涵、逻辑、治理[J].内蒙古社会科学(汉文版),2013(4):11-15.

[135]许永兵.河北省经济发展质量评价——基于经济发展质量指标体系的分析[J].河北经贸大学学报,2013,34(1):58-65.

[136]何伟.中国区域经济发展质量综合评价[J].中南财经政法大学学报,2013(4):49-56.

[137]贺彩银,陈开军.西部民族地区贸易开放度对全要素生产率的影响——基于面板数据的DEA和协整检验[J].开发研究,2013(5):31-34.

[138]宋圭武.公平及公平与效率关系理论研究[J].社科纵横.2013(6):27-33.

[139]余泳泽,刘大勇.我国区域创新效率的空间外溢效应与价值链外溢效应——创新价值链视角下的多维空间面板模型研究[J].管理世界,2013(7):6-19.

[140]郑长德.基于新结构经济学视角的民族地区产业结构调整与升级研究[J].西南民族大学学报(人文社会科学版),2013(12):112-123

[141]张士杰,陈洁.安徽省经济发展质量评价及时空演化[J].合肥学院学报(社会科学版),2014(1):59-64.

[142]伍凤兰. 经济发展质量的综合评价研究——以深圳市为例[J]. 证券市场导报,2014(2):42 - 46.

[143]刁明明,张进铭,邓玲琴. 区域经济发展质量的影响因素研究——基于城乡收入差距的视角[J]. 宏观质量研究,2014(3):56 - 66.

[144]张少华,蒋伟杰. 中国全要素生产率的再测度与分解[J]. 统计研究,2014(3):54 - 60.

[145]白维军. 流动公共服务视角下的民族地区农村养老保障服务创新[J]. 内蒙古社会科学(汉文版),2014(3):9 - 13.

[146]肖文,林高榜. 政府支持、研发管理与技术创新效率——基于中国工业行业的实证分析 [J]. 管理世界,2014(4):71 - 80.

[147] 李俊杰,刘丽娜. 基于人口预测的民族地区资源环境承载力趋势研究[J]. 民族研究,2014(5):27 - 38.

[148] 蔡之兵,张可云. 区域的概念、区域经济学研究范式与学科体系[J]. 区域经济评论,2014(6):5 - 12.

[149]杨安文,潘泽江,陈池波. 我国民族八省区 R&D 投入相对效率的 SFA 分析[J]. 西藏大学学报(社会科学版). 2014(6):8 - 12.

[150]陈松炜. 西部民族地区投资经济环境创新路径探析[J]. 贵州民族研究. 2014(10):125 - 128.

[151]宋明顺,张霞,易荣华,朱婷婷. 经济发展质量评价体系研究及应用[J]. 经济学家,2015(2):35 - 43.

[152]刘力,杨萌. 我国高技术产业国际分工地位演变——基于完全比较劳动生产率的研判[J]. 国际贸易问题,2015(4):37 - 45.

二、专著

[1]迪金森. 近代地理学创始人[M]. 北京:商务印书馆,1980.

[2]卡马耶夫. 经济增长的速度和质量[M]. 武汉:湖北人民出版社,1983.

[3]〔美〕库兹涅茨. 各国的经济增长[M]. 北京:商务印书馆,1985.

[4]施正一,黄万纶. 中国少数民族经济概论[M]. 北京:中央民族学院出版社,1985.

[5]〔德〕杜能. 孤立国同农业和国民经济的关系[M]. 吴衡康,译. 北京:商务印书馆,1986.

[6]〔美〕托达罗. 第三世界的经济发展[M]. 北京:中国人民大学出版社,1988.

[7]〔美〕库兹涅茨. 现代经济增长[M]. 北京:北京经济学院出版社,1989.

[8]〔美〕H. 钱纳里. 工业化和经济增长的比较研究[M]. 上海:三联书店上海分店,1989.

[9]高言弘. 民族发展经济学[M]. 上海:复旦大学出版社,1989.

[10]林耀华. 民族学通论[M]. 北京:中央民族学院出版社,1990.

[11]潘定智. 民族文化学[M]. 贵阳:贵州民族出版社,1992.

[12]黄学光. 当代中国的民族工作[M]. 北京:当代中国出版社,1993.

[13]黄万纶. 中国少数民族地区生态经济研究[M]. 北京:中央民族大学出版社,1994.

[14]牛文元. 可持续发展导论[M]. 北京:科学出版社,1994.

[15]陶文达. 发展经济学[M]. 成都:四川人民出版社,1995.

[16]马飚. 中国民族地区市场经济的理论和实践[M]. 南宁:广西人民出版社,1995.

[17]〔德〕廖什. 经济空间秩序:经济财货与地理间的关系[M]. 王守礼,译. 北京:商务印书馆,1995.

[18]国家计委国土开发与地区经济研究所. 中国可持续发展指标体系与方法研究[M]. 北京:科学出版社,1996.

[19]覃成林. 区域经济空间组织原理[M]. 武汉:湖北教育出版社,1996.

[20]张世秋. 可持续发展论[M]. 北京:中国环境科学出版社,1997.

[21]张坤民. 可持续发展论[M]. 北京:中国环境科学出版社,1997.

[22]施正一. 民族经济学教程[M]. 北京:中央民族大学出版社,1997.

[23]郭大烈. 云南民族传统文化变迁研究[M]. 昆明:云南大学出版社,1997.

[25]林耀华. 民族学通论[M]. 北京:中央民族大学出版社,1997.

[26]〔德〕阿尔弗雷德·韦伯. 工业区位论[M]. 李刚剑,译. 北京:商务印书馆,1997.

[27]中国可持续发展指标体系研究课题组. 中国可持续发展指标体系课题研究报告[M]. 北京:科学出版社,1998.

[27]张天路. 民族人口学[M]. 北京:中国人口出版社,1998

[28]〔德〕沃尔特·克里斯塔勒. 德国南部中心地原理[M]. 常正文,译. 北京:商

务印书馆,1998.

[29]费孝通. 中华民族多元一体格局[M]. 北京:中央民族大学出版社,1999.

[30]中国科学院可持续发展研究组. 1999 中国可持续发展战略报告[M]. 北京:科学出版社,1999.

[31]中国科学院国情分析研究小组. 民族与发展——加快我国中西部民族地区社会经济发展研究[M]. 沈阳:辽宁人民出版社,2000.

[32]牛文元. 中国可持续发展战略[M]. 北京:西苑出版社,2000.

[33]宋蜀华,陈克进. 中国民族概论[M]. 北京:中央民族大学出版社,2001.

[34]维诺德,托马斯,等. 增长的质量[M]. 北京:中国财政经济出版社,2001.

[35]苏东水. 产业经济学[M]. 北京:高等教育出版社,2001.

[36]〔英〕瑟尔沃尔. 增长与发展[M]. 中国财政经济出版社,2001.

[37]温诺·托马斯,等. 增长的质量[M]. 北京:中国财经出版社,2001.

[38]叶文虎. 可持续发展导论[M]. 北京:高等教育出版社,2001.

[39]周天勇. 新发展经济学[M]. 北京:经济科学出版社,2001.

[40]〔美〕W. W. 罗斯托. 经济增长的阶段[M]. 北京:中国社会科学出版社,2001.

[41]田春生,李涛. 经济增长方式研究[M]. 南京:江苏人民出版社,2002.

[42]宋蜀华,白振声. 民族学理论与方法[M]. 北京:中央民族大学出版社,2003.

[43]温军. 民族与发展:新的现代化追赶战略[M]. 北京:清华大学出版社,2004.

[44]宋蜀华,满都尔图. 中国民族学五十年[M]. 北京:人民出版社,2004.

[45]龙远蔚. 中国少数民族经济研究导论[M]. 北京:民族出版社,2004.

[46]曹征海. 和合加速论:当代民族经济发展战略研究[M]. 北京:民族出版社,2004.

[47]马戎. 民族社会学导论[M]. 北京:北京大学出版社,2005.

[48]何群. 环境与小民族生存[M]. 北京:社会文献出版社,2006.

[49]卢小广,刘元欣. 统计学教程(第 1 版)[M]. 北京:清华大学出版社,2006.

[50]费孝通. 乡土中国[M]. 上海:上海人民出版社,2007.

[51]李金华,等. 中国产业结构、增长及效益[M]. 北京:清华大学出版社,2007.

[52]国家统计局农村社会经济调查总队. 2006 中国农村贫困监测报告[M]. 北京:中国统计出版社,2007.

[53]郑长德.中国西部民族地区的经济发展[M].北京:科学出版社,2009.

[54]江曼琦.少数民族经济发展与城市化问题研究[M].北京:经济科学出版社,2009.

[55]岳天明.中国西北民族地区经济与社会协调发展研究[M].北京:中国社会科学出版社,2009.

[56]郑长德,罗布江村,等.中国少数民族地区经济发展方式转变研究[M].北京:民族出版社,2010.

[57]刘云生.农村金融与反贫困[M].北京:经济科学出版社,2010.

[58]舒燕飞.中国少数民族地区经济增长研究[M].新华出版社,2010.

[59]林重庚,〔美〕迈克尔·斯宾塞.中国经济中长期发展和转型——国际视角的思考与建议[M].北京:中信出版社,2011.

[60]张序.中国民族地区公共服务能力建设[M].北京:民族出版社,2011.

[61]张海波.经济发展质量:经济学范畴与统计测度[M].武汉:武汉大学出版社,2012.

[62]郑长德.中国少数民族地区经济发展报告(2013)[M].北京:中国经济出版社,2013.

[63]郑长德,等.转型时期民族地区产业结构动态优化与就业能力同步提升研究[M].北京:经济科学出版社,2013.

三、学位论文

[1]王文锦.中国区域协调发展研究[D].北京:中共中央党校,2001.

[2]林矗.外源性区域经济发展研究[D].福州:福建师范大学,2003.

[3]李变花.中国经济增长质量研究[D].长春:吉林大学,2005.

[4]钞小静.经济增长质量:一种理论解释及中国的实证分析[D].西安:西北大学,2009.

[5]王曲元.中国少数民族地区居民生活质量与主观幸福感研究[D].北京:中央民族大学,2009.

[6]周玉琴.当代中国少数民族政治发展研究[D].北京:中央民族大学,2009.

[7]张红.长江经济带经济发展质量测度研究[D].北京:中国地质大学,2015.

四、外文文献

[1]Lewis W. A Economic Development with Unlimited Supply of Labor[J]. The Man-

chester School,1954(23):139 – 191.

[2]Solow R M. A Contribution to the Theory of Economic Growth[J]. Quarterly Journal of Economics,1956, 70(1):65 –94.

[3]Strassmann W P. Economic Growth and Income Distribution[J]. The Quarterly Journal of Economics,1956,70(3):425 –440.

[4] Myrdal G. Economic Theory and Underdeveloped Regions[M]. Gerald Duckworth, 1957.

[5]Arrow K J. Economic Welfare and the Allocation of Resources for Invention in National Bureau of Economic Research,The Rate and Direction of Inventive Activity[M]. Princeton:Princeton University Press,1962.

[6]Arrow K J. The Economic Implication of Learning by Doing[J]. Review of Economic Studies,1962:234 –238.

[7]Harris J R & Todaro M P. Migration,Unemployment and Development:A Two – Sector Analysis[J]. American Economic Review,1970(60):126 –142.

[8]Caves D W, Christensen L R, Diewert W E. The Economic Theory of Index: Numbers and the Measurement of Input,Output,and Productivity[J]. Econometrica,1982, 50(6):1393 –1414.

[9]Conte M A,Darrat A F. Economic Growth and the Expanding Public Sector: A Reexamination[J]. The Review of Economics and Statistics,1988,70(2):322 –330.

[10]Sen A K. The Concept of Development in H. Chenery and T. N. Srinivasan(eds)[M]. Handbook of Development Economics. New York:Elsevier Science Publishers,1988(1).

[11]Callan T,Nolan B. Concepts of Poverty and the Poverty Line[J]. Journal of Economic Surveys,1991,5(3).

[12]Segerstorm P S. Innovation, Imitation, and Economic Growth[J]. Journal of Political Economy,1991,99(4):809 –827.

[13]Griliches Z. The Search for R&D Spillovers[J]. Scandinavian Journal of Economics, 1992,1(94):29 –47.

[14]Battese E , Coelli T. Frontier Production Functions Technical Efficiency and Panel Data:With Application to Paddy Famers in India[J]. Journal of Productivity Analysis,

1992,3(2):153 - 169.

[15]Battese E , Coelli T. Prediction Functions and Technical Efficiency:A Survey of Empirical Application in Agricultural Economics[J]. Agricultural Economics,1992,7(3): 185 - 208.

[16]Shafik N. Economic Development and Environmental Quality: An Econometric Analysis[M]. Oxford Economic Papers,1994(46):757 - 73.

[17]Fare R, Grosskopf S, Norris M,et al. Productivity Growth, Technical Progress, and Efficiency Changes in Industrialized Countries[J]. American Economic Review,1994, 84(1):66 - 83.

[18]Battese E,Coelli T. A Model of Technical Inefficiency Effects in Stochastic Frontier Production for Panel Data[J]. Empirical Economics,1995,20(2):325 - 332,

[19]Jian T,Schas J,Warner A. Trends in Regional Inequality of China[J]. China Economic Review, 1996(7):1 - 21.

[20]Todaro M P. Development Economics[M]. Addison - Wesley Publishing Company,1996.

[21]Dougherty C,Jorgenson D. International Comparisons of the Sources of Economic Growth[J]. American Economic Review,1996,86(2):25 - 29.

[22]Audretsch D, Feldman P. R&D Spill overs and Geography of Innovation and Production[J]American Economic Review,1996(86):630 - 641.

[23]Pownall L. Collaborative Development of Hot Fusion Technology Policies:Strategic Issues[J]. Technology Analysis & Strategic Management,1997,9(2):193 - 212.

[24]Battese E,Corra S. Estimation of a Production Frontier Model:With Application to the Pastoral Zone of Eastern Australia[J]. Australian Journal of Agricultural Economics, 1997,21(03):169 - 179.

[25]World Bank. World Development Report (1997)[M]. Beijing:China Financial and Economic Publishing House,1997:234 - 235.

[26]Young A. Gold into Base Metals: Productivity Growth in the People's Republic of China During the Reform Period[J]. NBRE Working Paper, 2000(7856).

[27]Jefferson D W, Gary H. Behind the Open Door: Foreign Enterprises in the Chinese Marketplace[J]. Institute for International Economics,Working Paper, 2000:2 - 16.

[28]Erik Dietzenbacher, Bart Los. Externalities of R&D Expenditures[J]. Economic Systems Research,2002,14(4):407 -425.

[29]Zhang A et al. A Study of the R&D Efficiency and Productivity of Chinese Firms [J]. Journal of Comparative Economics,2003,31(3):443 -464.

[30]Smardon R C. Kent Portney: Taking Sustainable Cities Seriously: Economic Development, the Environment and Quality of Life in American Cities, 2nd edition[J]. Town Planning Review, 2003, 74(1):135 -137.

[31]Young A. Gold into Base Metals: Productivity Growth in the Peoples Republic of China during the Reform Period[J]. Journal of Political Economy,2003,111(6):1220 -1261.

[32]Zheng J, Hu A. An Empirical Analysis of Provincial Productivity in China (1979—2001)[J]. Working Papers in Economics 127. Goteborg University, Department of Economics,2004.

[33]Chen C T et al. Using DEA to Evaluate R&D Performance of the Computers and Peripherals Firms in Taiwan[J]. International Journal of Business,2004,9(4):261 -288.

[34]Chin - Tai Chen & Chen - Fu Chien. Using DEA to Evaluate R&D Performance of the Computers and Peripherals Firms in Taiwan[J]. International Journal of Business, 2004(9):261 -288.

[35]Zheng J, Bigaten A, Hu A. Can China's Growth Be Sustained? A Productivity Perspective[J]. Working Paper, Department of Economics, Goteborg University, Sweden, 2006.

[36]Czarnitzki D & Licht G. Additionality of Public R&D Grants in a Transition Economy:The Case of Eastern Germany[J]. Economics of Transition,2006,14(1):101 -131.

[37]Cooper W W, Seiford L M. Tone K. Data Envelopment Analysis (2nd)[M]. Springer Science& Business Media, LLC, 2007:330 -331.

[38]Chang T H, Peter J K. Misallocation and Manufacturing TFP in China and India [J]. MPRA Paper,2007,124(4):1403 -1448.

[39]Kuijs L. China Through 2020——A Macroeconomic Scenario[J]. World Bank China Research Working Paper,2009(9).

[40]Brandt L,Zhu Xiaodong. Accounting for China's Growth[J]. Department of Economics,University of Toronto,2010(2):395.

[41] He J, Wang H. Economic Structure, Development Policy and Environmental Quality: An Empirical Analysis of Environmental Kuznets Curves with Chinese Municipal Data[J]. Ecological Economics, 2011, 76(1):49 – 59.

[42] Chang et al. The Sources of Bank Productivity Growth in China during 2002 – 2009: A Disaggregation View[J]. Journal of Banking & Finance ,2012(36):123 – 150.

[43] Postan M M . Economic Growth. The Economic History Review[J]. New Series, 2013,6(1):78 – 83.

附　录①

附　表

附表 1　2002—2013 年西部民族地区劳动生产率

2002 年	2003 年	2004 年	2005 年	2006 年	2007 年
0.8276	0.9400	1.1334	1.0447	1.7251	2.0998
2008 年	2009 年	2011 年	2012 年	2013 年	
2.5806	2.8763	4.4451	5.1432	5.7670	

附表 2　2002—2013 年西部民族地区劳动生产率统计特征

省区	均值	方差	变异系数	最大值	最小值	极差	峰度	偏度
内蒙古	4.825	12.571	0.735	10.719	1.132	9.587	-1.134	0.641
广西	2.442	2.898	0.697	5.395	0.770	4.624	-0.870	0.812
贵州	1.688	1.595	0.748	4.105	0.501	3.603	-0.346	0.984
云南	1.988	1.467	0.609	4.279	0.796	3.482	-0.482	0.867
青海	2.810	3.551	0.671	6.175	0.963	5.212	-0.778	0.809
宁夏	3.056	4.331	0.681	6.648	0.995	5.653	-0.937	0.772
新疆	3.049	3.128	0.580	6.261	1.187	5.074	-0.648	0.813

附表 3　1996—2014 年西部民族地区资本生产率

1996 年	1997 年	1998 年	1999 年	2000 年
78.21927497	91.14350224	151.6615415	165.883879	183.0593568
2001 年	2002 年	2003 年	2004 年	2005 年
245.7689573	362.1671523	527.8768723	778.5336694	1077.684353
2006 年	2007 年	2008 年	2009 年	2010 年
1483.245719	2092.062776	2733.528817	4163.656092	5645.204135
2011 年	2012 年	2013 年	2014 年	
5578.797769	6689.208249	8518.502624	10572.84818	

① 无特殊说明，数据均来源于《中国统计年鉴》各年份数据，经整理而得。

附表4 1996—2014年西部民族地区各省区资本生产率统计指标

省区	均值	方差	最大值	最小值	极值	峰度	偏度
内蒙古	2.228	1.228	3.986	1.010	2.975	-1.497	0.626
广西	2.462	0.929	3.788	1.132	2.655	-1.752	-0.049
贵州	2.049	0.533	3.492	1.025	2.467	-0.465	0.597
云南	2.137	0.573	3.388	1.114	2.273	-1.612	0.114
西藏	1.462	0.186	2.236	0.861	1.374	-0.736	0.652
青海	1.557	0.170	2.373	0.804	1.569	-0.183	-0.039
宁夏	1.587	0.250	2.624	0.867	1.757	-0.025	0.815
新疆	1.829	0.166	2.327	0.982	1.346	-0.284	-0.825

附表5 1995—2014年西部民族地区GDP统计指标

指标	1995年	1996年	1997年	1998年	1999年
均值	678.36625	789.355	874.64875	941.04625	995.14375
中位数	725.53	812.055	922.82	982.67	1050.335
上四分位数	173.3425	198.2175	219.14	239.31	258.28
下四分位数	948.3325	1146.74	1284.175	1404.7375	1509.4375
最大值	1497.56	1697.9	1817.25	1911.3	1971.41
最小值	56.11	64.98	77.24	91.5	105.98
极差	1441.45	1632.92	1740.01	1819.8	1865.43
四分位差	774.99	948.5225	1065.035	1165.4275	1251.1575
方差	240022.8327	332785.4428	393820	449486	480773
标准差	489.9212515	576.875587	627.551	670.437	693.378
变异系数	0.722207586	0.730818943	0.717	0.712	0.697
偏态	0.288072233	0.281594455	0.185	0.172	0.097
峰度	-1.15854993	-1.359529484	-1.522	-1.587	-1.678

指标	2000年	2001年	2002年	2003年	2004年
均值	1087.54125	1191.6325	1314.1775	1512.35625	1833.365
中位数	1196.74	1312.435	1428.04	1656.345	1943.445
上四分位数	287.185	328.1125	368.0325	431.57	519.3575
下四分位数	1657.1375	1819.935	2033.91	2430.29	3051.28
最大值	2080.04	2279.34	2523.73	2821.11	3433.5
最小值	117.8	139.16	162.04	185.09	220.34

续表

指标	2000 年	2001 年	2002 年	2003 年	2004 年
极差	1962.24	2140.18	2361.69	2636.02	3213.16
四分位差	1369.9525	1491.8225	1665.8775	1998.72	2531.9225
方差	546105.7614	634685.227	762550	984513	1486844
标准差	738.9896897	796.6713419	873.241	992.227	1219.362
变异系数	0.679504975	0.66855456	0.664	0.656	0.665
偏态	-0.034896	-0.059558368	-0.0554	-0.1378	-0.09259
峰度	-1.83245	-1.852624759	-1.8626	-1.9984	-2.0239
指标	2005 年	2006 年	2007 年	2008 年	2009 年
均值	2170.775	2590.99375	3185.53	3946.435	4341.85
中位数	2304.805	2692.12	3203.635	3872.385	4094.865
上四分位数	595.2875	706.55	888.67	1157.595	1285.3
下四分位数	3573.305	4177.645	5035.2425	6024.34	6567.1025
最大值	3984.1	4944.25	6423.18	8496.2	9740.25
最小值	248.8	290.76	341.43	394.85	441.36
极差	3735.3	4653.49	6081.75	8101.35	9298.89
四分位差	2978.0175	3471.095	4146.5725	4866.745	5281.8025
方差	2118825.296	3118421.864	4886642	7764020	9890863
标准差	1455.618527	1765.905395	2210.575	2786.399	3144.97
变异系数	0.670552465	0.681555251	0.6939	0.70605	0.72434
偏态	-0.09004878	-0.003993979	0.1159356	0.273829	0.41379
峰度	-2.02118000	-1.919061339	-1.722990	-1.345129	-1.086764
指标	2010 年	2011 年	2012 年	2013 年	2014 年
均值	5256.65	6458.03	7314.815	8155.589	8846.72
中位数	5019.815	6155.945	7178.755	8265.35	9269.925
上四分位数	1604.845	1994.2675	2229.3525	2463.6925	2639.905
下四分位数	7810.5975	9600.0575	10990	12486	13529.165
最大值	11672	14359.88	15880.58	16916.5	17770.19
最小值	507.46	605.83	701.03	815.67	920.83
极差	11164.54	13754.05	15179.55	16100.83	16849.36
四分位差	6205.7525	7605.79	8761.525	10023.015	10889.26
方差	14328685.82	21600468.21	26647571	31421272	35638418

续表

指标	2010 年	2011 年	2012 年	2013 年	2014 年
标准差	3785.325061	4647.630387	5162.129	5605.468	5969.79
变异系数	0.720102168	0.719666893	0.7057	0.6873	0.6748
偏态	0.401013605	0.404319651	0.30688	0.16189	0.06361
峰度	-1.11733	-1.097024295	-1.23151	-1.4863	-1.60989

附表 6　1995—2014 年西部民族地区 GDP 指数统计指标

指标	1995 年	1996 年	1997 年	1998 年	1999 年
均值	110.65	110.25	109.325	109.325	108.725
中位数	109.8	109.9	109	108.85	108.45
上四分位数	108.825	108.6	108.3	108.4	107.85
下四分位数	111.475	111.625	109.975	110.175	108.875
最大值	117.9	114.4	111.8	112.1	112.3
最小值	107.5	106.5	107.9	107.5	107.3
极差	10.4	7.9	3.9	4.6	5
四分位差	2.65	3.025	1.675	1.775	1.025
方差	9.4	6.145	1.661875	2.001875	2.204375
标准差	3.065941943	2.478911051	1.289137308	1.41487632	1.484713777
变异系数	0.027708468	0.022484454	0.01179	0.01294	0.013656
偏态	1.770983303	0.324446361	0.8982	0.85738	1.90059
峰度	3.773944566	-0.768274911	-0.1252	0.143563	4.337432
指标	2000 年	2001 年	2002 年	2003 年	2004 年
均值	109.1	109.7125	110.6625	111.85	112.75
中位数	108.8	109.45	110.4	111.55	111.6
上四分位数	108.275	108.525	109.075	110.175	111.375
下四分位数	110.25	110.95	112.3	112.175	112.15
最大值	110.8	112.7	113.2	117.9	120.5
最小值	107.5	106.8	108.2	108.8	111.2
极差	3.3	5.9	5	9.1	9.3
四分位差	1.975	2.425	3.225	2	0.775
方差	1.31	3.31859375	3.12484	6.6075	8.7175
标准差	1.144552314	1.821700785	1.76772	2.57051	2.95254
变异系数	0.010490855	0.016604314	0.015974	0.02298	0.026187

续表

指标	2000 年	2001 年	2002 年	2003 年	2004 年
偏态	0.228961861	0.151516364	0.19953	1.68494	2.74125
峰度	-1.601075112	-0.743194181	-1.6415	3.78067	7.6227
指标	2005 年	2006 年	2007 年	2008 年	2009 年
均值	112.9625	113	114.2125	112.4625	112.1
中位数	111.85	112.35	113.75	111.95	112
上四分位数	110.9	111.8	112.575	110.9	111.075
下四分位数	112.45	113.425	114.875	112.975	112.775
最大值	123.8	118	119.2	117.8	116.9
最小值	109	111	112.2	110.1	108.1
极差	14.8	7	7	7.7	8.8
四分位差	1.55	1.625	2.3	2.075	1.7
方差	18.11234375	4.22	4.61859	5.27984	5.8625
标准差	4.255859931	2.054263858	2.1490913	2.297791	2.42126
变异系数	0.03767498	0.018179326	0.0188167	0.02043	0.021599
偏态	2.405805703	2.011428302	1.646599	1.65606	0.4843587
峰度	6.367854687	4.652951697	3.19492	3.22052	1.313963
指标	2010 年	2011 年	2012 年	2013 年	2014 年
均值	113.25	113.2	112.125	110.9375	109.15
中位数	113.15	113.1	111.9	110.9	108.85
上四分位数	112.3	112.25	111.5	110.1	108.075
下四分位数	114.4	113.85	112.475	112.1	110.2
最大值	115.3	115	113.6	112.5	110.8
最小值	110.6	112	111.3	109	107.8
极差	4.7	3	2.3	3.5	3
四分位差	2.1	1.6	0.975	2	2.125
方差	2.1575	1.0625	0.569375	1.34484	1.355
标准差	1.468843082	1.030776406	0.75457	1.15967	1.16404
变异系数	0.012969917	0.009105799	0.0067298	0.010453	0.01066
偏态	-0.273921295	0.484276815	1.01541	-0.219	0.413656
峰度	-0.453733171	-1.112477785	0.0395	-1.1735	-1.7817

附表7 1995—2014年西部民族地区人均GDP指数统计指标

指标	1995年	1996年	1997年	1998年	1999年
均值	3250.625	3688.125	4083.75	4429.375	4707.375
中位数	3376	3789	4121.5	4436	4643
上四分位数	2901.75	3451.5	3732	4176	4378
下四分位数	3577.75	4058.75	4452.75	4806.75	5140.25
最大值	4701	5102	5848	6174	6443
最小值	1826	2048	2250	2364	2545
极差	2875	3054	3598	3810	3898
四分位差	676	607.25	720.75	630.75	762.25
方差	667562.4844	794740.8594	1028258.188	1110602.234	1178305.484
标准差	817.0449708	891.4823943	1014.03	1053.851	1085.4978
变异系数	0.251350116	0.241716968	0.2483	0.23792	0.230596
偏态	-0.111095762	-0.465578204	-0.1168	-0.40076	-0.4276
峰度	0.554509683	0.330660362	0.66687	1.210356	1.3001
指标	2000年	2001年	2002年	2003年	2004年
均值	5142.5	5671.375	6255.25	7197.625	8611.125
中位数	4953.5	5549	6297.5	7119.5	8398
上四分位数	4632	5047.25	5510	6094.5	7348.75
下四分位数	5657.5	6333.25	7025.75	8257.5	9733.5
最大值	7372	7945	8457	10039	12767
最小值	2759	3000	3257	3701	4317
极差	4613	4945	5200	6338	8450
四分位差	1025.5	1286	1515.75	2163	2384.75
方差	1657511	1970610.984	2371502	3804898	5953960
标准差	1287.443591	1403.784522	1539.968	1950.61	2440.07
变异系数	0.250353639	0.24752102	0.246188	0.271008	0.28336
偏态	-0.021121619	-0.232745765	-0.440578	-0.103056	0.0784656
峰度	0.888648397	0.757926368	0.627117	-0.06161	0.2982
指标	2005年	2006年	2007年	2008年	2009年
均值	10064	11725.25	14502	17920.125	19558.875
中位数	9579.5	11074.5	13392	16536.5	17749.5
上四分位数	8549.75	9920.25	11714.5	13333.5	14640.75

续表

指标	2005 年	2006 年	2007 年	2008 年	2009 年
下四分位数	10956.25	12555.75	15606.25	19656	20400.75
最大值	16331	20047	26521	34869	39735
最小值	5052	5750	7878	9855	10971
极差	11279	14297	18643	25014	28764
四分位差	2406.5	2635.5	3891.75	6322.5	5760
方差	10148934	15808631.44	27617001	52126028	69400269
标准差	3185.739161	3976.006972	5255.188	7219.8357	8330.6824
变异系数	0.316548009	0.339097842	0.3623768	0.4028898	0.4259285
偏态	0.648249348	0.911125147	1.4794388	1.6928265	1.9509720
峰度	0.929947133	1.648846041	3.0573889	3.607248	4.5324911
指标	2010 年	2011 年	2012 年	2013 年	2014 年
均值	23684.125	28963.375	32506.25	35927.125	38655.25
中位数	22167	27424	30566.5	33808	36380.5
上四分位数	16708.25	19874	22750.75	26075	28755
下四分位数	25490.5	30826	34445.5	38068	40944.5
最大值	47347	57974	63886	67836	71046
最小值	13119	16413	19710	23151	26437
极差	34228	41561	44176	44685	44609
四分位差	8782.25	10952	11694.75	11993	12189.5
方差	100361316.1	150450355.7	173039852	178759931	182838408
标准差	10018.04952	12265.82063	13154.461	13370.113	13521.775
变异系数	0.42298584	0.423494176	0.4046748	0.3721454	0.3498044
偏态	1.747409258	1.761140519	1.8354140	1.8421851	1.8740212
峰度	3.756399937	3.782209171	4.0138111	4.0160901	4.1203468

附表 8　1995—2014 年西部民族地区各省区综合效率值

省区	1996 年	1997 年	1998 年	1999 年	2000 年	2001 年	2002 年
内蒙古	1	1	1	1	1	1	1
广西	0.96	1.042	0.853	1.008	1.141	1.019	1
贵州	0.94	0.915	0.899	0.981	0.941	0.853	0.98
云南	0.978	0.935	0.97	0.966	1.013	1.042	1.073
西藏	1.078	1.05	1.047	1.034	0.978	1.038	1.047

续表

省区	1996年	1997年	1998年	1999年	2000年	2001年	2002年
青海	0.851	0.941	1.017	1.016	0.886	1.013	1.053
宁夏	0.973	0.975	0.978	0.992	0.959	1.028	1.019
新疆	1	1	1	1	1	1	1
省区	2003年	2004年	2005年	2006年	2007年	2008年	2009年
内蒙古	1	1	1	1	1	1	1
广西	1	1	1	1	1	0.999	0.939
贵州	1.053	1.11	1.199	1.08	1.081	1.023	1
云南	1.017	1.008	0.916	0.999	1.029	1.012	0.972
西藏	0.945	1.04	0.99	0.954	1.019	1.012	1.083
青海	0.978	1.092	1.016	0.985	1.066	1.088	0.945
宁夏	0.978	1.014	0.976	1.028	1.081	0.994	1.029
新疆	0.974	1.026	1	1	1	1	1
省区	2010年	2011年	2012年	2013年	2014年		
内蒙古	1	1	1	1	1		
广西	0.91	1.171	0.994	1.006	1		
贵州	0.933	0.983	0.977	1.008	1.003		
云南	0.957	1.19	1.005	0.994	1.006		
西藏	0.926	1.158	0.977	0.985	1.013		
青海	0.978	0.938	0.919	0.998	1.024		
宁夏	0.946	1.102	0.928	0.972	1.017		
新疆	1	0.99	0.921	0.997	1.009		

附表9　1995—2014年西部民族地区各省区技术进步

省区	1996年	1997年	1998年	1999年	2000年	2001年	2002年
内蒙古	1.182	1.04	1.091	1.031	0.998	1.008	0.976
广西	1.078	1.02	1.065	0.994	0.917	0.957	0.971
贵州	1.019	1.02	1.052	0.994	0.917	0.956	0.963
云南	1.119	1.042	1.079	1.065	1.003	0.947	0.93
西藏	1.141	1.054	1.077	1.059	1.093	1.06	1.062
青海	1.131	1.086	1.034	1.045	1.1	1.068	1.058
宁夏	1.138	1.086	1.058	1.051	1.098	1.057	1.059
新疆	1.063	1.111	1.03	1.034	1.119	1.064	1.057

续表

省区	2003 年	2004 年	2005 年	2006 年	2007 年	2008 年	2009 年
内蒙古	1.03	1.131	1.169	1.177	1.182	1.203	1.009
广西	0.944	0.976	0.941	0.946	0.948	0.963	0.859
贵州	0.953	0.95	0.877	0.9	0.918	0.964	0.855
云南	0.959	1.02	0.98	0.97	0.954	0.962	0.857
西藏	1.106	1.066	1.062	1.054	1.039	1.026	0.873
青海	1.127	1.036	1.051	1.045	1.022	1.012	0.873
宁夏	1.105	1.125	1.07	1.08	1.045	1.047	0.892
新疆	1.122	1.071	1.064	1.054	1.025	1.014	0.873
省区	2010 年	2011 年	2012 年	2013 年	2014 年		
内蒙古	1.102	1.143	1.032	0.973	0.952		
广西	1.033	0.937	0.919	0.907	0.935		
贵州	0.987	0.923	0.912	0.907	0.933		
云南	1.006	0.923	0.912	0.907	0.933		
西藏	1.039	0.935	0.921	0.906	0.927		
青海	1.05	0.987	0.947	0.898	0.887		
宁夏	1.048	1.009	0.947	0.898	0.888		
新疆	1.039	0.954	0.936	0.902	0.905		

附表 10　1995—2014 年西部民族地区各省区 TFP

省区	1996 年	1997 年	1998 年	1999 年	2000 年	2001 年	2002 年
内蒙古	1.182	1.04	1.091	1.031	0.998	1.008	0.976
广西	1.035	1.063	0.908	1.002	1.047	0.975	0.971
贵州	0.958	0.933	0.946	0.975	0.863	0.816	0.944
云南	1.094	0.974	1.047	1.029	1.017	0.986	0.998
西藏	1.23	1.107	1.128	1.096	1.069	1.1	1.112
青海	0.963	1.022	1.052	1.062	0.974	1.081	1.114
宁夏	1.107	1.059	1.035	1.043	1.053	1.087	1.079
新疆	1.063	1.111	1.03	1.034	1.119	1.064	1.057
省区	2003 年	2004 年	2005 年	2006 年	2007 年	2008 年	2009 年
内蒙古	1.03	1.131	1.169	1.177	1.182	1.203	1.009
广西	0.944	0.976	0.941	0.946	0.948	0.962	0.806
贵州	1.004	1.054	1.052	0.972	0.992	0.986	0.855

续表

省区	2003 年	2004 年	2005 年	2006 年	2007 年	2008 年	2009 年
云南	0.975	1.028	0.898	0.969	0.982	0.974	0.833
西藏	1.045	1.109	1.051	1.006	1.059	1.038	0.946
青海	1.103	1.131	1.068	1.029	1.089	1.102	0.825
宁夏	1.081	1.14	1.044	1.11	1.129	1.041	0.918
新疆	1.093	1.099	1.064	1.054	1.025	1.014	0.873

省区	2010	2011	2012	2013	2014
内蒙古	1.102	1.143	1.032	0.973	0.952
广西	0.941	1.097	0.914	0.913	0.935
贵州	0.921	0.908	0.89	0.915	0.936
云南	0.963	1.099	0.916	0.902	0.939
西藏	0.962	1.084	0.9	0.892	0.939
青海	1.027	0.926	0.871	0.896	0.908
宁夏	0.991	1.112	0.879	0.873	0.903
新疆	1.039	0.944	0.862	0.899	0.913

附表 11　2012 年和 2014 年西部民族地区教育经费投入（估算）　单位：万元

省区	2014 年	2012 年	地区	2014 年	2012 年
内蒙古	6401596.173	5895117.45	西藏	1599684.526	1063754.18
广西	8440799.733	7529797.03	青海	2018880.458	2219076.52
贵州	7725887.615	6070175.68	宁夏	1714951.269	1488071.1
云南	8862086.076	8860510.45	新疆	6378144.673	5328539.55

附表 12　西部民族地区创新投入产出松弛数据

项目	专利申请率	技术进步	R&D 投入占 GDP 比重	教育经费投入占 GDP 比重	科技人员活动数占总人口比重
内蒙古	0	0	0	0	0
广西	0	0	0	0	0
贵州	0	0	0	0	0
云南	0	0.009	0.018	0	0
西藏	0	0	0.189	0.027	0
青海	0.124	0.176	0.025	0	0
宁夏	0	0	0	0	0

续表

项目	专利申请率	技术进步	R&D 投入占 GDP 比重	教育经费投入占 GDP 比重	科技人员活动数占总人口比重
新疆	0	0.066	0.017	0	0
均值	0.016	0.031	0.031	0.003	0

附表 13　西部民族地区创新投入产出目标值

省区	专利申请率	技术进步	R&D 投入占 GDP 比重	教育经费投入占 GDP 比重	科技人员活动数占总人口比重
内蒙古	0.909	1.203	0.181	0.031	0.171
广西	0.806	0.963	0.231	0.05	0.124
贵州	0.818	0.964	0.365	0.076	0.106
云南	0.9	0.971	0.275	0.057	0.126
西藏	1.199	1.026	0.34	0.064	0.148
青海	0.902	1.188	0.184	0.032	0.168
宁夏	1.759	1.047	0.36	0.058	0.193
新疆	1.132	1.08	0.25	0.045	0.162

附表 14　第一产业比较劳动生产率

省区	2008 年	2009 年	2010 年	2011 年	2012 年	2013 年	2014 年
内蒙古	0.9428	0.8764	0.8758	0.9114	0.9883	1.1754	1.1588
广西	4.9982	5.1695	5.1327	5.5098	6.0080	6.9894	7.4662
贵州	11.6599	15.5341	14.5060	16.4179	21.6538	23.1862	27.5235
云南	3.8053	6.3449	3.4156	5.0448	6.8499	9.4697	9.7542
西藏	5.9905	6.2354	3.3403	3.2574	5.0672	3.7887	3.0841
青海	2.1005	2.5399	3.0913	3.1425	3.6711	4.3610	4.3240
宁夏	1.8266	2.1940	2.1502	1.9382	2.4126	2.9370	3.7261
新疆	0.6839	0.7645	0.8677	0.8309	0.9039	0.9578	0.9922

附表 15　第二产业比较劳动生产率

省区	2008 年	2009 年	2010 年	2011 年	2012 年	2013 年	2014 年
内蒙古	1.5811	1.6256	1.7122	1.6623	1.5904	1.5153	1.4939
广西	1.3206	1.3145	1.4033	1.3733	1.3249	1.1677	1.1949
贵州	1.0521	1.0654	1.1105	1.0307	0.9653	1.0210	1.0803

续表

省区	2008 年	2009 年	2010 年	2011 年	2012 年	2013 年	2014 年
云南	1.1669	1.0918	1.1993	1.0686	0.9962	0.9879	1.0334
西藏	2.4139	2.5830	2.7581	3.5096	4.0969	2.4977	2.6046
青海	1.7518	1.6890	1.6961	1.5534	1.5073	1.3694	1.3594
宁夏	1.3175	1.2548	1.2579	1.3315	1.2920	1.2226	1.2314
新疆	1.9631	1.7768	1.8818	1.7705	1.6869	1.4894	1.4957

附表 16　第三产业比较劳动生产率

省区	2008 年	2009 年	2010 年	2011 年	2012 年	2013 年	2014 年
内蒙古	0.6740	0.6680	0.6289	0.6199	0.6340	0.6518	0.6844
广西	0.5710	0.5952	0.5609	0.5539	0.5800	0.6495	0.6437
贵州	0.7466	0.7569	0.7410	0.7882	0.8132	0.7884	0.7309
云南	0.6678	0.6929	0.6867	0.7294	0.7521	0.7582	0.7391
西藏	0.6503	0.6389	0.6429	0.6174	0.6039	0.6477	0.6461
青海	0.5475	0.5707	0.5442	0.5440	0.5572	0.6204	0.6342
宁夏	0.7035	0.7359	0.7337	0.7104	0.7223	0.7503	0.7442
新疆	0.6711	0.7226	0.6277	0.6570	0.6790	0.7555	0.7449

附表 17　西部民族地区三次比较劳动生产率均值

指标	2008 年	2009 年	2010 年	2011 年	2012 年	2013 年	2014 年
第一产业比较劳动生产率	4.001	4.9573	4.1725	4.6316	5.9443	6.6081	7.2536
第二产业比较劳动生产率	1.571	1.5501	1.6274	1.6625	1.6825	1.4089	1.4367
第三产业比较劳动生产率	0.654	0.6726	0.6458	0.6525	0.6677	0.7027	0.6959

附表 18　西部民族地区投资率

省区	2008 年	2009 年	2010 年	2011 年	2012 年	2013 年	2014 年
内蒙古	0.6445	0.7532	0.7648	0.7218	0.7478	0.8404	0.9900
广西	0.5350	0.6750	0.7375	0.6817	0.7525	0.8241	0.8833
贵州	0.5235	0.6165	0.6747	0.7429	0.8344	0.9118	0.9740
云南	0.6036	0.7336	0.7653	0.6962	0.7596	0.8425	0.8973
西藏	0.7849	0.8571	0.9117	0.8522	0.9564	1.0740	1.1612
青海	0.5726	0.7382	0.7530	0.8594	0.9946	1.1126	1.2422
宁夏	0.6885	0.7950	0.8547	0.7824	0.8956	1.0285	1.1532
新疆	0.5402	0.6372	0.6296	0.7008	0.8206	0.9157	1.0188

附表 19　西部民族地区消费率

省区	2008 年	2009 年	2010 年	2011 年	2012 年	2013 年	2014 年
内蒙古	0.2396	0.2381	0.2308	0.2288	0.2379	0.2531	0.2791
广西	0.4199	0.4343	0.3914	0.3625	0.3764	0.3809	0.3912
贵州	0.4952	0.4974	0.4740	0.4502	0.4248	0.4121	0.4298
云南	0.4347	0.4414	0.4324	0.4297	0.4407	0.4432	0.4488
西藏	0.2546	0.2655	0.2625	0.2356	0.2326	0.2401	0.2484
青海	0.3165	0.3342	0.3038	0.2962	0.3101	0.3273	0.3411
宁夏	0.3625	0.3636	0.3348	0.3310	0.3331	0.3417	0.3632
新疆	0.2789	0.2981	0.2956	0.2957	0.3159	0.3036	0.3059

附表 20　西部民族地区城镇化率

省区	2008 年	2009 年	2010 年	2011 年	2012 年	2013 年	2014 年
内蒙古	0.5172	0.5342	0.5550	0.5661	0.5775	0.5869	0.5952
广西	0.3816	0.3921	0.4000	0.4181	0.4353	0.4482	0.4600
贵州	0.2912	0.2988	0.3380	0.3497	0.3642	0.3784	0.4002
云南	0.3300	0.3400	0.3470	0.3680	0.3930	0.4047	0.4173
西藏	0.2192	0.2230	0.2267	0.2277	0.2273	0.2372	0.2579
青海	0.4079	0.4201	0.4476	0.4630	0.4747	0.4844	0.4974
宁夏	0.4498	0.4608	0.4787	0.4992	0.5070	0.5199	0.5363
新疆	0.3965	0.3983	0.4302	0.4355	0.4398	0.4448	0.4608

附表 21　西部民族地区二元对比系数

省区	2008 年	2009 年	2010 年	2011 年	2012 年	2013 年	2014 年
内蒙古	0.4181	0.3821	0.3741	0.3993	0.4443	0.5423	0.5320
广西	2.6422	2.7069	2.6132	2.8588	3.1541	3.8463	4.0608
贵州	6.4827	8.5244	7.8348	9.0262	12.1754	12.8141	15.1962
云南	2.0740	3.5550	1.8110	2.8058	3.9180	5.4231	5.5031
西藏	1.9550	1.9353	0.9822	0.7893	1.0779	1.2045	0.9488
青海	0.9135	1.1240	1.3798	1.4983	1.7782	2.1916	2.1689
宁夏	0.9038	1.1021	1.0796	0.9492	1.1977	1.4886	1.8861
新疆	0.2596	0.3059	0.3458	0.3423	0.3821	0.4267	0.4428

附表 22 西部民族地区二元反差系数

省区	2008 年	2009 年	2010 年	2011 年	2012 年	2013 年	2014 年
内蒙古	0.0065	0.0135	0.0133	0.0088	0.0011	-0.0139	-0.0126
广西	-0.1656	-0.1516	-0.1409	-0.1430	-0.1389	-0.1358	-0.1334
贵州	-0.1384	-0.1316	-0.1264	-0.1196	-0.1242	-0.1181	-0.1332
云南	-0.1322	-0.1458	-0.1085	-0.1272	-0.1371	-0.1407	-0.1394
西藏	-0.1279	-0.1215	-0.0949	-0.0852	-0.0920	-0.0764	-0.0673
青海	-0.0543	-0.0602	-0.0676	-0.0633	-0.0680	-0.0744	-0.0721
宁夏	-0.0447	-0.0512	-0.0504	-0.0424	-0.0499	-0.0539	-0.0577
新疆	0.0764	0.0547	0.0303	0.0351	0.0187	0.0075	0.0013

附表 23 西部民族地区各省区经济协调发展效率值

项目	2008 年	2009 年	2010 年	2011 年	2012 年	2013 年	2014 年	均值
内蒙古	0.9904	0.9903	0.9902	0.9901	0.9900	0.9898	0.9897	0.9901
广西	0.8669	0.8653	0.8638	0.8622	0.8606	0.8589	0.8573	0.8621
贵州	0.7550	0.7521	0.7492	0.7463	0.7433	0.7404	0.7373	0.7462
云南	0.7964	0.7941	0.7917	0.7892	0.7868	0.7843	0.7818	0.7892
西藏	0.4115	0.4047	0.3977	0.3907	0.3836	0.3764	0.3692	0.3905
青海	0.8329	0.8310	0.8290	0.8270	0.8250	0.8230	0.8209	0.8270
宁夏	0.9216	0.9207	0.9198	0.9188	0.9179	0.9169	0.9160	0.9188
新疆	0.8101	0.8079	0.8057	0.8034	0.8011	0.7988	0.7965	0.8034
均值	0.7981	0.7958	0.7934	0.7910	0.7885	0.7861	0.7836	0.7909

附表 24 2004—2014 年西部民族地区各省区电力消费量

单位:亿千瓦小时

项目	2004 年	2005 年	2006 年	2007 年	2008 年	2009 年
内蒙古	535.58	667.72	884.91	1160.21	1220.57	1287.93
广西	456.86	510.15	579.46	681.14	753.39	856.35
贵州	583.26	486.97	581.98	669.10	679.18	750.30
云南	475.19	557.25	645.61	745.52	829.44	891.19
西藏	11.00	12.00	13.00	15.00	16.00	17.70
青海	199.64	206.56	244.41	285.44	313.23	337.24
宁夏	272.83	302.88	377.85	439.78	439.62	462.96

续表

项目	2004 年	2005 年	2006 年	2007 年	2008 年	2009 年
新疆	265.90	310.14	356.20	413.32	479.37	547.88
均值	350.03	381.71	460.43	551.19	591.35	643.94
总量	2800.26	3053.67	3683.42	4409.51	4730.80	5151.55
项目	2010 年	2011 年	2012 年	2013 年	2014 年	均值
内蒙古	1536.83	1864.07	2016.80	2181.90	2416.74	1433.93
广西	993.24	1112.21	1153.90	1237.74	1307.99	876.58
贵州	835.38	944.13	1046.70	1126.27	1173.74	807.00
云南	1004.07	1204.07	1315.90	1459.81	1529.38	968.86
西藏	20.41	23.77	27.80	30.65	33.98	20.12
青海	465.18	560.68	602.20	676.29	723.21	419.46
宁夏	546.77	724.54	741.80	811.18	848.75	542.63
新疆	661.96	839.10	1151.50	1539.75	1900.24	769.58
均值	757.98	909.07	1007.08	1132.95	1241.75	—
总量	6063.84	7272.57	8056.60	9063.59	9934.03	—

附表 25　2004—2014 年西部民族地区各省区单位产值电力消费量

单位:亿千瓦小时/亿元

项目	2004 年	2005 年	2006 年	2007 年	2008 年	2009 年
内蒙古	0.1761	0.1710	0.1790	0.1806	0.1437	0.1322
广西	0.1331	0.1280	0.1221	0.1170	0.1073	0.1104
贵州	0.3476	0.2428	0.2488	0.2320	0.1907	0.1918
云南	0.1542	0.1609	0.1619	0.1562	0.1457	0.1444
西藏	0.0499	0.0482	0.0447	0.0439	0.0405	0.0401
青海	0.4283	0.3802	0.3769	0.3580	0.3075	0.3119
宁夏	0.5080	0.4944	0.5205	0.4785	0.3652	0.3421
新疆	0.1204	0.1191	0.1170	0.1173	0.1146	0.1281
均值	0.2397	0.2181	0.2214	0.2104	0.1769	0.1751
项目	2010 年	2011 年	2012 年	2013 年	2014 年	均值
内蒙古	0.1317	0.1298	0.1270	0.1290	0.1360	0.1487
广西	0.1038	0.0949	0.0885	0.0857	0.0835	0.1067
贵州	0.1815	0.1656	0.1528	0.1393	0.1267	0.2018

续表

项目	2010 年	2011 年	2012 年	2013 年	2014 年	均值
云南	0.1390	0.1354	0.1276	0.1234	0.1193	0.1426
西藏	0.0402	0.0392	0.0397	0.0376	0.0369	0.0419
青海	0.3445	0.3356	0.3180	0.3187	0.3140	0.3449
宁夏	0.3236	0.3447	0.3168	0.3147	0.3084	0.3924
新疆	0.1217	0.1269	0.1534	0.1824	0.2049	0.1369
均值	0.1732	0.1715	0.1655	0.1663	0.1662	0.1895

附表 26　2004—2014 年西部民族地区各省区废水排放量　　单位：万吨

项目	2004 年	2005 年	2006 年	2007 年	2008 年	2009 年
内蒙古	52568	56241	55102	60405	70421	73155
广西	218776	270857	250584	319808	345355	305507
贵州	55687	55668	51460	55112	55866	59159
云南	78303	75202	76760	83759	83865	87591
西藏	4501	4555	2685	3336	3420	3455
青海	14287	19360	15726	19948	19997	22171
宁夏	23773	35817	25276	37213	37948	41336
新疆	60040	63419	57440	68617	74700	77184
均值	63492	72640	66879	81025	86447	83695
项目	2010 年	2011 年	2012 年	2013 年	2014 年	均值
内蒙古	92548	100389	102424	106920	111917	80190
广西	312630	222439	245578	225303	219304	266922
贵州	60823	77927	91455	93085	110912	69741
云南	91992	147523	154010	156583	157544	108467
西藏	3825	4635	4683	5005	5450	4141
青海	22609	21292	21994	21953	23001	20213
宁夏	40653	39432	38948	38528	37277	36018
新疆	83690	83329	93810	100720	102748	78700
均值	88596	87121	94113	93512	96019	—

附表27 2004—2014年西部民族地区各省区单位产值废水排放量

单位:万吨/亿元

项目	2004年	2005年	2006年	2007年	2008年	2009年
内蒙古	17.2860	14.4022	11.1447	9.4043	8.2885	7.5106
广西	63.7181	67.9845	52.7972	54.9177	49.1889	39.3737
贵州	33.1905	27.7588	22.0010	19.1090	15.6858	15.1199
云南	25.4073	21.7175	19.2471	17.5503	14.7335	14.1968
西藏	20.4275	18.3079	9.2344	9.7694	8.6615	7.8286
青海	30.6522	35.6328	24.2498	25.0185	19.6315	20.5045
宁夏	44.2610	58.4662	34.8202	40.4885	31.5204	30.5447
新疆	27.1786	24.3527	18.8621	19.4761	17.8571	18.0460
均值	32.7651	33.5778	24.0446	24.4667	20.6959	19.1406

项目	2010年	2011年	2012年	2013年	2014年	均值
内蒙古	7.9291	6.9909	6.4497	6.3205	6.2980	9.2749
广西	32.6682	18.9780	18.8397	15.5920	13.9926	38.9137
贵州	13.2162	13.6670	13.3468	11.5106	11.9693	17.8704
云南	12.7339	16.5885	14.9387	13.2335	12.2941	16.6037
西藏	7.5375	7.6500	6.6804	6.1357	5.9182	9.8319
青海	16.7421	12.7461	11.6155	10.3452	9.9861	19.7386
宁夏	24.0600	18.7576	16.6353	14.9476	13.5450	29.8224
新疆	15.3913	12.6063	12.4992	11.9283	11.0798	17.2070
均值	16.2848	13.4980	12.6257	11.2517	10.6354	—

附表28 2004—2014年西部民族地区各省区二氧化硫排放量 单位:吨

项目	2004年	2005年	2006年	2007年	2008年	2009年
内蒙古	1179000	1456000	1557000	1455800	1431000	1398803
广西	944000	1024000	994000	973844	925000	890495
贵州	1315000	1358000	1465000	1375073	1236000	1175494
云南	478000	522000	551000	533700	502000	499307
西藏	1000	2000	2000	1891	2000	1660
青海	73000	124000	130000	133923	135000	135698
宁夏	293000	342000	383000	369776	348000	314245
新疆	481000	519000	549000	579937	585000	589900

续表

项目	2004 年	2005 年	2006 年	2007 年	2008 年	2009 年
均值	595500	668375	703875	677993	645500	625700
排放总量	4764000	5347000	5631000	5423944	5164000	5005603
项目	2010 年	2011 年	2012 年	2013 年	2014 年	均值
内蒙古	1394100	1409404	1384928	1358692	1312436	1412934
广西	903826	521023	504123	471987	466589	958556
贵州	1148830	1104284	1041087	986423	925787	1320761
云南	500702	691226	672216	663091	636683	514334
西藏	3857	4176	4185	4192	4250	1758
青海	143431	156602	153853	156694	154276	121937
宁夏	310752	410385	406633	389712	377056	341670
新疆	588487	763055	796128	829431	852981	550639
均值	624248	632519	620394	607528	591257	652824
排放总量	4993985	5060155	4963154	4860222	4730058	5222591

附表 29 2004—2014 年西部民族地区各省区单位产值二氧化硫排放量

单位:吨/亿元

项目	2004 年	2005 年	2006 年	2007 年	2008 年	2009 年
内蒙古	387.6925	372.8524	314.9113	226.6479	168.4282	143.6106
广西	274.9381	257.0217	209.4325	167.2292	131.7476	114.7669
贵州	783.7645	677.1649	626.3414	476.7755	347.0389	300.4320
云南	155.0986	150.7481	138.1596	111.8277	88.1921	80.9282
西藏	4.5384	8.0386	6.8785	5.5379	5.0652	3.7611
青海	156.6188	228.2265	200.4626	167.9598	132.5322	125.4990
宁夏	545.5121	558.2671	527.6209	402.3193	289.0558	232.2048
新疆	217.7367	199.2942	180.2802	164.6070	139.8448	137.9222
均值	315.7375	306.4517	275.5109	215.3630	162.7381	142.3906
项目	2010 年	2011 年	2012 年	2013 年	2014 年	均值
内蒙古	119.4397	98.1488	87.2089	80.3175	73.8561	269.0238
广西	94.4452	44.4525	38.6743	32.6637	29.7704	192.5227
贵州	249.6284	193.6715	151.9347	121.9785	99.9081	535.2529
云南	69.3092	77.7259	65.2037	56.0407	49.6842	120.8257

续表

项目	2010 年	2011 年	2012 年	2013 年	2014 年	均值
西藏	7.6006	6.8926	5.9693	5.1389	4.6153	5.6366
青海	106.2114	93.7490	81.2517	73.8405	66.9798	168.5498
宁夏	183.9150	195.2162	173.6791	151.1937	137.0065	425.8300
新疆	108.2281	115.4387	106.0754	98.2291	91.9809	173.2808
均值	117.3472	103.1619	88.7496	77.4253	69.2252	—

附表 30　西部民族地区经济持续发展投入产出指标统计特征

指标	劳动	资本	资源	GDP	废水排放	二氧化硫
均值	2372.69	3699.89	729.77	4918.25	83048.93	635717.28
中位数	2345.50	2203.66	664.84	3492.95	60222.62	527850.00
上四分位数	586.75	967.69	372.44	1313.80	23580.05	258923.50
下四分位数	4031.75	5488.74	1014.73	7294.46	95455.12	988317.34
最大值	4889.00	17591.83	2416.74	17770.19	345355.00	1557000.0
最小值	276.00	162.36	11.00	220.34	2685.00	1000.00
极差	4613.00	17429.47	2405.74	17549.85	342670.00	1556000.0
四分位差	3445.00	4521.05	642.29	5980.66	71875.07	729393.84
标准差	1683.35	3814.38	520.15	4470.15	80102.97	467754.98
变异系数	0.71	1.03	0.71	0.91	0.96	0.74
偏态	0.15	1.48	0.92	1.13	1.63	0.36
峰度	-1.52	1.72	0.91	0.48	2.18	-1.05

附表 31　2004—2014 年西部民族地区经济持续发展值

省区	2004 年	2005 年	2006 年	2007 年	2008 年	2009 年
内蒙古	0.6192	0.5795	0.6252	0.7009	1.0000	0.7609
广西	1.0000	1.0000	0.9656	0.9484	1.0000	0.6584
贵州	0.4338	0.5316	0.5377	0.5853	1.0000	0.5796
云南	1.0000	0.7498	0.6922	0.7790	1.0000	0.6386
西藏	1.0000	1.0000	1.0000	0.9793	1.0000	1.0000
青海	0.5430	0.5455	0.5560	0.6222	1.0000	0.5382
宁夏	0.4158	0.4078	0.4463	0.4948	0.5245	0.4605
新疆	0.8167	0.8943	1.0000	1.0000	1.0000	0.7818

续表

省区	2010 年	2011 年	2012 年	2013 年	2014 年
内蒙古	0.8046	1.0000	1.0000	1.0000	1.0000
广西	0.6989	1.0000	1.0000	1.0000	1.0000
贵州	0.5684	0.5399	0.5495	0.5897	0.6322
云南	0.6723	0.7435	0.7467	0.7578	0.7907
西藏	0.8900	1.0000	1.0000	1.0000	1.0000
青海	0.5577	0.5525	0.5528	0.5599	0.5638
宁夏	0.4806	0.5289	0.5260	0.5195	0.5153
新疆	0.9433	0.7997	0.6510	0.6158	0.5966

附表 32 2004—2014 年西部民族地区经济持续发展排名

省区	2004 年	2005 年	2006 年	2007 年	2008 年	2009 年
内蒙古	56	62	54	46	1	41
广西	1	1	30	31	1	50
贵州	86	76	75	60	1	61
云南	1	43	48	40	1	52
西藏	1	1	1	29	1	1
青海	72	71	67	55	1	74
宁夏	87	88	85	82	79	84
新疆	35	33	1	1	1	39

省区	2010 年	2011 年	2012 年	2013 年	2014 年
内蒙古	36	1	1	1	1
广西	47	1	1	1	1
贵州	63	73	70	59	53
云南	49	45	44	42	38
西藏	34	1	1	1	1
青海	66	69	68	65	64
宁夏	83	77	78	80	81
新疆	32	37	51	57	58

附表 33　西部民族地区经济持续发展未达到有效前沿省区的发展引用

省区（年）	效率值	参考省区（年）	权重	参考省区（年）	权重	参考省区（年）	权重	参考省区（年）	权重	参考省区（年）	权重
内蒙古（2004）	0.6192	西藏（2008）	0.4101	新疆（2008）	0.5495	内蒙古（2011）	0.0404				
贵州（2004）	0.4338	云南（2004）	0.0744	西藏（2004）	0.4850	新疆（2006）	0.4406				
青海（2004）	0.5430	云南（2004）	0.0085	西藏（2004）	0.9356	新疆（2008）	0.0559				
宁夏（2004）	0.4158	西藏（2005）	0.1301	西藏（2008）	0.8274	新疆（2008）	0.0426				
新疆（2004）	0.8167	云南（2004）	0.0140	西藏（2004）	0.2962	新疆（2006）	0.6898				
内蒙古（2005）	0.5795	西藏（2008）	0.5671	新疆（2008）	0.2491	内蒙古（2011）	0.1838				
贵州（2005）	0.5316	云南（2004）	0.1761	西藏（2004）	0.3704	新疆（2006）	0.4535				
云南（2005）	0.7498	云南（2004）	0.2631	西藏（2005）	0.1095	新疆（2008）	0.6274				
青海（2005）	0.5455	西藏（2004）	0.9074	新疆（2006）	0.0387	新疆（2008）	0.0539				
宁夏（2005）	0.4078	西藏（2008）	0.9624	新疆（2008）	0.0302	内蒙古（2011）	0.0074				
新疆（2005）	0.8943	云南（2004）	0.0295	西藏（2004）	0.1565	新疆（2006）	0.8140				
内蒙古（2006）	0.6252	西藏（2008）	0.4658	新疆（2008）	0.2860	内蒙古（2011）	0.2482				
广西（2006）	0.9656	广西（2004）	0.5520	云南（2004）	0.0293	广西（2008）	0.3556	新疆（2008）	0.0631		
贵州（2006）	0.5377	云南（2004）	0.0627	西藏（2004）	0.2508	新疆（2006）	0.6865				
云南（2006）	0.6922	西藏（2008）	0.1042	新疆（2008）	0.8693	广西（2011）	0.0265				
青海（2006）	0.5560	西藏（2005）	0.5987	西藏（2008）	0.3112	新疆（2008）	0.0900				
宁夏（2006）	0.4463	西藏（2008）	0.9299	新疆（2008）	0.0637	内蒙古（2011）	0.0064				

续表

省区（年）	效率值	参考省区（年）	权重	参考省区（年）	权重	参考省区（年）	权重	参考省区（年）	权重	参考省区（年）	权重
内蒙古（2007）	0.7009	内蒙古（2008）	0.4158	西藏（2008）	0.3937	内蒙古（2011）	0.1905				
广西（2007）	0.9484	广西（2004）	0.2949	广西（2008）	0.6559	新疆（2008）	0.0492				
贵州（2007）	0.5853	西藏（2005）	0.0627	新疆（2006）	0.9249	新疆（2008）	0.0124				
云南（2007）	0.7790	云南（2004）	0.0222	云南（2008）	0.1572	西藏（2008）	0.0531	新疆（2008）	0.6908	广西（2011）	0.0767
西藏（2007）	0.9793	西藏（2004）	0.0867	西藏（2006）	0.3975	西藏（2008）	0.4496	西藏（2009）	0.0663		
青海（2007）	0.6222	西藏（2005）	0.6422	西藏（2008）	0.2268	新疆（2008）	0.1310				
宁夏（2007）	0.4948	西藏（2008）	0.8804	新疆（2008）	0.1126	内蒙古（2011）	0.0070				
宁夏（2008）	0.5245	西藏（2008）	0.8824	新疆（2008）	0.0818	内蒙古（2011）	0.0357				
内蒙古（2009）	0.7609	西藏（2011）	0.0746	内蒙古（2012）	0.5960	西藏（2012）	0.3295				
广西（2009）	0.6584	西藏（2008）	0.2780	新疆（2008）	0.1079	广西（2011）	0.6141				
贵州（2009）	0.5796	西藏（2008）	0.3444	新疆（2008）	0.5540	内蒙古（2011）	0.1016				
云南（2009）	0.6386	广西（2011）	0.1613	西藏（2011）	0.5918	内蒙古（2012）	0.2469				
青海（2009）	0.5382	西藏（2008）	0.9453	新疆（2008）	0.0076	内蒙古（2011）	0.0471				
宁夏（2009）	0.4605	西藏（2011）	0.9511	内蒙古（2012）	0.0489						
新疆（2009）	0.7818	西藏（2008）	0.3661	新疆（2008）	0.4883	内蒙古（2011）	0.1455				
内蒙古（2010）	0.8046	内蒙古（2012）	0.7187	西藏（2014）	0.2813						
广西（2010）	0.6989	广西（2011）	0.4993	西藏（2011）	0.2541	广西（2013）	0.2466				

续表

省区（年）	效率值	参考省区（年）	权重	参考省区（年）	权重	参考省区（年）	权重	参考省区（年）	权重	参考省区（年）	权重
贵州（2010）	0.5684	西藏（2008）	0.4791	新疆（2008）	0.3014	内蒙古（2011）	0.2195				
云南（2010）	0.6723	广西（2011）	0.0351	西藏（2011）	0.5470	内蒙古（2012）	0.3099	广西（2013）	0.1080		
西藏（2010）	0.8900	西藏（2009）	0.8032	西藏（2012）	0.0661	西藏（2013）	0.1308				
青海（2010）	0.5577	西藏（2008）	0.9365	内蒙古（2011）	0.0180	内蒙古（2012）	0.0455				
宁夏（2010）	0.4806	西藏（2011）	0.9290	内蒙古（2012）	0.0710						
新疆（2010）	0.9433	西藏（2008）	0.1730	新疆（2008）	0.6199	内蒙古（2011）	0.1324	广西（2011）	0.0746		
贵州（2011）	0.5399	内蒙古（2011）	0.1848	西藏（2011）	0.6480	内蒙古（2012）	0.1672				
云南（2011）	0.7435	内蒙古（2011）	0.0101	广西（2011）	0.6121	西藏（2011）	0.2898	内蒙古（2012）	0.0881		
青海（2011）	0.5525	内蒙古（2012）	0.0639	西藏（2012）	0.9361						
宁夏（2011）	0.5289	西藏（2011）	0.9020	内蒙古（2012）	0.0980						
新疆（2011）	0.7997	西藏（2008）	0.4117	新疆（2008）	0.1966	内蒙古（2011）	0.3917				
贵州（2012）	0.5495	内蒙古（2012）	0.4007	西藏（2013）	0.5993						
云南（2012）	0.7467	广西（2011）	0.1316	西藏（2011）	0.3116	内蒙古（2012）	0.3719	广西（2013）	0.1849		
青海（2012）	0.5528	内蒙古（2012）	0.0650	西藏（2014）	0.9350						
宁夏（2012）	0.5260	西藏（2011）	0.8864	内蒙古（2012）	0.1136						
新疆（2012）	0.6510	内蒙古（2012）	0.4401	西藏（2014）	0.5598						
贵州（2013）	0.5897	内蒙古（2012）	0.4790	西藏（2014）	0.5210						

续表

省区（年）	效率值	参考省区（年）	权重	参考省区（年）	权重	参考省区（年）	权重	参考省区（年）	权重	参考省区（年）	权重
云南（2013）	0.7578	内蒙古（2012）	0.2558	广西（2014）	0.4802	西藏（2014）	0.2639				
青海（2013）	0.5599	内蒙古（2012）	0.0803	西藏（2014）	0.9197						
宁夏（2013）	0.5195	内蒙古（2012）	0.1170	西藏（2013）	0.8830						
新疆（2013）	0.6158	内蒙古（2012）	0.5029	西藏（2014）	0.4971						
贵州（2014）	0.6322	内蒙古（2012）	0.5579	西藏（2014）	0.4421						
云南（2014）	0.7907	内蒙古（2012）	0.1695	广西（2014）	0.6343	西藏（2014）	0.1961				
青海（2014）	0.5638	内蒙古（2013）	0.0864	西藏（2014）	0.9136						
宁夏（2014）	0.5153	内蒙古（2012）	0.1224	西藏（2014）	0.8776						
新疆（2014）	0.5966	内蒙古（2012）	0.5583	西藏（2014）	0.4416						

附表 34 西部民族地区各省区各年份经济持续发展目标值和松弛量

序号	指标	现值	目标值	差值	百分比
1	内蒙古 2004	0.61917509			
	劳动力	2393	1391.035114	-1001.964886	-41.87%
	资本	1787.95	1787.95	0	0
	能源	535.58	345.3283702	-190.2516298	-35.52%
	废水排放量	52568	46507.43778	-6060.56222	-11.53%
	二氧化硫排放量	1179000	379247.8251	-799752.1749	-67.83%
	GDP	3041.07	3041.07	0	0
2	广西 2004	1			
	劳动力	4889	4889	0	0
	资本	1236.51	1236.51	0	0
	能源	456.86	456.86	0	0
	废水排放量	218776	218776	0	0

续表

序号	指标	现值	目标值	差值	百分比
2	广西 2004	1			
	二氧化硫排放量	944000	944000	0	0
	GDP	3433.5	3433.5	0	0
3	贵州 2004	0.433769298			
	劳动力	3904	1365.476555	-2538.523445	-65.02%
	资本	865.23	865.23	0	0
	能源	583.26	197.6175086	-385.6424914	-66.12%
	废水排放量	55687	33314.68931	-22372.31069	-40.18%
	二氧化硫排放量	1315000	277919.3411	-1037080.659	-78.87%
	GDP	1677.8	1677.8	0	0
4	云南 2004	1			
	劳动力	4415	4415	0	0
	资本	1291.54	1291.54	0	0
	能源	475.19	475.19	0	0
	废水排放量	78303	78303	0	0
	二氧化硫排放量	478000	478000	0	0
	GDP	3081.91	3081.91	0	0
5	西藏 2004	1			
	劳动力	276	276	0	0
	资本	162.36	162.36	0	0
	能源	11	11	0	0
	废水排放量	4501	4501	0	0
	二氧化硫排放量	1000	1000	0	0
	GDP	220.34	220.34	0	0
6	青海 2004	0.543031965			
	劳动力	539	414.7424746	-124.2575254	-23.05%
	资本	289.18	289.18	0	0
	能源	199.64	41.11319196	-158.526808	-79.41%
	废水排放量	14287	9050.131355	-5236.868645	-36.65%
	二氧化硫排放量	73000	37685.68736	-35314.31264	-48.38%
	GDP	466.1	466.1	0	0

续表

序号	指标	现值	目标值	差值	百分比
7	宁夏 2004	0.415834115			
	劳动力	588	368.7169415	-219.2830585	-37.29%
	资本	376.2	376.2	0	0
	能源	272.83	35.20384058	-237.6261594	-87.10%
	废水排放量	23773	6601.749787	-17171.25021	-72.23%
	二氧化硫排放量	293000	26816.48796	-266183.512	-90.85%
	GDP	537.11	537.11	0	0
8	新疆 2004	0.816678669			
	劳动力	1963	1557.703086	-405.2969139	-20.65%
	资本	1147.15	1147.15	0	0
	能源	265.9	255.6257088	-10.27429123	-3.86%
	废水排放量	60040	42052.78119	-17987.21881	-29.96%
	二氧化硫排放量	481000	385699.5509	-95300.44906	-19.81%
	GDP	2209.09	2209.09	0	0
9	内蒙古 2005	0.579480422			
	劳动力	2403	1152.619679	-1250.380321	-52.03%
	资本	2643.6	2643.6	0	0
	能源	667.72	471.0635088	-196.6564912	-29.45%
	废水排放量	56241	38998.57616	-17242.42384	-30.66%
	二氧化硫排放量	1456000	405886.8219	-1050113.178	-72.12%
	GDP	3905.03	3905.03	0	0
10	广西 2005	1			
	劳动力	4660	4660	0	0
	资本	1661.17	1661.17	0	0
	能源	510.15	510.15	0	0
	废水排放量	270857	270857	0	0
	二氧化硫排放量	1024000	1024000	0	0
	GDP	3984.1	3984.1	0	0
11	贵州 2005	0.531620641			
	劳动力	3730	1809.524386	-1920.475614	-51.49%
	资本	998.25	998.25	0	0

续表

序号	指标	现值	目标值	差值	百分比
11	贵州 2005	0.531620641			
	能源	486.97	249.3041592	-237.6658408	-48.81%
	废水排放量	55668	41507.31179	-14160.68821	-25.44%
	二氧化硫排放量	1358000	333525.5874	-1024474.413	-75.44%
	GDP	2005.42	2005.42	0	0
12	云南 2005	0.749828258			
	劳动力	4450	2529.1937	-1920.8063	-43.16%
	资本	1777.63	1777.63	0	0
	能源	557.25	427.1003391	-130.1496609	-23.36%
	废水排放量	75202	67967.98656	-7234.013442	-9.62%
	二氧化硫排放量	522000	493021.8118	-28978.18817	-5.55%
	GDP	3462.73	3462.73	0	0
13	西藏 2005	1			
	劳动力	280	280	0	0
	资本	181.39	181.39	0	0
	能源	12	12	0	0
	废水排放量	4555	4555	0	0
	二氧化硫排放量	2000	2000	0	0
	GDP	248.8	248.8	0	0
14	青海 2005	0.545477634			
	劳动力	543	444.6748967	-98.32510332	-18.11%
	资本	329.81	329.81	0	0
	能源	206.56	49.61155182	-156.9484482	-75.98%
	废水排放量	19360	10334.54241	-9025.457592	-46.62%
	二氧化硫排放量	124000	53697.30874	-70302.69126	-56.70%
	GDP	543.32	543.32	0	0
15	宁夏 2005	0.407765861			
	劳动力	596	363.6917306	-232.3082694	-38.98%
	资本	443.25	443.25	0	0
	能源	302.88	43.67278541	-259.2072146	-85.58%
	废水排放量	35817	6288.434928	-29528.56507	-82.44%

续表

序号	指标	现值	目标值	差值	百分比
15	宁夏 2005	0.407765861			
	二氧化硫排放量	342000	30014.50362	-311985.4964	-91.22%
	GDP	612.61	612.61	0	0
16	新疆 2005	0.894319401			
	劳动力	2010	1842.12279	-167.8772098	-8.35%
	资本	1339.06	1339.06	0	0
	能源	310.14	305.6812772	-4.458722775	-1.44%
	废水排放量	63419	49769.7126	-13649.2874	-21.52%
	二氧化硫排放量	519000	461133.3253	-57866.67468	-11.15%
	GDP	2604.19	2604.19	0	0
17	内蒙古 2006	0.625172812			
	劳动力	2415	1361.471067	-1053.528933	-43.62%
	资本	3363.21	3363.21	0	0
	能源	884.91	607.1900895	-277.7199105	-31.38%
	废水排放量	55102	47872.13619	-7229.863805	-13.12%
	二氧化硫排放量	1557000	518035.4501	-1038964.55	-66.73%
	GDP	4944.25	4944.25	0	0
18	广西 2006	0.965566628			
	劳动力	4719	4675.223856	-43.77614366	-0.93%
	资本	2198.72	2198.72	0	0
	能源	579.46	564.2602558	-15.19974416	-2.62%
	废水排放量	250584	250584	0	0
	二氧化硫排放量	994000	900948.0271	-93051.9729	-9.36%
	GDP	4746.16	4746.16	0	0
19	贵州 2006	0.537699047			
	劳动力	3690	1753.349321	-1936.650679	-52.48%
	资本	1197.43	1197.43	0	0
	能源	581.98	277.0758562	-304.9041438	-52.39%
	废水排放量	51460	45469.69748	-5990.302525	-11.64%
	二氧化硫排放量	1465000	407091.9197	-1057908.08	-72.21%
	GDP	2338.98	2338.98	0	0

续表

序号	指标	现值	目标值	差值	百分比
20	云南 2006	0.692211934			
	劳动力	4483	2005.963133	-2477.036867	-55.25%
	资本	2208.6	2208.6	0	0
	能源	645.61	447.8485223	-197.7614777	-30.63%
	废水排放量	76760	71186.37002	-5573.62998	-7.26%
	二氧化硫排放量	551000	522545.4517	-28454.54831	-5.16%
	GDP	3988.14	3988.14	0	0
21	西藏 2006	1			
	劳动力	285	285	0	0
	资本	231.14	231.14	0	0
	能源	13	13	0	0
	废水排放量	2685	2685	0	0
	二氧化硫排放量	2000	2000	0	0
	GDP	290.76	290.76	0	0
22	青海 2006	0.555979842			
	劳动力	548	450.3917987	-97.60820128	-17.81%
	资本	408.54	408.54	0	0
	能源	244.41	55.32575009	-189.0842499	-77.36%
	废水排放量	15726	10517.37861	-5208.621389	-33.12%
	二氧化硫排放量	130000	54491.91403	-75508.08597	-58.08%
	GDP	648.5	648.5	0	0
23	宁夏 2006	0.446290779			
	劳动力	604	423.1945678	-180.8054322	-29.93%
	资本	498.75	498.75	0	0
	能源	377.85	57.39227905	-320.457721	-84.81%
	废水排放量	25276	8582.906001	-16693.094	-66.04%
	二氧化硫排放量	383000	48177.57615	-334822.4239	-87.42%
	GDP	725.9	725.9	0	0
24	新疆 2006	1			
	劳动力	2050	2050	0	0
	资本	1567.05	1567.05	0	0

续表

序号	指标	现值	目标值	差值	百分比
24	新疆 2006	1			
	能源	356.2	356.2	0	0
	废水排放量	57440	57440	0	0
	二氧化硫排放量	549000	549000	0	0
	GDP	3045.26	3045.26	0	0
25	内蒙古 2007	0.700929576			
	劳动力	2429	1603.876413	-825.1235866	-33.97%
	资本	4372.88	4372.88	0	0
	能源	1160.21	868.8404146	-291.3695854	-25.11%
	废水排放量	60405.23	49747.39918	-10657.83082	-17.64%
	二氧化硫排放量	1455800.49	864211.6884	-591588.8016	-40.64%
	GDP	6423.18	6423.18	0	0
26	广西 2007	0.948370301			
	劳动力	4768	4705.341662	-62.65833825	-1.31%
	资本	2939.67	2939.67	0	0
	能源	681.14	652.4589013	-28.68109866	-4.21%
	废水排放量	319808.27	294704.7812	-25103.48879	-7.85%
	二氧化硫排放量	973844.04	913864.267	-59979.77296	-6.16%
	GDP	5823.41	5823.41	0	0
27	贵州 2007	0.585296671			
	劳动力	3632	1940.068883	-1691.931117	-46.58%
	资本	1488.8	1488.8	0	0
	能源	669.1	336.1555744	-332.9444256	-49.76%
	废水排放量	55112.42	54339.57212	-772.8478763	-1.40%
	二氧化硫排放量	1375072.97	515163.8575	-859909.1125	-62.54%
	GDP	2884.11	2884.11	0	0
28	云南 2007	0.779044115			
	劳动力	4514	2655.951675	-1858.048325	-41.16%
	资本	2759.03	2759.03	0	0
	能源	745.52	558.2091296	-187.3108704	-25.12%
	废水排放量	83758.94	83758.94	0	0

续表

序号	指标	现值	目标值	差值	百分比
28	云南 2007	0.779044115			
	二氧化硫排放量	533700	533700	0	0
	GDP	4772.52	4772.52	0	0
29	西藏 2007	0.979345001			
	劳动力	289	288.0931496	-0.906850419	-0.31%
	资本	270.34	270.34	0	0
	能源	15	14.48670868	-0.513291317	-3.42%
	废水排放量	3335.56	3223.811289	-111.7487112	-3.35%
	二氧化硫排放量	1890.8	1890.8	0	0
	GDP	341.43	341.43	0	0
30	青海 2007	0.622169486			
	劳动力	552	525.2110612	-26.78893883	-4.85%
	资本	482.84	482.84	0	0
	能源	285.44	74.13536686	-211.3046331	-74.03%
	废水排放量	19948.49	13487.0017	-6461.488301	-32.39%
	二氧化硫排放量	133922.77	78376.63029	-55546.13971	-41.48%
	GDP	797.35	797.35	0	0
31	宁夏 2007	0.494762492			
	劳动力	610	514.4319503	-95.56804973	-15.67%
	资本	599.8	599.8	0	0
	能源	439.78	81.10246229	-358.6775377	-81.56%
	废水排放量	37213.38	12126.00845	-25087.37155	-67.41%
	二氧化硫排放量	369775.67	77498.44874	-292277.2213	-79.04%
	GDP	919.11	919.11	0	0
32	新疆 2007	1			
	劳动力	2095	2095	0	0
	资本	1850.84	1850.84	0	0
	能源	413.32	413.32	0	0
	废水排放量	68617.3	68617.3	0	0
	二氧化硫排放量	579936.79	579936.79	0	0
	GDP	3523.16	3523.16	0	0

续表

序号	指标	现值	目标值	差值	百分比
33	内蒙古 2008	1			
	劳动力	2444	2444	0	0
	资本	5475.41	5475.41	0	0
	能源	1220.57	1220.57	0	0
	废水排放量	70421	70421	0	0
	二氧化硫排放量	1431000	1431000	0	0
	GDP	8496.2	8496.2	0	0
34	广西 2008	1			
	劳动力	4816	4816	0	0
	资本	3756.41	3756.41	0	0
	能源	753.39	753.39	0	0
	废水排放量	345355	345355	0	0
	二氧化硫排放量	925000	925000	0	0
	GDP	7021	7021	0	0
35	贵州 2008	1			
	劳动力	3596	3596	0	0
	资本	1864.45	1864.45	0	0
	能源	679.18	679.18	0	0
	废水排放量	55866	55866	0	0
	二氧化硫排放量	1236000	1236000	0	0
	GDP	3561.56	3561.56	0	0
36	云南 2008	1			
	劳动力	4543	4543	0	0
	资本	3435.93	3435.93	0	0
	能源	829.44	829.44	0	0
	废水排放量	83865	83865	0	0
	二氧化硫排放量	502000	502000	0	0
	GDP	5692.12	5692.12	0	0
37	西藏 2008	1			
	劳动力	292	292	0	0
	资本	309.91	309.91	0	0

续表

序号	指标	现值	目标值	差值	百分比
37	西藏 2008	1			
	能源	16	16	0	0
	废水排放量	3420	3420	0	0
	二氧化硫排放量	2000	2000	0	0
	GDP	394.85	394.85	0	0
38	青海 2008	1			
	劳动力	554	554	0	0
	资本	583.24	583.24	0	0
	能源	313.23	313.23	0	0
	废水排放量	19997	19997	0	0
	二氧化硫排放量	135000	135000	0	0
	GDP	1018.62	1018.62	0	0
39	宁夏 2008	0.524517065			
	劳动力	618	520.7121436	-97.28785643	-15.74%
	资本	828.85	828.85	0	0
	能源	439.62	119.963504	-319.656496	-72.71%
	废水排放量	37948	12716.95386	-25231.04614	-66.49%
	二氧化硫排放量	348000	99998.04372	-248001.9563	-71.26%
	GDP	1203.92	1203.92	0	0
40	新疆 2008	1			
	劳动力	2131	2131	0	0
	资本	2259.97	2259.97	0	0
	能源	479.37	479.37	0	0
	废水排放量	74700	74700	0	0
	二氧化硫排放量	585000	585000	0	0
	GDP	4183.21	4183.21	0	0
41	内蒙古 2009	0.760947788			
	劳动力	2458	1607.99733	-850.0026701	-34.58%
	资本	7336.79	7336.79	0	0
	能源	1287.93	1212.853188	-75.07681188	-5.83%
	废水排放量	73154.74	62928.89022	-10225.84978	-13.98%

续表

序号	指标	现值	目标值	差值	百分比
41	内蒙古 2009	0.760947788			
	二氧化硫排放量	1398803.38	827044.6363	-571758.7437	-40.87%
	GDP	9740.25	9740.25	0	0
42	广西 2009	0.658400616			
	劳动力	4856	3163.689174	-1692.310826	-34.85%
	资本	5237.24	5237.24	0	0
	能源	856.35	739.201852	-117.148148	-13.68%
	废水排放量	305507.09	145615.2881	-159891.8019	-52.34%
	二氧化硫排放量	890494.78	383642.099	-506852.681	-56.92%
	GDP	7759.16	7759.16	0	0
43	贵州 2009	0.579555308			
	劳动力	3537	1533.350562	-2003.649438	-56.65%
	资本	2412.02	2412.02	0	0
	能源	750.3	460.5016918	-289.7983082	-38.62%
	废水排放量	59159.17	52763.00702	-6396.162977	-10.81%
	二氧化硫排放量	1175494.19	467999.0495	-707495.1405	-60.19%
	GDP	3912.68	3912.68	0	0
44	云南 2009	0.638638391			
	劳动力	4571	1543.240296	-3027.759704	-66.24%
	资本	4526.37	4526.37	0	0
	能源	891.19	691.3863516	-199.8036484	-22.42%
	废水排放量	87590.64	63906.03965	-23684.60035	-27.04%
	二氧化硫排放量	499306.78	428436.2497	-70870.5303	-14.19%
	GDP	6169.75	6169.75	0	0
45	西藏 2009	1			
	0	劳动力	296	296	0
	资本	378.28	378.28	0	0
	能源	17.7	17.7	0	0
	废水排放量	3455.23	3455.23	0	0
	二氧化硫排放量	1660	1660	0	0
	GDP	441.36	441.36	0	0

续表

序号	指标	现值	目标值	差值	百分比
46	青海 2009	0.538232737			
	劳动力	557	409.1249358	-147.8750642	-26.55%
	资本	798.23	798.23	0	0
	能源	337.24	106.5489513	-230.6910487	-68.41%
	废水排放量	22170.93	8528.867918	-13642.06208	-61.53%
	二氧化硫排放量	135698.26	72710.83093	-62987.42907	-46.42%
	GDP	1081.27	1081.27	0	0
47	宁夏 2009	0.460474081			
	劳动力	625	410.0201298	-214.9798702	-34.40%
	资本	1075.91	1072.18861	-3.721390482	-0.35%
	能源	462.96	121.3007948	-341.6592052	-73.80%
	废水排放量	41336.46	9419.986403	-31916.4736	-77.21%
	二氧化硫排放量	314245.07	71744.27814	-242500.7919	-77.17%
	GDP	1353.31	1353.31	0	0
48	新疆 2009	0.781785373			
	劳动力	2159	1508.734777	-650.2652226	-30.12%
	资本	2725.45	2725.45	0	0
	能源	547.88	511.2140411	-36.66595889	-6.69%
	废水排放量	77183.63	52339.47278	-24844.15722	-32.19%
	二氧化硫排放量	589900.05	491506.7082	-98393.34176	-16.68%
	GDP	4277.05	4277.05	0	0
49	内蒙古 2010	0.804559536			
	劳动力	2472	1878.956144	-593.0438565	-23.99%
	资本	8926.46	8835.545321	-90.91467889	-1.02%
	能源	1536.83	1458.980289	-77.84971093	-5.07%
	废水排放量	92548	75142.87312	-17405.12688	-18.81%
	二氧化硫排放量	1394100	996507.1548	-397592.8452	-28.52%
	GDP	11672	11672	0	0
50	广西 2010	0.698922871			
	劳动力	4610	3560.088701	-1049.911299	-22.77%
	资本	7057.56	7057.56	0	0

续表

序号	指标	现值	目标值	差值	百分比
50	广西 2010	0.698922871			
	能源	993.24	866.6274711	-126.6125289	-12.75%
	废水排放量	312630	167808.1968	-144821.8032	-46.32%
	二氧化硫排放量	903826	377617.2267	-526208.7733	-58.22%
	GDP	9569.85	9569.85	0	0
51	贵州 2010	0.568372535			
	劳动力	3479	1326.99315	-2152.00685	-61.86%
	资本	3104.92	3104.92	0	0
	能源	835.38	561.3348496	-274.0451504	-32.80%
	废水排放量	60823	46189.27384	-14633.72616	-24.06%
	二氧化硫排放量	1148830	486657.5318	-662172.4682	-57.64%
	GDP	4602.16	4602.16	0	0
52	云南 2010	0.672330327			
	劳动力	4602	1609.957145	-2992.042855	-65.02%
	资本	5528.71	5528.71	0	0
	能源	1004.07	810.6606817	-193.4093183	-19.26%
	废水排放量	91992	66410.67247	-25581.32753	-27.81%
	二氧化硫排放量	500702	500702	0	0
	GDP	7224.18	7224.18	0	0
53	西藏 2010	0.89002252			
	劳动力	300	298.8821678	-1.117832156	-0.37%
	资本	462.67	462.67	0	0
	能源	20.41	20.06057087	-0.349429131	-1.71%
	废水排放量	3825	3738.941142	-86.05885823	-2.25%
	二氧化硫排放量	3857	2157.840339	-1699.159661	-44.05%
	GDP	507.46	507.46	0	0
54	青海 2010	0.557692029			
	劳动力	563	431.363209	-131.636791	-23.38%
	资本	1016.87	1016.87	0	0
	能源	465.18	140.2497965	-324.9302035	-69.85%
	废水排放量	22609	9667.343671	-12941.65633	-57.24%

续表

序号	指标	现值	目标值	差值	百分比
54	青海 2010	0.557692029			
	二氧化硫排放量	143431	90215.81872	-53215.18128	-37.10%
	GDP	1350.43	1350.43	0	0
55	宁夏 2010	0.480589387			
	劳动力	633	458.1764387	-174.8235613	-27.62%
	资本	1444.16	1322.314944	-121.8450557	-8.44%
	能源	546.77	165.1860113	-381.5839887	-69.79%
	废水排放量	40653	11573.25623	-29079.74377	-71.53%
	二氧化硫排放量	310752	102147.5469	-208604.4531	-67.13%
	GDP	1689.65	1689.65	0	0
56	新疆 2010	0.943261442			
	劳动力	2185	2046.854761	-138.1452393	-6.32%
	资本	3423.24	3423.24	0	0
	能源	661.96	629.7361358	-32.22386425	-4.87%
	废水排放量	83690	76791.78167	-6898.218328	-8.24%
	二氧化硫排放量	588487	588487	0	0
	GDP	5437.47	5437.47	0	0
57	内蒙古 2011	1			
	劳动力	2482	2482	0	0
	资本	10365.17	10365.17	0	0
	能源	1864.07	1864.07	0	0
	废水排放量	100388.99	100388.99	0	0
	二氧化硫排放量	1409404.33	1409404.33	0	0
	GDP	14359.88	14359.88	0	0
58	广西 2011	1			
	劳动力	4645	4645	0	0
	资本	7990.66	7990.66	0	0
	能源	1112.21	1112.21	0	0
	废水排放量	222438.92	222438.92	0	0
	二氧化硫排放量	521022.51	521022.51	0	0
	GDP	11720.87	11720.87	0	0

续表

序号	指标	现值	目标值	差值	百分比
59	贵州 2011	0.539926496			
	劳动力	3469	1071.383742	-2397.616258	-69.12%
	资本	4235.92	4235.92	0	0
	能源	944.13	697.1334948	-246.9965052	-26.16%
	废水排放量	77927.2	38682.31049	-39244.88951	-50.36%
	二氧化硫排放量	1104284	494748.9183	-609535.0817	-55.20%
	GDP	5701.84	5701.84	0	0
60	云南 2011	0.743462386			
	劳动力	4631	3175.175422	-1455.824578	-31.44%
	资本	6191	6191	0	0
	能源	1204.07	884.0830393	-319.9869607	-26.58%
	废水排放量	147523.1	147523.1	0	0
	二氧化硫排放量	691225.79	456320.0631	-234905.7269	-33.98%
	GDP	8893.12	8893.12	0	0
61	西藏 2011	1			
	劳动力	303	303	0	0
	资本	516.31	516.31	0	0
	能源	23.77	23.77	0	0
	废水排放量	4634.58	4634.58	0	0
	二氧化硫排放量	4175.73	4175.73	0	0
	GDP	605.83	605.83	0	0
62	青海 2011	0.552505705			
	劳动力	568	447.3467635	-120.6532365	-21.24%
	资本	1435.58	1386.094975	-49.48502486	-3.45%
	能源	560.68	154.8239377	-405.8560623	-72.39%
	废水排放量	21291.52	10925.18383	-10366.33617	-48.69%
	二氧化硫排放量	156602.1	92363.54313	-64238.55687	-41.02%
	GDP	1670.44	1670.44	0	0
63	宁夏 2011	0.528893602			
	劳动力	639	517.2457341	-121.7542659	-19.05%
	资本	1644.74	1629.12389	-15.6161103	-0.95%

续表

序号	指标	现值	目标值	差值	百分比
63	宁夏 2011	0.528893602			
	能源	724.54	219.0163166	-505.5236834	-69.77%
	废水排放量	39432.37	14214.49129	-25217.87871	-63.95%
	二氧化硫排放量	410385.49	139440.6805	-270944.8095	-66.02%
	GDP	2102.21	2102.21	0	0
64	新疆 2011	0.799655821			
	劳动力	2209	1511.443865	-697.556135	-31.58%
	资本	4632.14	4632.14	0	0
	能源	839.1	831.0275948	-8.072405214	-0.96%
	废水排放量	83328.54	55419.52316	-27909.01684	-33.49%
	二氧化硫排放量	763055.29	667933.7956	-95121.49437	-12.47%
	GDP	6610.05	6610.05	0	0
65	内蒙古 2012	1			
	劳动力	2490	2490	0	0
	资本	11875.7	11875.7	0	0
	能源	2016.8	2016.8	0	0
	废水排放量	102424.49	102424.49	0	0
	二氧化硫排放量	1384928.33	1384928.33	0	0
	GDP	15880.58	15880.58	0	0
66	广西 2012	1			
	劳动力	4682	4682	0	0
	资本	9808.6	9808.6	0	0
	能源	1153.9	1153.9	0	0
	废水排放量	245577.8	245577.8	0	0
	二氧化硫排放量	504123.33	504123.33	0	0
	GDP	13035.1	13035.1	0	0
67	贵州 2012	0.549532801			
	劳动力	3484	1184.725632	-2299.274368	-66.00%
	资本	5717.8	5283.592	-434.2080002	-7.59%
	能源	1046.7	826.5037849	-220.1962151	-21.04%
	废水排放量	91455.12	44040.93354	-47414.18646	-51.84%

续表

序号	指标	现值	目标值	差值	百分比
67	贵州 2012	0.549532801			
	二氧化硫排放量	1041086.62	557455.434	-483631.186	-46.45%
	GDP	6852.2	6852.2	0	0
68	云南 2012	0.746678408			
	劳动力	4659	2504.404596	-2154.595404	-46.25%
	资本	7831.1	7831.1	0	0
	能源	1315.9	1132.725203	-183.1747973	-13.92%
	废水排放量	154009.74	110473.836	-43535.90402	-28.27%
	二氧化硫排放量	672215.92	672215.92	0	0
	GDP	10309.47	10309.47	0	0
69	西藏 2012	1			
	劳动力	308	308	0	0
	资本	670.5	670.5	0	0
	能源	27.8	27.8	0	0
	废水排放量	4683.14	4683.14	0	0
	二氧化硫排放量	4184.66	4184.66	0	0
	GDP	701.03	701.03	0	0
70	青海 2012	0.55283112			
	劳动力	573	459.2255251	-113.7744749	-19.86%
	资本	1883.4	1771.882183	-111.5178174	-5.92%
	能源	602.2	162.9074231	-439.2925769	-72.95%
	废水排放量	21994.46	11755.16272	-10239.29728	-46.55%
	二氧化硫排放量	153853.33	94024.88782	-59828.44218	-38.89%
	GDP	1893.54	1893.54	0	0
71	宁夏 2012	0.526025499			
	劳动力	647	551.4766027	-95.52339731	-14.76%
	资本	2096.9	1806.920774	-289.9792258	-13.83%
	能源	741.8	250.2111717	-491.5888283	-66.27%
	废水排放量	38948.08	15745.09649	-23202.98351	-59.57%
	二氧化硫排放量	406633.25	161052.1852	-245581.0648	-60.39%
	GDP	2341.29	2341.29	0	0

续表

序号	指标	现值	目标值	差值	百分比
72	新疆 2012	0.651047614			
	劳动力	2233	1273.996122	-959.0038778	-42.95%
	资本	6158.8	5825.654749	-333.1452509	-5.41%
	能源	1151.5	906.7119513	-244.7880487	-21.26%
	废水排放量	93810.49	48132.79801	-45677.69199	-48.69%
	二氧化硫排放量	796128.41	611951.3212	-184177.0888	-23.13%
	GDP	7505.31	7505.31	0	0
73	内蒙古 2013	1			
	劳动力	2498	2498	0	0
	资本	14217.38	14217.38	0	0
	能源	2181.9	2181.9	0	0
	废水排放量	106920.47	106920.47	0	0
	二氧化硫排放量	1358691.74	1358691.74	0	0
	GDP	16916.5	16916.5	0	0
74	广西 2013	1			
	劳动力	4719	4719	0	0
	资本	11907.67	11907.67	0	0
	能源	1237.74	1237.74	0	0
	废水排放量	225302.67	225302.67	0	0
	二氧化硫排放量	471986.8	471986.8	0	0
	GDP	14449.9	14449.9	0	0
75	贵州 2013	0.5896544			
	劳动力	3502	1358.432972	-2143.567028	-61.21%
	资本	7373.6	6245.752884	-1127.847116	-15.30%
	能源	1126.27	983.7918354	-142.4781646	-12.65%
	废水排放量	93084.53	51902.62191	-41181.90809	-44.24%
	二氧化硫排放量	986423.12	665623.4401	-320799.6799	-32.52%
	GDP	8086.86	8086.86	0	0
76	云南 2013	0.75778924			
	劳动力	4687	3003.995213	-1683.004787	-35.91%
	资本	9968.3	9968.3	0	0

续表

序号	指标	现值	目标值	差值	百分比
76	云南 2013	0.75778924			
	能源	1459.81	1153.043515	-306.7664851	-21.01%
	废水排放量	156583.28	132959.7471	-23623.53287	-15.09%
	二氧化硫排放量	663091.24	579477.0775	-83614.1625	-12.61%
	GDP	11832.31	11832.31	0	0
77	西藏 2013	1			
	劳动力	312	312	0	0
	资本	876	876	0	0
	能源	30.65	30.65	0	0
	废水排放量	5004.68	5004.68	0	0
	二氧化硫排放量	4191.66	4191.66	0	0
	GDP	815.67	815.67	0	0
78	青海 2013	0.559925423			
	劳动力	578	492.4042506	-85.59574937	-14.81%
	资本	2361.09	1936.958105	-424.1318954	-17.96%
	能源	676.29	193.1963	-483.0937	-71.43%
	废水排放量	21953.03	13236.51659	-8716.513406	-39.71%
	二氧化硫排放量	156694	115115.6575	-41578.34251	-26.53%
	GDP	2122.06	2122.06	0	0
79	宁夏 2013	0.519521158			
	劳动力	654	566.7236567	-87.27634332	-13.35%
	资本	2651.14	2162.455026	-488.6849742	-18.43%
	能源	811.18	262.9387603	-548.2412397	-67.59%
	废水排放量	38528.43	16398.30956	-22130.12044	-57.44%
	二氧化硫排放量	389712.3	165674.9061	-224037.3939	-57.49%
	GDP	2577.57	2577.57	0	0
80	新疆 2013	0.615845215			
	劳动力	2264	1410.26091	-853.73909	-37.71%
	资本	7732.3	6503.620376	-1228.679624	-15.89%
	能源	1539.75	1031.108151	-508.6418486	-33.03%
	废水排放量	100720.29	54216.70773	-46503.58227	-46.17%

续表

序号	指标	现值	目标值	差值	百分比
80	新疆 2013	0.615845215			
	二氧化硫排放量	829431.08	698570.9609	-130860.1191	-15.78%
	GDP	8443.84	8443.84	0	0
81	内蒙古 2014	1			
	劳动力	2505	2505	0	0
	资本	17591.83	17591.83	0	0
	能源	2416.74	2416.74	0	0
	废水排放量	111916.93	111916.93	0	0
	二氧化硫排放量	1312436.37	1312436.37	0	0
	GDP	17770.19	17770.19	0	0
82	广西 2014	1			
	劳动力	4754	4754	0	0
	资本	13843.22	13843.22	0	0
	能源	1307.99	1307.99	0	0
	废水排放量	219304.06	219304.06	0	0
	二氧化硫排放量	466588.74	466588.74	0	0
	GDP	15672.89	15672.89	0	0
83	贵州 2014	0.632243141			
	劳动力	3508	1529.688452	-1978.311548	-56.39%
	资本	9025.75	7097.809607	-1927.940393	-21.36%
	能源	1173.74	1140.131057	-33.60894272	-2.86%
	废水排放量	110912.12	59548.78562	-51363.33438	-46.31%
	二氧化硫排放量	925787.1	774485.6646	-151301.4354	-16.34%
	GDP	9266.39	9266.39	0	0
84	云南 2014	0.790675908			
	劳动力	4714	3500.107835	-1213.892165	-25.75%
	资本	11498.53	11004.15276	-494.3772397	-4.30%
	能源	1529.38	1178.262863	-351.1171365	-22.96%
	废水排放量	157544.15	157544.15	0	0
	二氧化硫排放量	636683.23	531585.3301	-105097.8999	-16.51%
	GDP	12814.59	12814.59	0	0

续表

序号	指标	现值	目标值	差值	百分比
85	西藏 2014	1			
	劳动力	318	318	0	0
	资本	1069.23	1069.23	0	0
	能源	33.98	33.98	0	0
	废水排放量	5449.68	5449.68	0	0
	二氧化硫排放量	4249.87	4249.87	0	0
	GDP	920.83	920.83	0	0
86	青海 2014	0.56379705			
	劳动力	583	506.4133273	-76.58667265	-13.14%
	资本	2861.23	2205.608528	-655.6214716	-22.91%
	能源	723.21	219.6235063	-503.5864937	-69.63%
	废水排放量	23001.19	14219.70433	-8781.485667	-38.18%
	二氧化硫排放量	154276	121313.6837	-32962.31628	-21.37%
	GDP	2303.32	2303.32	0	0
87	宁夏 2014	0.515305502			
	劳动力	662	583.8795012	-78.12049878	-11.80%
	资本	3173.79	2392.079905	-781.7100946	-24.63%
	能源	848.75	276.7041068	-572.0458932	-67.40%
	废水排放量	37277.25	17320.67638	-19956.57362	-53.54%
	二氧化硫排放量	377055.54	173263.8656	-203791.6744	-54.05%
	GDP	2752.1	2752.1	0	0
88	新疆 2014	0.596553875			
	劳动力	2298	1530.713099	-767.2869006	-33.39%
	资本	9447.74	7102.91272	-2344.82728	-24.82%
	能源	1900.24	1141.069022	-759.1709783	-39.95%
	废水排放量	102748.31	59594.62126	-43153.68874	-42.00%
	二氧化硫排放量	852981.33	775138.9827	-77842.34733	-9.13%
	GDP	9273.46	9273.46	0	0

附表 35　2002—2014 年西部民族地区成人识字率

省区	2002 年	2003 年	2004 年	2005 年	2006 年	2007 年
内蒙古	86.54%	86.33%	89.54%	88.75%	90.64%	91.77%

续表

省区	2002 年	2003 年	2004 年	2005 年	2006 年	2007 年
广西	90.55%	91.15%	91.91%	91.36%	93.99%	94.18%
贵州	81.26%	80.32%	83.02%	78.59%	81.21%	83.41%
云南	76.90%	78.50%	83.63%	79.93%	83.50%	83.87%
西藏	56.18%	45.15%	55.95%	55.16%	54.37%	63.21%
青海	75.23%	76.53%	77.91%	75.93%	80.71%	81.60%
宁夏	82.51%	82.44%	84.36%	81.29%	84.56%	86.20%
新疆	91.79%	93.06%	92.95%	91.68%	93.34%	95.70%
省区	2008 年	2009 年	2011 年	2012 年	2013 年	2014 年
内蒙古	91.86%	92.51%	95.63%	95.99%	95.73%	95.34%
广西	94.39%	94.94%	95.93%	96.25%	96.58%	96.40%
贵州	85.42%	86.79%	87.76%	88.04%	89.56%	88.89%
云南	86.71%	86.26%	91.29%	91.66%	91.55%	91.77%
西藏	62.26%	60.41%	70.46%	65.20%	58.81%	60.07%
青海	83.31%	85.25%	89.39%	87.75%	86.47%	86.89%
宁夏	89.92%	90.11%	91.62%	92.51%	92.13%	91.94%
新疆	95.35%	96.60%	96.42%	96.58%	95.96%	96.75%

附表 36　2002—2014 年西部民族地区各省区成人识字率

省区	西藏	青海	贵州	云南
教育获得	58.94%	82.25%	84.52%	85.46%
省区	宁夏	内蒙古	广西	新疆
教育获得	87.47%	91.72%	93.97%	94.68%

附表 37　2002—2014 年西部民族地区综合入学率

项目	2002 年	2003 年	2004 年	2005 年	2006 年	2007 年
内蒙古	88.07%	87.70%	90.57%	89.42%	91.09%	92.02%
广西	91.40%	91.94%	92.70%	91.94%	94.12%	94.40%
贵州	83.79%	83.12%	85.41%	81.40%	83.85%	85.86%
云南	79.70%	81.37%	85.48%	82.02%	84.94%	85.71%
西藏	62.01%	55.11%	62.79%	54.46%	59.13%	65.56%
青海	77.75%	78.77%	80.18%	77.36%	82.02%	83.31%
宁夏	85.02%	84.84%	86.68%	83.83%	86.27%	87.94%

续表

项目	2002 年	2003 年	2004 年	2005 年	2006 年	2007 年
新疆	92.26%	93.43%	93.38%	91.92%	93.56%	95.41%
均值	82.50%	82.04%	84.65%	81.54%	84.37%	86.28%
项目	2008 年	2009 年	2011 年	2012 年	2013 年	2014 年
内蒙古	92.14%	92.35%	95.33%	95.60%	95.07%	94.75%
广西	94.44%	94.68%	95.39%	95.93%	95.92%	95.69%
贵州	87.30%	88.07%	88.80%	88.59%	90.01%	89.33%
云南	87.82%	87.10%	91.34%	91.64%	91.63%	91.74%
西藏	65.70%	62.74%	70.11%	65.69%	58.48%	55.61%
青海	84.84%	86.14%	88.01%	85.52%	86.43%	86.73%
宁夏	91.01%	90.64%	91.95%	92.68%	92.35%	91.96%
新疆	95.15%	96.11%	96.05%	96.28%	95.90%	96.10%
均值	87.30%	87.23%	89.62%	88.99%	88.22%	87.74%

附表 38　2002—2014 年西部民族地区各省区综合入学率

省区	内蒙古	广西	贵州	云南
综合入学率	92.01%	94.05%	86.29%	86.71%
省区	西藏	青海	宁夏	新疆
综合入学率	61.45%	83.09%	88.76%	94.63%

附表 39　西部民族地区各省区 HDI

省区	2000 年	2005 年	2010 年
内蒙古	0.545	0.671	0.739
广西	0.52	0.597	0.676
贵州	0.433	0.521	0.618
云南	0.474	0.544	0.629
西藏	0.384	0.487	0.588
青海	0.483	0.566	0.657
宁夏	0.513	0.598	0.693
新疆	0.539	0.609	0.686

来源：王筱磊. 中国社会经济发展状况分析——基于人类发展指数（HDI）的研究[D]. 长春：吉林大学，2014：13－14.

附表 40　西部民族地区各省区 HDI 成本效率目标值与松弛性

项目	现值	目标值	松弛	百分比	单位成本	成本变化
广西	0.1841					
成本	1056.758	194.59	-862.1673	-81.59%		
人力投入	74.6960	9.9271	-64.7689	-86.71%	3.2386	-209.7602
物力财力与环境投入	791.1145	157.71	-633.4049	-80.06%	1.0300	-652.4071
贵州	0.2258					
成本	660.9521	149.27	-511.6835	-77.42%		
人力投入	50.5975	6.6929	-43.9046	-86.77%	3.0385	-133.4028
物力财力与环境投入	493.0480	125.33	-367.7162	-74.58%	1.0287	-378.2806
云南	0.1507					
成本	1055.17	159	-896.1709	-84.93%		
人力投入	66.5264	7.3063	-59.2201	-89.02%	3.1568	-186.9439
物力财力与环境投入	817.4172	131.47	-685.9448	-83.92%	1.0339	-709.2270
青海	0.9501					
成本	201.0573	191.03	-10.0270	-4.99%		
人力投入	10.0335	8.8676	-1.1659	-11.62%	4.1103	-4.7921
物力财力与环境投入	152.0847	147.10	-4.9817	-3.28%	1.0508	-5.2349
新疆	0.2975					
成本	693.5343	206.3524	-487.1818	-70.25%		
人力投入	46.3545	10.4848	-35.8697	-77.38%	3.4292	-123.0061
物力财力与环境投入	512.2813	163.2919	-348.9894	-68.12%	1.0435	-364.1757

附 图

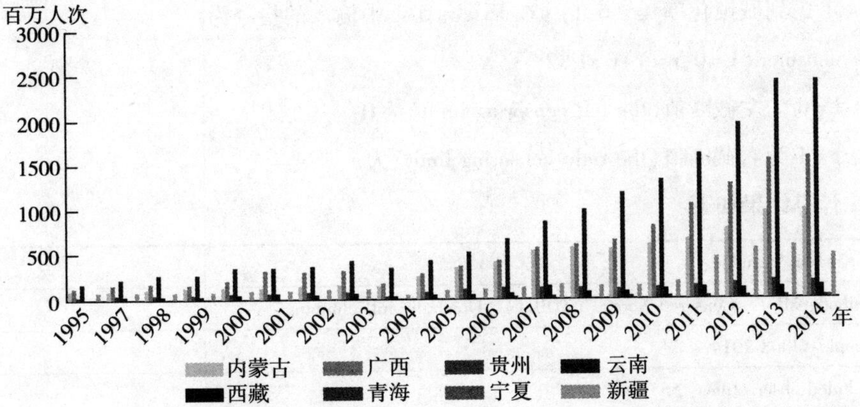

附图 1　西部民族地区各省区 1995—2014 年接待国际游客

附程序

附程序 1　西部民族地区经济发展结构实证分析

考虑到城镇化率 ∈ (0,1) ,在 Eviews 5.1 中输入的指令为:

censored(l=0,r=1)y x1 x2 x3

l=0 为左截断值(the left censoring limit)为 0,

r=1 为右截断值(the right censoring limit)为 1。

计算结果如下:

Dependent Variable: Y
Method: ML - Censored Normal (TOBIT) (Quadratic hill climbing)
Sample: 2008 2014
Included observations: 56
Left censoring (value) series: 0
Right censoring (value) series: 1
Convergence achieved after 4 iterations
Covariance matrix computed using second derivatives

	Coefficient	Std. Error	z - Statistic	Prob.
X1	-0.007395	0.002429	-3.044607	0.0023
X2	-0.049216	0.020085	-2.450349	0.0143
X3	0.210687	0.192390	1.095107	0.2735
X4	0.288281	0.068010	4.238802	0.0000
X5	0.673073	0.291901	2.305823	0.0211
X6	-0.002316	0.003180	-0.728156	0.4665
X7	1.010067	0.326165	3.096796	0.0020
Error Distribution				
SCALE:C(8)	0.075830	0.007165	10.58302	0.0000

Mean dependent var	0.413561	S. D. dependent var	0.098505
S. E. of regression	0.081906	Akaike info criterion	-2.034934
Sum squared resid	0.322010	Schwarz criterion	-1.745598
Log likelihood	64.97816	Hannan - Quinn criter.	-1.922759
Avg. log likelihood	1.160324		
Left censored obs	0	Right censored obs	0
Uncensored obs	56	Total obs	56

附程序 2　西部民族地区经济开放发展中国际旅游与外汇收入关系分析

Dependent Variable：SHOURU

Method：Panel Least Squares

Sample：1997 2014

Cross－sections included：8

Total panel（balanced）observations：144

Variable	Coefficient	Std. Error	t－Statistic	Prob.
C	－25.03629	18.54436	－1.350076	0.1791
RENSHU	446.8714	15.97626	27.97096	0.0000

R－squared	0.846383	Mean dependent var	288.9529
Adjusted R－squared	0.845301	S. D. dependent var	450.3460
S. E. of regression	177.1293	Akaike info criterion	13.20543
Sum squared resid	4455218.	Schwarz criterion	13.24668
Log likelihood	－948.7908	F－statistic	782.3747
Durbin－Watson stat	1.782113	Prob（F－statistic）	0.000000

致　谢

时光荏苒。在导师的悉心指导下，博士学业和毕业论文撰写已经完成。在论文完成之际，我由衷感谢我尊敬的导师——郑长德教授，导师的敏锐思维和对学术方向的精准判断令我十分钦佩！感谢导师指导我完成国家社科基金课题和博士论文！导师渊博的学识和严谨的治学态度深深感染了我，特别在外文文献的收集、整理、阅读和分析方面，使我在科研、学习和生活中受益良多。这是我人生中最宝贵的财富之一，将激励我在学术道路上继续奋斗。

其次，感谢在博士学习阶段指导我的庄万禄老师、刘晓鹰老师、吴建国老师、覃建雄老师、张明善老师和陈桢老师，在你们的指导下，我的知识存量和科研水平得到了较大提高，在此表示最真挚的感谢。感谢在博士论文写作和预答辩过程中提出宝贵意见的四川大学经济学院朱方明教授，西南民族研究院张明善教授，西南民族大学经济学院涂裕春教授、钟海燕教授，在你们的帮助和指导下，该论文的写作思路更加清晰，研究方法和重难点分析更加明确。感谢西南民族研究院和研究生院的老师们在论文撰写过程中提供的帮助。

感谢同门的廖桂蓉博士、王艳博士、单德朋博士、彭诚博士、刘开华博士、杨权博士、王英博士、彭见琼博士和同学董法尧博士、李如跃博士、经济学院办公室曹正忠博士和其他2013级博士生班全体同学在学习、科研和毕业论文写作过程中给予的帮助。

读博期间儿子Henry的出现，给我带来无限的欢乐和动力，令我在论文完成过程中充满了能量和自信。感谢父母、岳母和妻子在我读博和论文写作过程中的支持，使我顺利完成博士学业和毕业论文，在此表示诚挚谢意。

最后，谨向审阅论文的专家们致以最真挚的谢意。

向 琳

2016年3月